10분으로 배우는 バリバリ 비즈니스 일본어

저자 이장우

도서출판 **예빈우**

현대인에게 있어서 이제 외국어 하나쯤은 이제 기본적으로 갖추어야 할 스펙의 하나가 되었다. 너무나 바쁘게 움직이는 생활 속에서, 일부러 시간을 내어 외국어를 익히기는 쉽지가 않다. 모든 것을 인터넷으로 살펴볼 수가 있고, 자료나 외국어 역시 어플을 통해서 쉽게 접근할 수도 있지만, 외국어에 한해서는 아직까지는 완벽하지 않다. 물론 해외여행을 하는데 있어서는 간단한 회화만 가능하면 되지 않겠는가? 라는 생각도 가질 수 있다. 하지만, 구글이나 야후재팬 등에서 검색을 하다 보면, 외국어의 필요성을 절실히 느낄 것이다.

영어라는 외국어를 어느 정도 마스터하게 되면 본인이 필요한 자료에 대해서 무한한 것을 얻을 수 있고, 거기에 못지않은 것이 일본어이다. 노벨상 수상자가 아시아에서 제일 많은 것을 보면, 일본이라는 나라가 가지고 있는 학문이나 지력, 지식에 대한 항구열은 대단하다고 느낄 수가 있을 것이다.

만일 현대인이 일본어를 할 수만 있다면 인터넷을 통해 다양한 정보를 취득할 수가 있고, 많은 지식과 자료를 구할 수 있을 것이다.

그래서 생각한 교재가 바로 이 책이다.

바쁜 현대인들이 짧은 시간 내에 일본어를 익힐 수 있도록 하루의 출퇴근 시간, 혹은 통학시간에 공부를 할 수 있도록 하였다. 물론 교재만으로도 충분하지만, 인터넷 강의를 통해서 본 교재를 공부한다면 더더욱 효과가 있을 것이다. 인터넷 강의도 다양한 구성을 통해서 지루하지 않게 만들었지만, 제일 큰 장점이라고 하면 모든 강의가 10분 내외로 끝난다는 것이다.

아무리 짧은 시간에 공부를 할 수 있다고 하더라도 구성이나 강의가 재미없다면 쉽게 포기할 수가 있는 것이 외국어이다. 그러한 것을 염두에 두어, 학습자들이 언제 시간이 지나갔는지 모를 만큼, 다양하고 실용성이 있으며, 바로 써먹을 수 있도록 책과 강의를 구성하였다. 단언컨대, 여러분의 출퇴근 시간과 통학시간 10분만 투자한다면 일본어라는 외국어를 손쉽게 마스터할 수 있을 것이다. 약간의 시간으로 최대의 효과를 거둘 수 있도록 하였기에 충분히 만족감을 맛볼 수 있다.

앞으로도 조금이나마 여러분들의 일본어습득에 도움이 되기를 바라며 더더욱 교재집필과 인터넷강의에 최선을 다하겠다.

저자 이장우

이 책의 구성

　이 책은 비즈니스 회화에서 흔히 나오는 상황을 15개 프레임으로 나누어서 기초·중급·고급·응용이라는 큰 타이틀로 구성되어 있다. 비즈니스 일본어를 배우는 학습자들이 가장 많이 접하는 장면을 일상회화, 회화문 상세설명, 응용표현, 단어복습, 작문연습으로 만들었기에 회화연습, 문형 익히기, 문장에 대한 이해, 복습의 과정을 저절로 습득할 수 있도록 하였다. 본 교재를 꾸준히 공부하면 기본적인 비즈니스 일본어회화뿐만 아니라, 높은 수준의 표현까지 바로 사용할 수가 있다.

학습사항.1 　본문

　본문에 등장하는 인물은 한국인과 일본인, 일본인과 일본인이다. 비즈니스 회화에서 가장 많이 사용되는 회화와 문형, 문장을 두 명의 등장인물이 자연스럽게 대화를 나눈다. 모든 본문은 일상적인 비즈니스에서 일어날 수 있는 상황을 시뮬레이션해서 만들었다. 여러 명의 무역 종사자, 상사원, 일본에서 근무하고 있는 한국인 및 일본인의 감수를 거친 것이므로 이 대화문만 정확히 암기하여도 상당히 도움이 될 것이다.

학습사항.2 　응용표현

　5개의 예문으로 구성을 하였다. 본문에서 나오는 중요 어휘나, 문장, 문형을 가지고 다양한 표현방법을 실생활에서 많이 사용되는 단어를 중심으로 만들었다. 본문의 내용만으로는 충분히 이해가 되지 않았던 문형이나 어휘 및 문법을 다른 표현 방법으로 제시함으로써 학습자가 충분히 납득하고 일상회화에서도 바로 사용할 수 있도록 하였다.

학습사항 3 　연습문제

1. 어휘 복습 2. 작문 연습으로 구성하였다. 위의 내용들을 충분히 학습하였다면 누구나 문제를 풀 수 있도록 하였다.
    1. 어휘 복습은 학습자들이 별도의 단어공부를 하지 않고, 본 교재만으로도 충분히 복습을 할 수 있도록 구성을 하였다. 본문의 어휘뿐만 아니라 교재 전반에 나오는 어휘를 각 과를 중심으로 구성하였다.
    2. 작문 연습은 본 교재의 하이라이트라고 할 수 있다. 아무리 교재를 충분히 공부하였다고 해도 학습자들은 스스로가 확실하게 공부하였는지를 느끼지 못하는 경우가 많다. 따라서 작문 연습을 통해서 문장을 만들다 보면, 학습자가 어떤 부분이 부족하고 무엇을 잘못 기억하고 있는지를 알 수 있다. 본문에 있는 대화문의 내용을 충분히 이해했다면 누구라도 풀 수 있을 것이다.

학습사항 4 　부록

　　외국 회사와 무역을 할 때, 일상적인 대화도 중요하지만, 그 나라의 역사에 대해서 조금만 알고 있어도 비즈니스가 수월하게 진행된다는 이야기를 바이어나 무역에 종사하는 상사원으로부터 들었다. 그래서 일본의 근대화 과정에서 빼놓을 수 없는 메이지유신(明治維新)을 각 과마다 부록으로 삽입함으로써, 학습자들이 북인북(book in book)의 개념으로 일본의 역사 메이지유신을 같이 공부할 수 있도록 하였다.

　　비즈니스는 가격협상이나 물건의 선정, 컴플레임 처리 등도 중요하지만, 그 외의 부수적인 것들과 조화가 이루어져 마지막으로 거래가 성사된다는 것을 알아두도록 하자.

　　부록에 있는 사진과 글은 저자가 수십 번의 일본 방문과 현지조사를 거쳐 작성한 것이다. 아무쪼록 여러분의 비즈니스 일본어가 크게 성장하여 일본과의 거래에 큰 성과를 이루기를 바란다.

기초

第０１課	謝罪(사죄)	**12**
第０２課	感謝(감사)	**20**
第０３課	接続(접속)	**28**
第０４課	依頼-お願い(의뢰-부탁)	**36**
第０５課	勧誘(권유)	**44**
第０６課	挨拶(인사)	**52**
第０７課	質問(질문)	**60**
第０８課	拒絶(거절)	**68**
第０９課	祝賀-お祝い(축하)	**76**
第１０課	禁止(금지)	**84**
第１１課	許可(허가)	**92**
第１２課	出会い(만남)	**100**
第１３課	別れ(이별)	**108**
第１４課	確認(확인)	**116**
第１５課	伝聞(전문)	**126**

중급

第01課	謝罪(사죄)	**136**
第02課	感謝(감사)	**144**
第03課	接続(접속)	**152**
第04課	依頼-お願い(의뢰-부탁)	**160**
第05課	勧誘(권유)	**170**
第06課	挨拶(인사)	**178**
第07課	質問(질문)	**186**
第08課	拒絶(거절)	**194**
第09課	祝賀-お祝い(축하)	**202**
第10課	禁止(금지)	**212**
第11課	許可(허가)	**220**
第12課	出会い(만남)	**228**
第13課	別れ(이별)	**236**
第14課	確認(확인)	**244**
第15課	伝聞(전문)	**252**

고급

第01課	謝罪(사죄)	**262**
第02課	感謝(감사)	**270**
第03課	接続(접속)	**278**
第04課	依頼-お願い(의뢰-부탁)	**286**
第05課	勧誘(권유)	**294**
第06課	挨拶(인사)	**302**
第07課	質問(질문)	**310**
第08課	拒絶(거절)	**318**
第09課	祝賀-お祝い(축하)	**326**
第10課	禁止(금지)	**336**
第11課	許可(허가)	**344**
第12課	出会い(만남)	**352**
第13課	別れ(이별)	**360**
第14課	確認(확인)	**368**
第15課	伝聞(전문)	**376**

응용

第01課	謝罪(사죄)	**386**
第02課	感謝(감사)	**394**
第03課	接続(접속)	**402**
第04課	依頼-お願い(의뢰-부탁)	**412**
第05課	勧誘(권유)	**420**
第06課	挨拶(인사)	**428**
第07課	質問(질문)	**436**
第08課	拒絶(거절)	**444**
第09課	祝賀-お祝い(축하)	**452**
第10課	禁止(금지)	**460**
第11課	許可(허가)	**468**
第12課	出会い(만남)	**476**
第13課	別れ(이별)	**484**
第14課	確認(확인)	**492**
第15課	伝聞(전문)	**500**

기초

unit. 1 謝罪 (사죄)

본문회화

A : 時間に遅れてごめんなさい。たくさん待ちましたか。

B : １０分くらいかな。

A : 電車のダイヤが乱れていて、少し大変でした。

B : そうだったのか。連絡くれたらよかったのに。

A : 満員電車でそれも出来ずじまいでした。

B : じゃあ、仕方がないね。

어휘 표현

- □ 謝罪 사죄　□ 時間 시간　□ 遅れる 늦다　□ 待つ 기다리다　□ 電車 전철
- □ ダイヤ 운행표　□ 乱れる 흐트러지다　□ 少し 조금　□ 大変だ 힘들다
- □ 連絡 연락　□ 満員 만원　□ ～ずじまい ～하지 않은 채로 끝남
- □ 仕方がない 어쩔 수가 없다

 본문 해석

A : 시간에 늦어서 죄송합니다. 많이 기다렸습니까?
B : 10분 정도야.
A : 전철의 운행표가 엉망이 되어 조금 힘들었습니다.
B : 그랬어? 연락을 주었으면 좋았을 텐데.
A : 만원 전철이어서 그것도 할 수 없었습니다.
B : 그럼, 어쩔 수 없었겠군.

 본문 상세 설명

A : 時間に遅れてごめんなさい。たくさん待ちましたか。
「ごめんなさい」는 「사과나 사죄」를 할 때 사용하는 표현이죠. 친구들 사이에는 「ごめん」으로 표현할 수 있어요. 그런데, 「ごめんください」는 사과를 하는 표현이 아니고, 다른 집이나 가게, 회사에 갔을 때, 현관에서 「아무도 안 계세요」라는 의미가 되니 주의해야 합니다. 「どなたかいらっしゃいませんか」와 같은 뜻입니다.

B : １０分くらいかな。
일본어의 「분」을 읽는 방법은 주의를 해야 합니다. 각각의 읽기가 달라요. 한 번 볼까요. 「一分:1분」「二分:2분」「三分:3분」「四分:4분」「五分:5분」「六分:6분」「七分:7분」「八分:8분」은 「八分」으로 읽을 수도 있어요. 「九分:9분」「十分:10분」역시 「十分」으로 읽을 수 있답니다.

A : 電車のダイヤが乱れていて、少し大変でした。
「ダイヤ」는 「ダイヤグラム」의 줄인 말로써, 「열차운행도표」 즉 「열차운행시각표」를 말합니다. 그리고 「乱れる」는 「흐트러지다」라는 의미인데, 「ダイヤが乱れる」라고 하여, 열차 운행시각이 뭔가의 원인으로 엉망이 된다는 것을 나타냅니다. 일본에는 지진이나 화산 폭발 등 자연재해가 많아서 운행시각이 달라지는 경우가 자주 있어요.

謝罪 (사죄)

unit. 1

B : そうだったのか。連絡くれたらよかったのに。
「くれる」는「다른 사람이 나에게 주다」는 의미입니다. 다른 예문을 볼까요.
「坂本さんが日本語を教えてくれた:사카모토 씨가 일본어를 가르쳐 주었다」입니다.

A : 満員電車でそれも出来ずじまいでした。
「~ずじまい」는「~하지 않은 채로 끝남」이라는 의미로서 조금은 어려운 표현입니다. 두 개의 예문을 통해서 정확한 쓰임을 알아볼게요.
「伊藤さんとはケンカしてから、仲直りもできずじまいで卒業してしまった:이토 씨와는 싸우고 나서 화해도 못하고 졸업해버렸다」
「結局彼女がどうして怒っていたのか、わからずじまいだった:결국 그녀가 왜 화를 내었는지 모른 채 끝났다」입니다.

B : じゃあ、仕方がないね。
「仕方がない」는「어쩔 수가 없다」는 의미로「しょうがない」와 같은 의미입니다. 다른 예문을 하나 볼까요.
「しょうがない。彼が忙しいなら私がやるしかない:어쩔 수가 없다, 그가 바쁘다면 내가 할 수밖에 없어」입니다.

 **응용표현**

1. 今回の調査では、国語が乱れているかどうかについての認識も尋ねた。
    → 이번 조사에서는 국어가 문란해졌는지 어떤지에 대한 인식도 물었다.

2. 相手に対して大変な失礼をしているかもしれません。
    → 상대에 대해서 큰 실례를 했을지도 모릅니다.

3. 時間がもっとあったらよかったのに。
    → 시간이 더욱 있었으면 좋았을 텐데.

4. 席が空いてなかったので仕方なく他の場所で勉強するしかなかった。
    → 좌석이 비어 있지 않았기 때문에 어쩔 수 없이 다른 장소에서 공부할 수밖에 없었다.

5. たくさん本を買ったけど、結局読まずじまいで売ってしまった。
    → 많은 책을 샀지만, 결국 다 읽지 못해서 팔아버렸다.

어휘 표현

- 今回 이번 □ 調査 조사 □ 国語 국어 □ 乱れる 흐트러지다
- ～についての ～에 대한 □ 認識 인식 □ 尋ねる 묻다 □ 相手 상대 □ 大変 엄청남
- 失礼 실례 □ もっと 더욱 □ 席 좌석 □ 空く 비다 □ 仕方がない 어쩔 수가 없다
- 他 다른 □ 場所 장소 □ 勉強 공부 □ 結局 결국 □ ～ずじまい ～하지 않은 채로 끝남
- 売る 팔다

unit. 1 謝罪 (사죄)

어휘연습

어휘	읽기	의미
謝罪		
時間		
遅れる 		
待つ		
電車		
乱れる		
少し		

작문연습

1. 시간에 늦어서 대단히 죄송합니다.

2. 전철이 고장난 것 같습니다.

3. 시간이 없어서 연락을 못했습니다.

4. 여행가이드를 들고 갔지만 사용하지 못한 채로 끝났다.

문제풀이

어휘	읽기	의미
謝罪	しゃざい	사죄
時間	じかん	시간
遅れる	おくれる	늦다
待つ	まつ	기다리다
電車	でんしゃ	전철
乱れる	みだれる	흐트러지다
少し	すこし	조금

1. 時間に遅れて大変申し訳ございません。
   じかん おく たいへんもう わけ

2. 電車が故障のようです。
   でんしゃ こしょう

3. 時間がなくて連絡ができませんでした。
   じかん れんらく

4. 旅行ガイドを持っていったが、使わずじまいだった。
   りょこう も つか

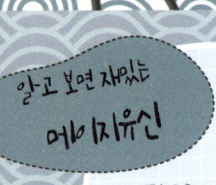

天皇 천황
(てんのう)

천황은 일본국 헌법에 정해진 일본 및 일본국민통합의 상징이 되는 지위, 또는 그 지위에 있는 인물을 나타낸다. 역사적인 많은 변화를 거쳐 오늘에 이르고 있다.

将軍
(しょうぐん)

쇼군은 형식적으로는 천황으로부터 임명되지만, 실제는 일본의 지배자였다. 원래의 명칭은 征夷大将軍(정이대장군)이며 줄여서 将軍(쇼군)으로 불렸다. 나라시대, 헤이안시대에는 동쪽 지역의 蝦夷(에미시) 정벌을 위해 파견된 장군의 명칭이었다. 이미 조정을 통제하고 무가를 거느리는 일본의 실질적 통치자를 의미하는 직책이 되었으며, 외국에서는 정이대장군을 국왕으로 간주하는 것이 통상적이었다. 에도시대까지 최고 권력자의 직책으로 존재하였으며, 1868년 메이지유신이 들어서기까지 265년을 지속했다.

大名 다이묘/藩主 번주
(だいみょう)　(はんしゅ)

다이묘와 번주는 같은 의미이다. 쇼군으로부터 1만 석 이상의 영지를 받는 자를 '다이묘'라 하고, 다이묘가 지배하는 영역과 지배 기구를 '藩(번)'이라고 하며, 그 번의 주인을 번주라고 한다.

幕府 막부
_{ばく ふ}

무사에 의해서 행해지는 정치 조직, 혹은 정치를 행하는 장소이다. 그 우두머리가 정이대장군, 즉 쇼군이다.

朝廷 조정
_{ちょうてい}

고대 일본에서 계속되어 온 천황을 중심으로 한 정치 조직, 혹은 정치를 행하는 장소이다.

尊皇攘夷 존왕양이
_{そんのうじょう い}

천황을 존중하고 외적(외국의 침략)을 격퇴하자는 사상

▲ 천황의 의복

▼ 천황의 가족

알고 보면 재밌는 메이지유신

unit. 2 感謝 (감사)

본문회화

韓国人 ： 日本にいる間、大変お世話になりました。

日本人 ： こちらこそ。ご一緒出来て、本当に楽しかったです。

韓国人 ： 今度ぜひ韓国に遊びに来てください。

日本人 ： そうですね。まだ韓国には行ったことがないので、ぜひ行ってみたいです。

韓国人 ： 韓国に来られるときには、私が案内します。

日本人 ： よろしくお願いします。

어휘 표현

- 感謝(かんしゃ) 감사
- 韓国人(かんこくじん) 한국인
- 日本(にほん) 일본
- 間(あいだ) 동안
- 大変(たいへん) 매우
- お世話(せわ)になる 신세를 지다
- 一緒(いっしょ) 함께
- 出来(でき)る 할 수 있다
- 本当(ほんとう)に 정말로
- 楽(たの)しい 즐겁다
- 今度(こんど) 다음 번
- ぜひ 꼭
- 遊(あそ)ぶ 놀다
- 案内(あんない) 안내

 본문 해석

한국인 : 일본에 있는 동안, 매우 신세를 졌습니다.
일본인 : 저야 말로. 함께 할 수 있어서 정말로 즐거웠습니다.
한국인 : 다음 번에 꼭 한국에 놀러 와 주세요.
일본인 : 맞아요. 아직 한국에는 간 적이 없기 때문에, 꼭 가보고 싶습니다.
한국인 : 한국에 오실 때는 제가 안내하겠습니다.
일본인 : 잘 부탁합니다.

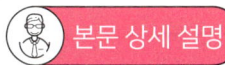 본문 상세 설명

韓国人 : 日本にいる間、大変お世話になりました。
「間」는 「동안」이라는 의미인데, 「この間」는 「이전, 요전」이라는 의미입니다. 「大変」은 「매우」라는 의미도 있지만, 「大変だ」라고 하여 「힘들다」라는 의미도 있습니다.
그럼, 두 개의 예문을 볼까요.
「この間、おもしろい本を読みました:요전에 재미있는 책을 읽었습니다」
「毎日残業するのは大変です:매일 잔업하는 것은 힘듭니다」 입니다.

日本人 : こちらこそ。ご一緒出来て、本当に楽しかったです。
「こちらこそ」는 「이쪽이야 말로, 저야 말로」라는 의미인데, 「こそ」가 「〜이야 말로」라는 뜻입니다. 그럼 「こそ」가 들어가는 두 개의 예문을 보겠습니다.
「今年こそ、試験に受かりたい:올해야 말로 시험에 합격하고 싶다」
「来年の冬こそ、スキーに行こう:내년의 겨울이야 말로, 스키타러 가자」 입니다.

韓国人 : 今度ぜひ韓国に遊びに来てください。
「ぜひ」는 「본인의 희망」을 나타내는 말로 「꼭, 반드시」라는 뜻입니다. 그리고 「동사ます형+に」는 「하러」 하는 표현입니다. 제 각각의 예문을 보도록 하겠습니다.
「明日の会議にはぜひ来てください:내일 회의에는 꼭 와 주세요」
「みんなでお酒を飲みに行きました:다같이 술을 마시러 갔습니다」 입니다.

感謝 (감사)

日本人 : そうですね。まだ韓国には行ったことがないので、ぜひ行ってみたいです。

「동사과거형+ことがない」는 「~한 적이 없다」이고, 「동사과거형+ことがある」는 「~한 적이 있다」입니다. 긍정문과 부정문의 문장을 한 개씩 보겠습니다.
「アメリカに行ったことがある:미국에 간 적이 있다」
「タバコを吸ったことがない:담배를 피운 적이 없다」 입니다.

韓国人 : 韓国に来られるときには、私が案内します。

「来られる」는 「来る」의 「수동형」인데, 수동형은 「존경」의 의미도 가지고 있습니다. 따라서 이 문장에서 「来られる」는 「오시다」라고 해석을 합니다. 두 개의 예문을 보도록 하겠습니다.
「先生は、授業の後に昼食を食べられます:선생님은 수업을 마친 후에 점심을 드십니다」
「先生、私のレポートを見られましたか:선생님, 저의 리포트를 보셨습니까?」 입니다.

日本人 : よろしくお願いします。

「お願いします」는 「부탁합니다」라는 의미인데, 「する」의 겸양표현은 「いたす」입니다. 따라서 이 문장을 「お願いいたします」라고 표현하면 자신을 더 낮춘 표현이 됩니다. 한 개의 예문을 보도록 하겠습니다.
「これからもよろしくお願いいたします:앞으로도 잘 부탁합니다」 입니다.

 응용표현

1. 眠っている間に心臓の拍動や呼吸が止まってしまわないのはどうしてでしょう。
   → 자고 있는 동안에 심장의 박동이랑 호흡이 멈추지 않는 것은 왜일까요?

2. あなたとご一緒できて光栄でした。
   → 당신과 함께 할 수 있어서 영광이었습니다.

3. 今度は虹を見に行こう。
   → 다음 번은 무지개를 보러 가자.

4. 今日の懇親会には是非出てくれと上司に頼まれてしまった。
   → 오늘의 간친회에는 꼭 나와 달라고 상사에게 부탁받았다.

5. クレジットカードを使ったことはありません。
   → 신용카드를 사용한 적은 없습니다.

어휘 표현

- ☐ 眠る 자다 ☐ 間 동안 ☐ 心臓 심장 ☐ 拍動 박동 ☐ 呼吸 호흡 ☐ 止まる 멈추다
- ☐ 一緒 함께 ☐ 出来る 할 수 있다 ☐ 光栄 영광 ☐ 今度 다음 번 ☐ 虹 무지개
- ☐ 懇親会 간친회 ☐ 是非 꼭 ☐ 上司 상사 ☐ 頼む 부탁하다 ☐ 使う 사용하다

unit. 2 感謝 (감사)

어휘연습

어휘	읽기	의미
感謝		
大変		
一緒		
本当		
今度		
韓国		
案内		

작문연습

1. 한국에 있는 동안, 감사했습니다.

2. 함께 영화 보러 가지 않겠습니까?

3. 아직 도쿄에 간 적은 없습니다.

4. 꼭 스기모토 씨와 함께 일을 해 보고 싶습니다.

문제풀이

어휘	읽기	의미
感謝	かんしゃ	감사
大変	たいへん	매우
一緒	いっしょ	함께
本当	ほんとう	정말, 진짜
今度	こんど	이번
韓国	かんこく	한국
案内	あんない	안내

1. 韓国(かんこく)にいる間(あいだ)、ありがとうございました。

2. 一緒(いっしょ)に映画(えいが)を見(み)に行(い)きませんか。

3. まだ東京(とうきょう)へ行(い)ったことはありません。

4. ぜひ杉本(すぎもと)さんと一緒(いっしょ)に仕事(しごと)をしてみたいです。

<small>しょうじょうい</small> 小攘夷 소양이

극단적으로 일본에서 예부터 내려오는 전통과 문화 등의 장점을 미화하고, 외국(서양열강)을 비하하는 사고방식이다. 행동으로서는 외국인의 살상, 외국배에 대한 포격, 외국시설의 방화 등으로 나타난다.

<small>だいじょうい</small> 大攘夷 대양이

소양이와는 대비되는 개념으로써, 분하지만, 기술이나 생산력, 근대적인 문화 등에서 서양열강이 뛰어나다는 것을 인정하고, 이러한 문물을 모든 외국으로부터 받아들여, 국력을 키우면서, 이것을 배경으로 군사력을 증강시켜서 서양열강에 대항하자는 것.

대양이적인 생각을 가지게 된 중요한 포인트는 사쯔마번(지금의 가고시마)의 사쯔에이 전쟁(사쯔마와 영국의 전쟁), 초슈번(지금의 야마구치)의 시모노세키 포대점령사건을 들 수 있다. 삿쵸 양 번이 메이지정부로서 실권을 잡은 후, 「식산흥업」「부국강병」이라는 두 개의 정책을 중요 시책으로서 내건 것은, 이러한 경험과 대양이적인 사고방식이 배경이 되었다.

<small>おうせいふっこ</small> 王政復古 왕정복고

慶応(케이오)3년12월9일(1868년1월3일)에 일어난 변혁이다. 『왕정복고의 대호령』『왕정복고의 정변』『왕정복고의 쿠데타』라고도 한다.

德川慶喜(도쿠가와 요시노부)의 쇼군직 사직에 의한 도쿠가와 막부의 끝, 섭정・관백 등의 계급의 해체, 3직(총재・의정・참여)의 설치에 의한 신정부수립선언을 말한다.

즉, 약 270여년 동안 이어온 막부체재의 종말과 천황이 다스리는 일본으로 돌아가자는 운동을 의미한다.

公武合体 공무합체
こうぶがったい

「公」은 「公家」, 즉 교토의 조정(천황)을 가리키고, 「武」는 「武家(무가)」인 江戸(에도)의 幕府(막부) 를 의미한다. 외국배가 빈번하게 일본 근해에 나타나, 개국을 요구하는 난국에 이제 에도막부의 힘만으로는 대항할 수가 없다고 생각하여, 조정과 막부를 합쳐서 대항하자는 사상

◀ 왕정복고의 대호령

▲ 대정봉환

◀ 존왕양이파들의 동상

unit. 3 接続 (접속)

본문회화

A : 今日はいい天気ですね。

B : 本当ですね。

A : しかし、明日は雨が降るみたいです。

B : こんなにいい天気なので、信じられません。

A : 日本列島の近くに台風が接近しているから、あとで天気が崩れるそうです。

B : それならば、今日は早く家に帰るようにします。

어휘 표현

- 接続(せつぞく) 접속
- 今日(きょう) 오늘
- 天気(てんき) 날씨
- 本当(ほんとう) 정말
- しかし 그러나
- 明日(あした) 내일
- 雨(あめ)が降(ふ)る 비가 내리다
- 信(しん)じる 믿다
- 列島(れっとう) 열도
- 近(ちか)く 근처
- 台風(たいふう) 태풍
- 接近(せっきん) 접근
- あとで 나중에
- 崩(くず)れる 무너지다
- 早(はや)く 빨리
- 家(いえ) 집
- 帰(かえ)る 돌아가다
- ～ようにする ～하도록 하다

 본문 해석

A : 오늘은 좋은 날씨이군요.
B : 정말이군요.
A : 그러나, 내일은 비가 내릴 것 같습니다.
B : 이렇게 날씨가 좋은데 믿을 수 없군요.
A : 일본열도 근처에 태풍이 접근하고 있으니 나중에 날씨가 나빠진다고 합니다.
B : 그렇다면, 오늘은 빨리 귀가하도록 하겠습니다.

 본문 상세 설명

A : 今日はいい天気ですね。
「今日は天気がいいですね」라고 표현해도 돼요. 그런데 주의할 점은,「天気が寒い:날씨가 춥다」「天気が暑い:날씨가 덥다」라는 표현은 일본어에 없어요. 그럼 이런 표현은 일본어로 어떻게 말하는가 하면,「今日は寒い:오늘은 춥다」「今日は暑い:오늘은 덥다」라고 한답니다. 주의해야겠죠?

B : 本当ですね。
「정말이군요」라는 의미인데, 상대방의 말에 맞장구를 치는 표현이예요. 그리고 「맞장구를 치다」는 일본어로 「あいづちを打つ」라고 한답니다.

A : しかし、明日は雨が降るみたいです。
이 문장에서는 「みたい」라는 표현에 대해서 공부해 보도록 해요. 「~인 것 같다」는 의미로 원래의 표현은 「みたいだ」입니다. 그러나 회화체에서는 「だ」를 생략하여 「みたい」로 말하는 경우가 대부분이예요. 한 개의 예문을 볼까요?
「明日先輩も来るみたい:내일 선배님도 올 것 같다」입니다.

B : こんなにいい天気なので、信じられません。
「信じられません」은 「信じる:믿다」의 수동형인데, 수동형은 앞에서 배운 「존경의 의

unit. 3 接続(접속)

미」도 있지만,「가능의 의미」도 있답니다. 그럼 수동형을 가능형의 의미로 표현한 문장을 두 개 보도록 할게요.
「あなたは豚肉が食べられますか:당신은 돼지고기를 먹을 수 있습니까?」
「山田さんは海で泳がれますか:야마다 씨는 바다에서 수영할 수 있습니까?」입니다.

A : 日本列島の近くに台風が接近しているから、あとで天気が崩れるそうです。
「崩れる」는「무너지다」는 의미인데,「날씨」에 대해서 표현하면,「날씨가 나빠지다」는 뜻이 됩니다. 그리고 날씨와 관련된 표현을 두 개만 더 공부하자면,「梅雨:장마」「にわか雨:소나기」입니다. 여러 표현이 있지만, 오늘은 이 두 단어만 정확하게 암기하도록 해요.

B : それならば、今日は早く家に帰るようにします。
이 문장에서는「~ようにする」라는 표현이 조금 어렵게 느껴질 수가 있어요.「~하도록 하다」라는 뜻인데, 두 개의 예문을 통해서 좀 더 상세히 알아보아요.
「いつも階段を使うようにしています:항상 계단을 사용하도록 하고 있습니다」
「今日から野菜を食べるようにする:오늘부터 야채를 먹도록 한다」입니다.

 응용표현

1. 息子は野菜が嫌いだ。しかし、最近は食べるようにしている。
    → 아들은 야채를 싫어한다. 그러나 최근에는 먹도록 하고 있다.

2. なんか頭が痛いな。風邪をひいたみたいだ。
    → 왠지 머리가 아프다. 감기 걸린 것 같다.

3. 会社の近くにおしゃれなカフェがある。
    → 회사 근처에 멋진 카페가 있다.

4. 週末に天気が崩れる傾向にあるような気がします。
    → 주말에 날씨가 나빠질 경향이 있는 듯한 느낌이 듭니다.

5. それならば建物全体を芸術空間にしましょう。
    → 그렇다면 건물전체를 예술공간으로 합시다.

어휘 표현

- 息子 아들 □ 野菜 채소 □ 嫌いだ 싫어하다 □ しかし 그러나 □ 最近 최근
- なんか 왠지 □ 頭 머리 □ 痛い 아프다 □ 風邪をひく 감기 걸리다 □ 近くに 근처
- おしゃれだ 멋지다 □ 週末 주말 □ 天気 날씨 □ 崩れる 무너지다 □ 傾向 경향
- 気がする 느낌이 들다 □ それならば 그렇다면 □ 建物 건물 □ 全体 전체
- 芸術 예술 □ 空間 공간

unit. 3 接続 (접속)

어휘연습

어휘	읽기	의미
接続		
今日		
天気		
明日		
雨		
降る		
列島		

작문연습

1. 오늘은 매우 춥군요.

2. 다음주도 쭉 눈이 내릴 것 같습니다.

3. 그의 이야기는 믿을 수 없습니다.

4. 오늘은 일을 빨리 마치도록 하겠습니다.

 문제풀이

어휘	읽기	의미
接続	せつぞく	접속
今日	きょう・こんにち	오늘
天気	てんき	날씨
明日	あした・あす	내일
雨	あめ	비
降る	ふる	내리다
列島	れっとう	열도

1. 今日はとても寒いですね。

2. 来週もずっと雪が降るみたいです。

3. 彼の話は信じられません。

4. 今日は仕事を早く終わらせるようにします。

御三家 어삼가

에도시대에 徳川(도쿠가와) 쇼군가 다음의 지위를 갖는 3가문을 의미한다. 구체적으로는 尾張徳川家(오와리 도쿠가와 가-지금의 나고야), 紀州徳川家(기슈 도쿠가와 가-지금의 와카야마), 水戸徳川家(미토 도쿠가와 가-지금의 이바라키 현)이다. 쇼군가에 후계자가 끊어졌을 때는, 尾張(오와리)가, 紀州(기슈)가, 水戸(미토)가에서 양자를 차출한다.

御三卿 어삼경

고산쿄(일본어: 御三卿)는 에도 시대 중기에 갈라진 도쿠가와 씨의 일족이다. 도쿠가와 이에야스가 나중에 도쿠가와의 대가 끊기는 것을 우려해서 만든 것이「고산케」라면, 도쿠가와 요시무네도「고산케만으로는 불안하니, 내 자식들을 분가시켜서 새로운 도쿠가와 가문을 만들어 두자」라는 취지에서 만들었다. 다른 양자들과 달리 도쿠가와라는 성을 계속 이어 나갔기에「쇼군의 친척」과 같은 위치였다.

도쿠가와 요시무네가 자신의 아들 둘을 분가시키고 후에 도쿠가와 이에시게의 차남도 분가시켜 이 세 가문을 합친 것이 고산쿄의 유래이다. 즉, 도쿠가와 본가에서 보면 분가와 같은 것이다.

1. 다야스 도쿠가와가(田安徳川家) - 시조는 도쿠가와 무네타케 (8대 쇼군 도쿠가와 요시무네의 차남)

2. 히토쓰바시 도쿠가와가(一橋徳川家) - 시조는 도쿠가와 무네타다 (8대 쇼군 도쿠가와 요시무네의 4남)

3. 시미즈 도쿠가와가(清水德川家) - 시조는 도쿠가와 시게요시 (9대 쇼군 도쿠가와 이에시게의 차남)

◀ 기슈 도쿠가와 성

▲ 오와리 도쿠가와 성

◀ 미토 도쿠가와 묘소

unit. 4 依頼-お願い (의뢰-부탁)

본문회화

A : お願いしたいことがあります。

B : 何でしょうか。

A : トイレに行く間、この荷物を見てもらえますか。

B : いいですよ。

A : ありがとうございます。

B : どういたしまして。

어휘 표현

□ 依頼 의뢰 □ お願い 부탁 □ 間 동안 □ 荷物 짐

 본문 해석

A : 부탁하고 싶은 것이 있습니다.
B : 무엇입니까?
A : 화장실에 간 동안, 이 짐을 봐줄 수 있습니까?
B : 좋습니다.
A : 감사합니다.
B : 천만예요.

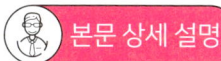 본문 상세 설명

A : お願いしたいことがあります。

「동사ます형+たい」는 「~하고 싶다」는 의미입니다. 그리고 「~하고 싶어하다」는 「동사ます형+たがる」인데, 주어는 제3자가 옵니다. 그럼 제각각의 예문을 볼까요.

「彼女に会いたくてたまらない:그녀가 보고 싶어서 견딜 수 없다」. 이 때 「~てたまらない」는 「~해서 견딜 수 없다」는 의미입니다.

「弟はアメリカへ留学に行きたがる:남동생은 미국으로 유학가고 싶어한다」 입니다.

B : 何でしょうか。

「무엇입니까?」라는 뜻인데, 「何ですか」라고 해도 같은 의미입니다.

A : トイレに行く間、この荷物を見てもらえますか。

「~てもらう」는 「다른 사람으로부터 뭔가를 해 받다」 즉, 「다른 사람이 나에게 뭔가를 해 주다」는 의미입니다. 문장에 나와 있는 「~てもらえますか」는 「~てもらう」의 가능 표현이예요. 예문을 하나 보도록 하겠습니다.

「傘を貸してもらえますか:우산을 빌려줄 수 있겠습니까?」 입니다.

B : いいですよ。

상대방의 권유, 부탁 제안에 대해서 기꺼이 응할 때는 「いいですよ」라고 하며, 반드시 「よ」

依頼-お願い (의뢰-부탁)

를 붙여야 한다는 것을 알아두세요. 그냥「いいです」라고 하면, 상대방의 제안에 대해「거절」을 하는 경우가 되니 주의해야 합니다.

A : ありがとうございます。

「감사합니다」라는 뜻이죠. 그럼「감사했습니다」는「ありがとうございました」라고 합니다.

B : どういたしまして。

「どういたしまして」는 반드시「고맙다, 미안하다」에 대해서만 사용할 수가 있습니다. 만일 다른 사람이「칭찬을 할 때」의 대답으로 한국어로는「천만에요」라고 하기에 직역을 하여「どういたしまして」를 사용하면 안 됩니다. 그 때는「そんなことないですよ」「それほどでもありません」이라고 한답니다. 칭찬에 대한 대답과 고맙다, 미안하다에 대한 대답을 정확하게 구분하기 바랍니다.

 응용표현

1. ご依頼の目的など、可能な限り詳しくお知らせください。
   → 의뢰의 목적 등, 가능한 한 상세하게 알려주세요.

2. 自分の言いたいことを正確に伝えるのは難しい。
   → 자신이 말하고 싶을 것을 정확하게 전하는 것은 어렵다.

3. すみませんが、もう少し静かにしてもらえますか。
   → 죄송합니다만, 좀 더 조용히 해 줄 수 있겠습니까?

4. 隣の部屋がうるさいので、部屋を変えていただけませんか。
   → 옆 방이 시끄러우니 방을 바꿔 주실 수 없겠습니까?

5. 1時間ぐらい、荷物を預けてくださいませんか。
   → 1시간 정도 짐을 맡겨 주실 수 없겠습니까?

어휘 표현

□ 依頼 의뢰 □ 目的 목적 □ 可能 가능 □ ～限り ～한 □ 詳しい 상세하다
□ 正確 정확 □ 伝える 전하다 □ 難しい 어렵다 □ 静かだ 조용하다 □ 隣 옆
□ 部屋 방 □ うるさい 시끄럽다 □ 変える 바꾸다 □ ～ていただけませんか ～해 주실 수 없겠습니까? □ 荷物 짐 □ 預ける 맡기다

unit.4 依頼-お願い (의뢰-부탁)

어휘연습

어휘	읽기	의미
依頼		
お願い		
行く		
荷物		
傘		
貸す		
留学		

작문연습

1. 부탁을 해도 되겠습니까?

2. 무엇이든지 말해 주세요.

3. 저의 리포트를 봐 줄 수 없겠습니까?

4. 화장실에 있는 동안, 불이 났다.

문제풀이

어휘	읽기	의미
依頼	いらい	의뢰
お願い	おねがい	부탁
行く	いく	가다
荷物	にもつ	짐
傘	かさ	우산
貸す	かす	빌려주다
留学	りゅうがく	유학

1. お願^{ねが}いしてもいいですか。

2. 何^{なん}でも言^いってください。

3. 私のレポートを見^みてもらえませんか。

4. トイレにいる間^{あいだ}に、火事^{かじ}が起^おきた。

알고 보면 재있는 메이지유신

公家 쿠게

일본에서 조정을 뒷받침하는 귀족・상급관인의 총칭. 또는 어소(천황이 기거하는 곳)에 출사하는 주로 삼품이상의 품계를 세속하는 집안

浪士 로시

주군의 집을 벗어나, 녹(급여)를 잃은 무사. 또 섬기는 주군을 잃은 무사. 낭인.

幕臣 바쿠신

쇼군을 직속으로 모시는 무사

▲ 로시

江戸 에도

지금의 도쿄

長州 초슈

지금의 야마구치 현

▲ 에도

さつま
薩摩 사쯔마

지금의 가고시마 현

とさ
土佐 도사

지금의 코치 현

あいづ
会津 아이즈

지금의 후쿠시마 현

ひこね
彦根 히꼬네

지금의 시가현

▲ 쵸슈의 하기성

▲ 코치성

勧誘 (권유)

본문회화

A： この後、一緒にお茶でもしませんか。

B： 約束があるので、長い時間でなければいいですよ。

A： OKです。

B： では、この喫茶店に入りましょう。

A： ここよりは、あの店の方が静かだと思います。

B： 本当ですね。それでは、あの店にしましょう。

어휘 표현

☐ 勧誘 권유 ☐ この後 이후 ☐ 一緒に 함께 ☐ お茶 차 ☐ 約束 약속
☐ 長い 길다 ☐ 喫茶店 커피숍 ☐ 入る 들어가다 ☐ 店 가게 ☐ 方 쪽
☐ 静かだ 조용하다 ☐ 本当 정말

 본문 해석

A : 이 후, 함께 차라도 마시지 않겠습니까?
B : 약속이 있어서, 긴 시간이 아니면 괜찮습니다.
A : 좋습니다.
B : 그럼, 이 커피숍에 들어갑시다.
A : 여기보다는, 저 가게 쪽이 조용하다고 생각합니다.
B : 정말이군요. 그럼, 저 가게로 합시다.

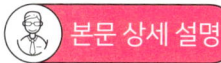 본문 상세 설명

A : この後、一緒にお茶でもしませんか。

「～でもしませんか」는 「～라도 하지 않겠습니까?」 라는 권유표현입니다. 다른 예문을 볼까요.
「コーヒーを飲みながら怖い話でもしませんか:커피를 마시면서 무서운 이야기라도 하지 않겠습니까?」
「暇だからゲームでもしませんか:한가하니 게임이라도 하지 않겠습니까?」 입니다.

B : 約束があるので、長い時間でなければいいですよ。

「명사+でなければ」 는 「～이 아니라면」 이라는 의미입니다. 「명사+ではなければ」 와 같은 의미입니다. 예문을 볼까요.
「今でなければ無理です:지금이 아니라면 무리입니다」
「彼でなければできません:그가 아니라면 할 수 없습니다」 입니다.

A : OKです。

상대방의 말에 납득을 하는 경우에 사용하는 표현이죠.「わかりました」「了解です」 라고 해도 같은 의미입니다.

B : では、この喫茶店に入りましょう。

unit. 5 勧誘 (권유)

「では:그럼」은 「それでは」와 같은 의미이고, 「でも」는 「それでも」와 같은 뜻으로, 「그러나, 하지만」이라는 뜻입니다. 예문을 하나 보겠습니다.
「みんな帰ってしまいました。でも、私は残りました:모두 돌아가 버렸습니다. 하지만 저는 남았습니다」 입니다.

A : ここよりは、あの店の方が静かだと思います。

「より」는 「보다」라는 의미로서 「비교」를 할 때 사용합니다. 그리고 「〜부터」라는 의미도 있는데 예문을 통해서 알아볼게요.
「今日より昨日が寒かった:오늘보다 어제가 추웠다」
「先輩より手紙が来た:선배로부터 편지가 왔다」 입니다.

B : 本当ですね。それでは、あの店にしましょう。

「〜にしましょう」는 「〜으로 합시다」라는 뜻입니다. 「〜にする」가 「〜으로 하다」는 의미입니다. 그럼 하나의 예문을 더 보겠습니다.
「私はホットコーヒーにします:나는 따뜻한 커피로 하겠습니다」 입니다.

 응용표현

1. 県内で降っている雨はこのあと朝9時頃まで続く予想です。
    → 현 내에서 내리고 있는 비는 이 후 아침 9시경까지 계속된다는 예상입니다.

2. 雨の日は、温泉でもしませんか。
    → 비가 내리는 날은 온천이라고 하지 않겠습니까?

3. ご迷惑でなければ私もぜひ行きたいです。
    → 민폐가 아니면 저도 꼭 가고 싶습니다.

4. 新幹線より飛行機の方が速い。
    → 신칸센보다 비행기 쪽이 빠르다.

5. それでは会議を始めます。
    → 그럼 회의를 시작하겠습니다.

어휘표현

- □ 県内 현 내 □ 降る 내리다 □ 雨 비 □ このあと 이후 □ 朝 아침 □ 続く 계속되다
- □ 予想 예상 □ 日 날 □ 温泉 온천 □ 迷惑 민폐 □ ぜひ 꼭, 반드시
- □ 新幹線 신칸센 □ より 보다 □ 飛行機 비행기 □ 速い 빠르다 □ それでは 그럼
- □ 会議 회의 □ 始める 시작하다

unit. 5 勧誘 (권유)

어휘연습

어휘	읽기	의미
勧誘		
お茶		
約束		
長い		
喫茶店		
店		
静かだ		

작문연습

1. 함께 식사라도 하지 않겠습니까?

2. 오늘은 약속이 있어서 무리입니다.

3. 근처의 커피숍에서 만납시다.

4. 도쿄보다는 후쿠오카 쪽이 따뜻합니다.

문제풀이

어휘	읽기	의미
勧誘	かんゆう	권유
お茶	おちゃ	차
約束	やくそく	약속
長い	ながい	길다
喫茶店	きっさてん	커피숍
店	みせ	가게
静かだ	しずかだ	조용하다

1. 一緒に食事でもしませんか。

2. 今日は約束があるので、無理です。

3. 近くの喫茶店で会いましょう。

4. 東京よりは福岡のほうが暖かいです。

新選組 (신센구미)

　신센구미는 에도 말기의 교토 수호직 소속 경비부대를 가리킨다. 이들은 교토에서 활약하는 존왕양이파를 탄압했는데, 그 중 많이 알려진 것으로 초슈번과 도사번 존왕양이파 지사들을 습격한 1864년 이케다야 사건이 있다. 신센구미는 보신전쟁에서는 막부군으로 활동했다.

　신센구미의 시작은 1862년에 14대 쇼군 도쿠가와 이에모치의 교토 행차를 경호하기 위해 모집한 낭인 200여 명으로 구성된 로닌구미(浪人組)이다. 당시 교토는 존왕양이파 지사들이 다수 활동하는 곳이었기 때문에, 로닌구미 조직은 쇼군의 안위를 위한 조치였다.

　이에모치가 교토에 도착한 이후, 로닌구미 소속의 기요카와 하치로가 존왕양이파 지사와 내통하여 로닌구미를 천황에 배속시키려는 계획이 발각되어 로닌구미는 에도로 귀환했다. 하지만 이를 거부한 세리자와 가모, 곤도 이사미 등 13명(이에 대해서는 연구자들 간 이견이 있다)은 교토수호직 마쓰다이라 가타모리의 수하로 들어가 미부로시구미(壬生浪士組)를 결성했다. 미부로시구미는 공무합체파가 초슈번을 중심으로 하는 존왕양이파를 교토에서 추방하는 8.18 정변(1863년)에서 황궁 경비를 담당했다.

　미부로시구미는 세리자와 가모와의 내부 권력투쟁에서 승리한 곤도 이사미를 중심으로 신센구미로 명칭을 변경하고, 국장 곤도 이사미와 부국장 히지카타 도시조를 중심으로 엄격한 규율 하에 존왕양이운동 탄압을 주도했다. 존왕양이파 지사들을 암살한 이케다야 사건, 아케보노테이 사건, 젠자이야 사건, 덴마야 사건 등이 유명하다.

　신센구미는 왕정복고 대호령 이후 발생한 보신 전쟁에서는 막부군으로 참전했다. 이 과정에서 곤도는 체포되어 처형당했고, 히지카타는 하코다테 전쟁에서 전사했다.

▲ 신센구미의 복장

▲ 신센구미의 국장 곤도 이사미 동상

▲ 신센구미의 부장 히지카타 도시조

unit.6 挨拶 (인사)

본문회화

A : おはようございます。

B : おはようございます。

A : お元気ですか。

B : はい。そちらこそお元気ですか。

A : はい、何とか無事に過ごしています。

B : それはよかったです。

어휘 표현

□ 挨拶(あいさつ) 인사　□ お元気(げんき) 건강함　□ 何(なん)とか 그럭저럭　□ 無事(ぶじ) 무사　□ 過(す)ごす 보내다

 본문 해석

A : 좋은 아침입니다.
B : 좋은 아침입니다.
A : 안녕하십니까?
B : 예. 그쪽이야 말로 안녕하십니까?
A : 예, 그럭저럭 별일없이 지내고 있습니다.
B : 그건 다행이군요.

 본문 상세 설명

A : おはようございます。

「おはようございます」는 아침 인사입니다. 낮인사는 「こんにちは」, 저녁인사는 「こんばんは」, 잠 잘 때는 「おやすみなさい」입니다. 기본적인 것이지만 정확하게 암기하도록 해요.

B : おはようございます。

다른 사람이 아침, 낮, 저녁 인사를 받았을 때는 똑같이 인사를 하는 것이 예의입니다. 그 외에 친구 사이에서 헤어질 때는 「またね:그럼 다음에 봐」「またあした:내일 봐」라고 하는데, 여기서 주의해야 하는 것은, 「さようなら」는 당분간의 이별이나 영원한 이별을 할 때 사용하는 표현이라는 것입니다.

A : お元気ですか。

「お元気ですか」는 가장 기본적인 「안녕하십니까?」라는 인사입니다. 「元気」는 「건강, 활력」이라는 의미도 있는데, 예를 들어, 「今日(きょう)は元気がいいですね」라고 하면, 「오늘은 활력이 넘치네요」라는 의미가 됩니다.

B : はい。そちらこそお元気ですか。

「お元気ですか」에 대한 대답으로 「おかげさまで元気です:덕분에 건강합니다」라고

unit. 6 挨拶(인사)

할 수 있습니다. 이 문장에서 말하는 「そちら」는 상대방을 지칭하는 것입니다.

A : はい、何とか無事に過ごしています。
「何とか」는 「그럭저럭」이라는 의미이고 「無事に」는 「무사히, 아무 일 없이, 무탈하게」라는 의미입니다. 그럼, 각각의 예문을 보도록 하겠습니다.
「何とか授業に間に合った:그럭저럭 수업시간에 맞았다」
「無事に飛行機が着陸した:무사히 비행기가 착륙했다」 입니다.

B : それはよかったです。
「よかった」는 「다행이었다」 「잘 되었다」 「운이 좋았다」 등의 의미로 사용하는 표현입니다. 상대방의 행동이나 행위가 소정의 성공을 달성했을 때, 그것에 대한 축하로써 사용할 수 있습니다. 대화문의 예문을 보겠습니다.
島津 : 「兄が交通事故にあいました:형이 교통사고를 당했습니다」
高杉 : 「それはいけませんね。怪我はどうですか:그건 안 됐군요. 부상은 어떻습니까?」
島津 : 「大したことはないです:별 것 아닙니다」
高杉 : 「それはよかったです:그건 다행이군요」 입니다.

 응용표현

1. 来年の冬こそ、スキーに行こう。
    → 내년 겨울이야 말로 스키를 타러 가자.

2. 健康こそが、私の一番の財産だ。
    → 건강이야 말로 나의 최고의 재산이다.

3. 誰かが何とかしてくれるという意識を変えよ。
    → 누군가가 어떻게든 해 줄 거라는 의식을 바꾸자.

4. 会議を無事に終了することができました。
    → 회의를 무사히 종료할 수가 있었습니다.

5. 私は子供時代をアメリカで過ごしました。
    → 나는 어린 시절을 미국에서 보냈습니다.

어휘 표현
- 来年 내년 冬 겨울 ～こそ ～이야 말로 健康 건강 一番 가장
- 財産 재산 誰 누구 何とか 그럭저럭, 어떻게든 意識 의식 変える 바꾸다
- 会議 회의 無事 무사 終了 종료 子供時代 어린 시절 過ごす 보내다

unit.6 挨拶 (인사)

어휘연습

어휘	읽기	의미
挨拶		
元気		
無事		
過ごす		
授業		
飛行機		
着陸		

작문연습

1. 저야 말로 잘 부탁합니다.

2. 무사히 일본에 올 수가 있었습니다.

3. 덕분에 건강합니다.

4. 교통사고의 부상은 어떻습니까?

문제풀이

어휘	읽기	의미
挨拶	あいさつ	인사
元気	げんき	건강, 안녕
無事	ぶじ	무사
過ごす	すごす	지내다
授業	じゅぎょう	수업
飛行機	ひこうき	비행기
着陸	ちゃくりく	착륙

1. こちらこそよろしくお願（ねが）します。

2. 無事（ぶじ）に日本（にほん）へ来（く）ることができました。

3. おかげさまで元気（げんき）です。

4. 交通事故（こうつうじこ）の怪我（けが）はどうですか。

> 알고 보면 재밌는
> 메이지유신

池田屋(이케다야) 사건

　이케다야 사건(일본어:池田屋事件 이케다야지켄)은 일본의 에도시대 후기인 1864년 7월 8일에, 교토의 산조(三条) 기야마치 길(木屋町通り)에 있던 '이케다야'(池田屋)에서, 교토의 수비를 담당하던 치안 유지 조직인 신센구미가, 잠복해 있던 초슈번, 도사번의 존왕양이(尊皇攘夷)파를 습격하였던 사건을 말한다. 이 사건으로 초슈번의 많은 대표급 인사들이 살해되었으며, 곤도 이사미 및 신센구미가 유명해진 계기가 되었다. 일본 메이지 유신을 1년 늦춘 대사건으로 평가된다.

　당시의 인물로 신센구미 측 국장 곤도 이사미 이하 오키타 소지, 나가쿠라 신파치, 코도 헤이스케, 곤도 슈헤이 등이 있었고 유신지사 측 요시다 도시마로, 미야베 데이조 이하 20-25인 정도가 있었다.

▲ 이케다야

▲ 이케다야 소동

memo

unit. 7 質問 (질문)

본문회화

A: 質問があります。

B: はい、どうぞ。

A: この辺りにタバコを吸える場所はありますか。

B: あそこに喫煙コーナーがあります。

A: ありがとうございます。

B: どういたしまして。

어휘 표현

□ 質問(しつもん) 질문　□ 辺り(あたり) 주변　□ 吸う(すう) 피우다　□ 場所(ばしょ) 장소　□ 喫煙(きつえん) 흡연

 본문 해석

A : 질문이 있습니다.
B : 예, 하세요.
A : 이 주변에 담배를 피울 수 있는 장소는 있습니까?
B : 저곳에 흡연코너가 있습니다.
A : 감사합니다.
B : 천만예요.

 본문 상세 설명

A : 質問があります。
「質問があります」는 상대방에게 뭔가를 물을 때 사용하는 표현입니다. 다른 문장으로 표현하면, 「聞きたいことがあります:묻고 싶은 것이 있습니다」 「お尋ねしたいことがあります:여쭙고 싶은 것이 있습니다」 입니다. 「お尋ねしたい」는 「お+동사ます형+する」라는 겸양표현 공식을 적용한 문장입니다.

B : はい、どうぞ。
「예, 그렇게 하세요」 라는 의미입니다. 「どうぞ」 는 「부디」 라는 의미도 있지만, 상대방의 행동에 대해서, 기꺼이 허락을 할 때도 사용할 수 있습니다. 단어의 의미는 「부디」 이지만, 일반적으로는 해석을 하지 않는 것이 바람직한데, 정중한 자리나 장면에서 사용하는 표현입니다. 예문을 보면, 「どうぞ、おかけください:앉으세요」 「どうぞ、お食べください:드세요」 등입니다.

A : この辺りにタバコを吸える場所はありますか。
「この辺りに」 는 「이 주변에」 라는 의미인데, 「この辺に」 라고 해도 같은 의미입니다. 그리고 「吸える」 는 「吸う:피우다」 의 가능동사입니다. 「1그룹동사」 의 가능형은 「う단」 을 「え단」 으로 바꾸어 「る」 를 붙이면 됩니다. 그럼, 「1그룹동사」 의 가능형에 대해서 몇 개의 단어로 공부를 해 볼게요.

unit. 7 　質問 (질문)

「行く:가다」는 「行ける:갈 수 있다」
「飲む:마시다」는 「飲める:마실 수 있다」
「遊ぶ」는 「遊べる:놀 수 있다」 입니다.

B : あそこに喫煙コーナーがあります。
「喫煙」은 「흡연」이라는 뜻인데, 「금연」은 「禁煙」이라고 합니다. 담배와 관련된 어휘를 조금 살펴보겠습니다. 「吸い殻:담배꽁초」 「灰皿:재떨이」 「ヘビースモーカー:골초」 입니다. 건강을 위해서는 담배는 끊는 것이 좋겠죠.

A : ありがとうございます。
4과에서 「ありがとうございます」 와 「どういたしまして」 에 대해서 충분히 공부를 하였으니, 참고로 해 주세요. 그리고 「감사」 는 「感謝」 이고 「ありがたい」 는 「고맙다」 는 「い형용사」 입니다.

B : どういたしまして。
「どういたしまして」 는 반드시 「고맙다, 미안하다」 에 대한 대답으로만 사용한다고 4과에서 공부를 하였습니다.

 응용표현

1. 匿名で気軽に質問を何でも送ることができる。
   → 익명으로 부담없이 질문을 뭐든지 보낼 수가 있다.

2. この辺りは静かな住宅地だ。
   → 이 주변은 조용한 주택지이다.

3. 豊かな自然が現存する希少な場所です。
   → 풍부한 자연이 현존하는 희소한 장소입니다.

4. あそこにあるのは何だろう。
   → 저곳에 있는 것은 무엇일까?

5. 持ち帰りコーナーがオープンしました。
   → 테이크아웃 코너가 오픈했습니다.

어휘 표현

- 匿名 익명
- 気軽 부담없음
- 質問 질문
- 送る 보내다
- 辺り 주변
- 静かだ 조용하다
- 住宅地 주택지
- 豊かだ 풍부하다
- 自然 자연
- 現存 현존
- 希少 희소
- 場所 장소
- 持ち帰り 테이크아웃

unit. 7 質問 (질문)

어휘연습

어휘	읽기	의미
質問		
この辺り		
吸う		
場所		
喫煙		
尋ねる		
感謝		

작문연습

1. 부장님, 지금 질문해도 상관없겠습니까?

2. 이 부근에 맛있는 초밥집은 있습니까?

3. 실내에서는 금연입니다.

4. 일주일 전부터 담배는 끊었습니다.

 문제풀이

어휘	읽기	의미
質問	しつもん	질문
この辺り	このあたり	이 주변
吸う	すう	피우다
場所	ばしょ	장소
喫煙	きつえん	흡연
尋ねる	たずねる	질문하다, 묻다
感謝	かんしゃ	감사

1. 部長、今質問してもかまいませんか。

2. この辺りにおいしい寿司屋はありますか。

3. 室内では禁煙です。

4. 一週間前からタバコは止めました。

寺田屋(테라다야) 사건

테라다야 사건은 두 개가 있는데, 료마와 관련된 것은 두 번째 사건이다.

1866년 1월 23일, 교토에서 삿초동맹의 회담 직후에 사쯔마(가고시마)인으로서 숙박했던 사카모토 료마를 후시미부교인, 林忠交(하야시 타다가타)의 체포조가 암살하려고 습격했다. 테라다야 1층에서 목욕을 하고 있었던 료마의 아내 お龍(오료)는, 테라다야를 수상한 사람이 에워싸고 있는 것을 재빨리 간파하여, 벌거벗은 채로 목욕탕에서 나왔다. 그리고 서둘러 뒤에 있는 계단의 2층으로 뛰어 올라가서 위험을 알렸다. 테라다야에는 당시의 사진이랑 자료뿐만 아니라, 테라다야 사건 때 생긴 칼자국도 남아있다.

습격을 당한 료마는, 타카스기 신사쿠로부터 받은 권총으로 싸웠지만, 체포조가 권총을 쥔 손을 베어, 엄지손가락을 부상당했다. 권총을 사용할 수 없게 된 료마는 동료인 초슈의 三吉慎蔵(미요시 신조)가 필사적으로 창으로 응전하는 동안, 탈출하여 材木小屋(목재집)에 숨었다.

그곳은 지금은 남아 있지 않지만, 그 장소에는 비석이 세워져 있다. 간발의 차로 탈출한 료마는 이 다리를 건너서 여기에 몸을 숨긴 것이다.

▲ 테라다야

▲ 테라다야 내부

▲ 테라다야의 칼자국

▲ 오료의 청춘과 노년의 사진

▲ 테라다야의 목욕탕

unit. 8 拒絶 (거절)

본문회화

A : これから友人と会いますが、一緒に行きませんか。

B : すみません、今は時間がなくて難しいです。

A : 短い時間でも構いませんよ。

B : せっかくのお誘いですが、今すぐしなくてはならない用事があって無理です。

A : 残念ですけど、仕方がないですね。

B : 今度、時間があるときに、ぜひご一緒します。

어휘 표현

- 拒絶 거절
- これから 지금부터
- 友人 친구
- 会う 만나다
- 一緒に 함께
- 今 지금
- 難しい 어렵다
- 短い 짧다
- 構う 상관하다
- せっかく 모처럼
- お誘い 권유
- 用事 볼일
- 無理 무리
- 残念 유감
- 仕方がない 어쩔 수가 없다
- 今度 다음 번

본문 해석

A : 지금 친구와 만납니다만, 함께 가지 않겠습니까?
B : 죄송합니다, 지금은 시간이 없어서 힘듭니다.
A : 짧은 시간이라도 상관없습니다.
B : 모처럼의 권유이지만, 지금 바로 해야 하는 일이 있어서 무리입니다.
A : 유감이지만, 어쩔 수가 없군요.
B : 다음 번에 시간이 있을 때, 꼭 함께 하겠습니다.

본문 상세 설명

A : これから友人と会いますが、一緒に行きませんか。

「これから」는 「지금부터」라는 의미이고, 「~ませんか」는 「~하지 않겠습니까?」라는 의미입니다. 각각의 예문을 보도록 하겠습니다.
「日本の景気はこれからよくなるでしょう:일본의 경기는 지금부터 좋아지겠죠」
「たばこを吸ってもかまいませんか:담배를 피워도 상관없겠습니까?」 입니다.

B : すみません、今は時間がなくて難しいです。

「~なくて」는 「~없어서, ~않아서」라는 의미입니다. 두 개의 예문을 보도록 하겠습니다.
「お金がなくて買えません:돈이 없어서 살 수 없습니다」
「写真がとれなくて残念だった:사진을 찍을 수 없어서 유감이었다」 입니다.

A : 短い時間でも構いませんよ。

「~でも構いません」은 「~라도 상관이 없습니다」라는 의미인데, 「構う:상관하다」의 부정문입니다. 한 개의 예문을 보도록 하겠습니다.
「電話がつながらないときはメールでも構いません:전화가 연결되지 않을 때는 문자라도 상관이 없습니다」 입니다. 일본에서는 핸드폰의 「문자」는 「メール」라고 표현합니다.

B : せっかくのお誘いですが、今すぐしなくてはならない用事があって無理で

unit. 8　拒絶 (거절)

す。

「せっかく」는 「모처럼」이라는 의미로 회화표현에서 자주 사용되는 단어이니 반드시 암기해 주세요. 그리고 「誘い」는 「권유, 제안」이라는 의미로 사용되는데, 동사 「誘う」가 명사형이 된 것입니다. 각각의 예문을 보겠습니다.

「せっかく来たのだから、楽しんでください:모처럼 왔으니 즐겨 주세요」
「好きな彼女をデートに誘いたい:좋아하는 그녀를 데이트에 초대하고 싶다」 입니다.

A : 残念ですけど、仕方がないですね。

「残念ながら」는 「유감이지만」이라는 의미이고, 「仕方がない」는 「어쩔 수가 없다」는 뜻으로 앞에서 배운 적이 있습니다. 각각의 예문을 보겠습니다.

「残念ながら今日の遠足は台風で中止になります:유감이지만, 오늘의 소풍은 태풍으로 중지입니다」
「解決策がないのは仕方がない:해결책이 없는 것은 어쩔 수 없다」 입니다.

B : 今度、時間があるときに、ぜひご一緒します。

「今度」는 「이번, 다음 번」이라는 의미인데, 「다가오는 미래」를 나타내는 단어입니다. 거기에 반해, 「今回」도 「이번」으로 해석하지만, 「이미 일어난 일」을 나타내는 과거지사의 단어입니다. 예문을 통해서 정확한 차이점을 알아보겠습니다.

「今度一緒に映画でも見ませんか:다음 번에 함께 영화라도 보지 않겠습니까?」
「日本は今回で3回目です:일본은 이번으로 3번 째입니다」 입니다.

 응용표현

1. 友人と直接話す機会が減ってしまった。
   → 친구와 직접 말할 기회가 줄어버렸다.

2. 相手が誰でも構いません。
   → 상대가 누구라도 상관없습니다.

3. 昨日はせっかくの祝日なのに雨でとても残念でしたね。
   → 어제는 모처럼의 휴일이었는데 비가 와서 매우 유감이었어요.

4. 用事があって先に失礼します。
   → 볼일이 있어서 먼저 실례하겠습니다.

5. 優勝を逃して残念だ。
   → 우승을 놓쳐서 유감이다.

어휘 표현

- □ 友人(ゆうじん) 친구 □ 直接(ちょくせつ) 직접 □ 機会(きかい) 기회 □ 減る(へる) 줄다 □ 相手(あいて) 상대
- □ 誰でも(だれでも) 누구라도 □ 構う(かまう) 상관하다 □ 昨日(きのう) 어제 □ せっかく 모처럼
- □ 祝日(しゅくじつ) 경축일 □ 雨(あめ) 비 □ 残念(ざんねん) 유감 □ 用事(ようじ) 볼일 □ 先に(さきに) 먼저 □ 失礼(しつれい) 실례
- □ 優勝(ゆうしょう) 우승 □ 逃す(のがす) 놓치다

unit. 8 拒絶 (거절)

어휘연습

어휘	읽기	의미
拒絶		
友人		
難しい		
短い		
構いません		
用事		
残念		

작문연습

1. 지금부터 저의 소개를 하겠습니다.

2. 함께 프로젝트를 하지 않겠습니까?

3. 오전 중에는 볼일이 있어서 시간이 없습니다.

4. 다음 번에 함께 술을 마시러 갑시다.

문제풀이

어휘	읽기	의미
拒絶	きょぜつ	거절
友人	ゆうじん	친구
難しい	むずかしい	어렵다
短い	みじかい	짧다
構いません	かまいません	상관없습니다
用事	ようじ	볼일
残念	ざんねん	유감

1. これから自己紹介をします。

2. 一緒にプロジェクトをしませんか。

3. 午前中は用事があって時間がありません。

4. 今度一緒にお酒を飲みに行きましょう。

鳥羽伏見の戦い (도바후시미 전투)

1867년 10월 14일 쇼군[将軍] 도쿠가와 요시노부[德川慶喜]는 통치권을 조정에 반납, 막부[幕府] 정치는 끝이 나고 천황을 중심으로 하는 신정부가 수립되었다. 신정부는 이에 만족하지 않고 막부 타도파의 주도 아래 요시노부의 관위사퇴와 영지몰수를 결정했다. 그러자 이에 반발한 요시노부는 교토[京都]에서 오사카성[大坂城]으로 철수하여 주도권 회복을 노렸다.

1868년 1월 2일 요시노부의 막부 측은 15,000명의 군사를 도바[鳥羽]·후시미[伏見]로 북상시켰고 이에 맞서 막부 타도파의 사이고 타카모리를 비롯한 막부 타도파는 에도시내를 교란해 막부측을 도발했다. 이에 분격한 아이즈와 구와나를 주력으로 하는 막부 지지파의 병력은, 도쿠가와 요시노부의 본거지인 오사카 성을 출발해 교토로 진격했다.

1868년 1월 3일 교토 교외의 도바후시미에서 사쯔마/초슈를 중심으로 하는 신정부군과 충돌했다. 막부 지지파는 병력은 우세했지만 장비면에서 열세였기 때문에 결국 패배했고, 요시노부는 에도로 패주했다. 계속해서 도쿠가와 토벌의 군사행동이 일어남으로써 보신전쟁이 시작되었다.

▲ 도시후시미 전투

▲ 도바 후시미 전투 흔적지

▲ 도바 후시미 전투 격전지

▲ 도바 후시미 전투 격전지 다리

▲ 후시미 봉행소 흔적

unit.9 祝賀-お祝い (축하)

본문회화

A: ご結婚おめでとうございます。

B: ありがとう。

A: いつまでもお幸せに。

B: 幸せな家庭を築けるように頑張ります。

A: 応援しています。

B: 今日は結婚式に来てくださってありがとうございます。

어휘 표현

- 祝賀(しゅくが) 축하
- お祝い(いわ) 축하
- 結婚(けっこん) 결혼
- いつまでも 언제까지나
- 幸(しあわ)せ 행복
- 家庭(かてい) 가정
- 築(きず)く 구축하다
- 頑張(がんば)る 열심히 하다
- 応援(おうえん) 응원
- 今日(きょう) 오늘
- 結婚式(けっこんしき) 결혼식

 본문 해석

A : 결혼 축하합니다.
B : 고마워.
A : 영원히 행복하세요.
B : 행복한 가정을 꾸릴 수 있도록 열심히 하겠습니다.
A : 응원하겠습니다.
B : 오늘은 결혼식에 와 주셔서 감사합니다.

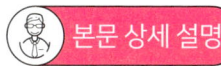 본문 상세 설명

A : ご結婚おめでとうございます。

「おめでとうございます」는 「축하」할 때 사용하는 표현입니다. 친구사이에서는 「ございます」를 생략하여 「おめでとう」라고 하면 됩니다. 「めでたい:경사스럽다」에서 나온 단어입니다.

B : ありがとう。

「ありがとう」는 「ありがたい:고맙다」에서 나온 단어인데, 위의 「おめでとう」처럼 「い형용사」에 「ございます」를 붙여서 존경표현으로 만드는 공식은 있으나, 예스러운 말이기에 그러한 종류의 단어가 나올 때마다 암기하는 것이 훨씬 효율적입니다.

A : いつまでもお幸せに。

「いつまでも」는 「언제까지나, 영원히」라는 의미입니다. 「いつも」는 「항상」이라는 의미인데, 과거부터 지금까지 라는 뉘앙스이고, 「いつでも」는 「언제든지」라는 의미로 지금부터 미래 라는 뉘앙스입니다. 예문을 통해서 정확하게 알아볼게요.
「先生(せんせい)はいつもネクタイをしめている:선생님은 항상 넥타이를 메고 있다」에서 선생님은 과거부터 지금까지 계속 넥타이를 메고 있었기에 「いつも」를 사용하였고,
「相談(そうだん)したいことがあったらいつでも来(き)てください:상담하고 싶은 것이 있으면 언제든지 와 주세요」에서 지금부터 언제든지 와도 좋다는 의미이므로 「いつでも」가 사용된 것입

unit. 9　祝賀-お祝い (축하)

니다.

B ：　幸せな家庭を築けるように頑張ります。

「築ける」는 「築く:구축하다」의 「가능동사」로서, 1그룹동사를 가능형으로 만드는 방법에 대해서는 앞에서 배웠습니다. 그리고 「～ように」는 「～하도록」이라는 의미입니다. 예문을 통해서 그 뜻을 정확하게 알아보겠습니다.
「これからは遅刻しないように気をつけてください:앞으로는 지각하지 않도록 주의해 주세요」 입니다.

A ：　応援しています。

「応援」은 「응원」이라는 의미입니다. 많은 단어를 안다는 것은 그만큼 본인의 생각을 다양하게 표현할 수 있다는 것을 의미합니다. 「応援」의 한자가 들어가는 다른 단어를 공부해 봅시다. 「応用:응용」 「応接:응접」 「支援:지원」 「援助:원조」 입니다.

B ：　今日は結婚式に来てくださってありがとうございます。

「～てくださる」는 「다른 사람이 나에게 뭔가를 해 주시다」 라는 의미입니다. 두 개의 예문을 볼까요.
「本を貸してくださってありがとうございます:책을 빌려 주셔서 감사합니다」
「教授が私の論文を見てくださった:교수님이 나의 논문을 봐 주셨다」 입니다.

 응용표현

1. 日本では古くから、ご長寿の方をお祝いする習慣があります。
   → 일본에서는 예전부터 장수를 하신 분을 축하하는 습관이 있습니다.

2. 彼には、人を幸せにする力がある。
   → 그에게는 남을 행복하게 하는 힘이 있다.

3. 良好な人間関係を築く能力は非常に大切である。
   → 양호한 인간관계를 구축하는 능력은 매우 중요하다.

4. 忘れ物をしないように注意してください。
   → 분실물이 없도록 주의해 주세요.

5. たくさんの方が協力してくださいました。
   → 많은 분이 협력해 주셨습니다.

어휘표현

- □ 古い 오래되다 □ 長寿 장수 □ 方 분 □ お祝い 축하 □ 習慣 습관 □ 幸せ 행복
- □ 力 힘 □ 良好 양호 □ 人間関係 인간관계 □ 築く 구축하다 □ 能力 능력
- □ 非常に 매우 □ 大切 중요 □ 忘れ物 분실물 □ 注意 주의 □ 協力 협력

unit. 9 祝賀-お祝い (축하)

어휘연습

어휘	읽기	의미
祝賀		
お祝い		
結婚		
幸せ		
家庭		
築く		
応援		

 작문연습

1. 생신 축하드립니다.

2. 언제까지나 당신과 함께 있고 싶습니다.

3. 당신의 인생에서 행복은 무엇입니까?

4. 건강에 주의하도록 노력하겠습니다.

문제풀이

어휘	읽기	의미
祝賀	しゅくが	축하
お祝い	おいわい	축하
結婚	けっこん	결혼
幸せ	しあわせ	행복
家庭	かてい	가정
築く	きずく	구축하다
応援	おうえん	응원

1. お誕生日おめでとうございます。

2. いつまでもあなたと一緒にいたいです。

3. あなたの人生にとって幸せは何ですか。

4. 健康に気を付けるように頑張ります。

八月十八日の政変 (818정변)
はちがつじゅうはちにち せいへん

文久(분큐)3년(1863)8월18일, 교토에서 속칭「팔일팔정변」이라고 불리는 쿠데타가 일어났다. 당시, 조정은 三条実美(산조 사네토미)등의 양이급진파가 주도권을 쥐고 있었다. 이것에 대해서 공무합체파가 반격을 하여, 존왕양이파를 교토에서 축출하고 정국의 주도권을 탈취했다. 孝明(코메이)천황은, 과격한 양이주의자였지만, 막부토벌 등은 전혀 생각하지 않고, 조정과 막부가 협조하고, 양이는 어디까지나 막부가 중심이 되어 실시해 가자는 공무합체파였다.

8월13일, 갑자기 사쯔마번의 高崎佐太郎(타카사키 사타로)가 会津(아이즈)번사의 秋月悌次郎(아키즈끼 테이지로)를 방문했다. 그리고 궁중에서 존왕양이파인 궁중귀족을 배제할 것을 권유했다. 松平容保(마쯔다이라 카타모리)는 공무합체파인 다른 사람들에게 양해를 구하는 것과 함께, 아이즈번 병사 1000명을 소환하여 준비했다.

8월18일 새벽 1시에 공무합체파를 원하는 귀족들과 다이묘들이 몰래 궁의 어소(천황이 기거하는 곳)에 들어왔다. 즉시 어소의 문은 닫히고, 아이즈번·사쯔마번 등의 병사에 의해서 엄중히 보호되었다. 그리고 소명(천황의 지시)이 없는 자는 비록 건백(関白:천황을 보좌하는 최고위직)이라도 어소 안으로 들이지 말라는 명령이 내려졌다. 그리고 그 안에서, 어소회의가 열려 양이친정(양이를 물리침)을 위한 천황행차의 연기, 존왕양이급진파의 귀족들의 입궐금지, 초슈번의 堺町御門(사쿠라이마치고몬-어소로 들어가는 문 중의 하나)경호해임 등이 의결되었다.

이상한 낌새를 느낀 산조 사네토미 등이 달려왔지만 안에 들어갈 수가 없었고, 초슈군사도 서둘러 堺町御門(사쿠라이마치고몬)에 가지만, 아이즈번·사쯔마번의 병사와 대치한 채로 안에 들어갈 수가 없었다.

그 초슈번에 대해서 대치 장소에서 퇴거해라는 칙령이 내려졌고, 양이급진파는 어쩔 수 없이 일단 東山(히가시야마)의 大仏妙法院(대불묘법원)으로 퇴거하였고, 결국에는 초슈로 물러나 재기를 도모하기로 했다. 그리고 19일, 7명의 급진양이파 귀족이 초슈로 내려갔다. 이것이 그 유명한 七卿落ち(시치쿄오치-7명의 귀족이 정사에서 물러남)이다.

▲818정변

▲818정변의 흔적지(하마구리 고몬)

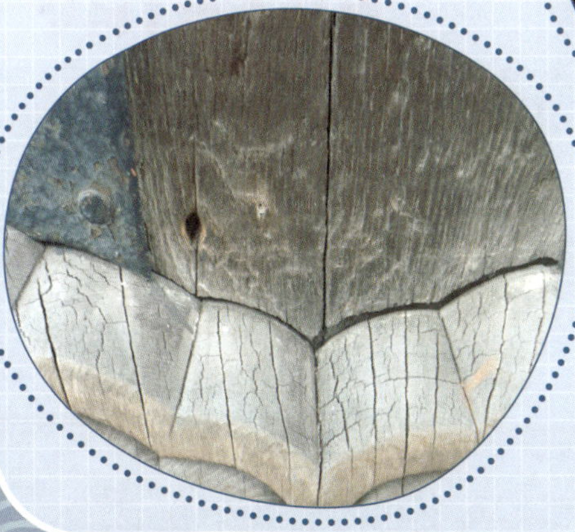

◀하마구리 고몬의 총탄자국

알고 보면 재밌는 메이지유신 | 83

unit. 10 禁止 (금지)

본문회화

A : あの、すみません。

B : 何ですか。

A : この先には行かないでください。

B : どうしてですか。

A : ここから先は、関係者以外は立入禁止になっています。

B : そうだったのですね。わかりました。

어휘 표현

□ 禁止 금지 □ 先 앞 □ 関係者 관계자 □ 以外 이외 □ 立入 출입

 본문 해석

A : 저, 죄송합니다.
B : 무엇입니까?
A : 이 앞으로는 가지 말아 주세요.
B : 왜요?
A : 여기서부터 앞쪽은 관계자이외는 출입금지입니다.
B : 그랬군요. 알겠습니다.

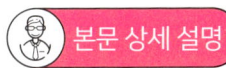 본문 상세 설명

A : あの、すみません。

「すみません」은「미안합니다」라는 의미도 되지만, 가게에서 점원을 부를 때도 사용할 수 있습니다.「저기요!」「실례합니다」라는 뜻이지요. 따라서 일본여행 중에, 쇼핑이나 식당에서 점원을 부르고 싶을 때는「すみません」이라고 하면 바로 응대를 해 줍니다.

B : 何ですか。

「何ですか」는「무엇입니까?」라는 의미인데, 이 문장에서는 점원이 손님의 부름에 응하고 있는 것이므로,「무슨 일이예요?」라는 의미로 사용되었습니다.

A : この先には行かないでください。

「〜ないで」는「〜하지 않고」라는 의미입니다.「〜ないで」를 사용하는 경우를 예문을 통해서 정확하게 알아보도록 합시다.

(1) 宿題をしないで学校にいった。
　　숙제를 하지 않고 학교에 갔다.
(2) 宿題をしないでゲームばかりしている。
　　숙제를 하지 않고 게임만 하고 있다.
(3) 宿題をしないで怒られた。

unit. 10 禁止(금지)

숙제를 하지 않아서 혼났다.

(1) 「宿題をしないで学校にいった」는 「숙제를 하지 않고 다른 행위를 했다」는 의미로 사용되었습니다.
(2) 「宿題をしないでゲームばかりしている」는 「대비적인 개념」을 의미하는데, 「숙제를 해야만 하는데 대신 게임만 하고 있다」라고 바꾸어 말할 수도 있습니다.
(3) 「宿題をしないで怒られた」는 「원인」을 나타내는 것입니다.
정확하게 그 쓰임을 알고 일본어를 표현하도록 합시다.

B : どうしてですか。
「どうして」는 「왜」라는 의미로 「なぜ・なんで」와 같은 의미입니다. 두 개의 예문을 보겠습니다.
「なぜ休みましたか:왜 쉬었습니까?」
「なんで来なかったの？:왜 오지 않았어?」입니다.

A : ここから先は、関係者以外は立入禁止になっています。
「先」는 「공간적인 앞, 시간적인 미래(먼저)」둘 다 사용할 수가 있습니다. 그런데 「さっき」는 「조금 전」이라는 의미이므로 발음에 주의해야 합니다. 예문을 통해서 알아보도록 하겠습니다.
「お先に失礼します:먼저 실례하겠습니다」
「先生はさっき、お帰りになりました:선생님은 조금 전에 돌아가셨습니다」입니다.

B : そうだったのですね。わかりました。
「そうだった」는 「そうだ:그렇다」의 「과거형」입니다. 즉, 「명사나 な형용사」에 「だ」를 접속하면 「긍정의 현재형」이지만, 「だった」를 접속하면 「긍정의 과거형」입니다.

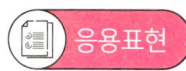

1. 廃棄物の野外焼却が一部の例外を除いて禁止になりました。
   → 폐기물의 야외 소각이 일부의 예외를 제외하고 금지가 되었습니다.

2. この先に海が見える。
   → 이 앞에 바다가 보인다.

3. どうしてあなたにお詫びする理由があるのですか。
   → 왜 당신에게 사과할 이유가 있습니까?

4. それ以外の案はないんですか。
   → 그 이외의 안은 없습니까?

5. 世界には立入禁止区域とされている禁断の土地が多数存在している。
   → 세계에는 출입금지구역이 되는 금단의 토지가 다수 존재하고 있다.

어휘 표현

- 廃棄物(はいきぶつ) 폐기물
- 野外(やがい) 야외
- 焼却(しょうきゃく) 소각
- 一部(いちぶ) 일부
- 例外(れいがい) 예외
- 除く(のぞく) 제외하다
- 禁止(きんし) 금지
- この先(さき) 이 앞
- 海(うみ) 바다
- 詫びる(わびる) 사과하다
- 理由(りゆう) 이유
- 以外(いがい) 이외
- 案(あん) 안
- 世界(せかい) 세계
- 立入(たちいり) 출입
- 区域(くいき) 구역
- 禁断(きんだん) 금단
- 土地(とち) 토지
- 多数(たすう) 다수
- 存在(そんざい) 존재

unit. 10 禁止 (금지)

어휘연습

어휘	읽기	의미
焼却		
先		
関係者		
以外		
立入禁止		
宿題		
失礼		

1. 여기서 담배를 피우지 말아주세요.

2. 도서관에서는 떠들지 말아주세요.

3. 어제 왜 회의에 오지 않았습니까?

4. 여기부터 앞은, 통행금지가 되어 있습니다.

문제풀이

어휘	읽기	의미
焼却	しょうきゃく	소각
先	さき	앞
関係者	かんけいしゃ	관계자
以外	いがい	이외
立入禁止	たちいりきんし	출입금지
宿題	しゅくだい	숙제
失礼	しつれい	실례

1. ここでタバコを吸(す)わないでください。

2. 図書館(としょかん)では騒(さわ)がないでください。

3. 昨日(きのう)どうして会議(かいぎ)に来(こ)なかったんですか。

4. ここから先(さき)は、通行禁止(つうこうきんし)になっています。

安政の大獄(안세이노 다이고쿠)

　7월5일, 家定(이에사다)의 죽음 하루 전에 斉昭(나리아키) 외, 慶喜(요시노부)를 차기 쇼군에 앉히려고 했던 이른바 一橋(히토쯔바시)파 모든 제후가 은둔·근신의 처벌을 받았고, 慶喜(요시노부)도 등성정지(입궐금지)의 벌을 받았다. 더 나아가 다음 해 1859(安政:안세이) 6년 8월27일에는 은둔·근신의 명을 받았다. 一橋(히토쯔바시)파가 처벌을 받은 이유로서 井伊(이이)는 「모반을 기획했다」라고 주장했지만, 慶喜(요시노부)자신은 斉昭(나리아키) 등의 정치활동에는 가담하지 않았고, 천황으로서 주어진 짐을 훌륭히 받는 모습이었다.

　전혀 기억도 없는 죄로 은둔·근신처분을 받은 慶喜(요시노부)는 고집스럽게 기꺼이 엄중한 근신생활에 들어간다. 1860(安政:안세이)7년3월3일, 井伊(이이)가 桜田門外(사쿠라다몬가이)에서 암살되자, 막부의 강경책이 바뀌어, 9월4일에 근신을 풀지만, 다른 사람과의 면회나 편지에 대해서는 금지되었고, 이것들이 전부 해제되는 것은 1862(文久:분큐)2년 4월25일이 된다.

쇼군 후견직

　1862(文久:분큐)2년, 사쯔마번 국부·島津久光(시마즈 히사미쯔)가 병사를 이끌고 상경. 조정을 옹립하고, 막부에 정치개혁을 강요할 계획이 부상했다. 이것을 간파한 막부는 선수를 치기위해 당시, 쇼군 후견직에 있었던 徳川慶頼(도쿠가와 요시요리)를 사면하며 후견직은 이제 필요없다는 것을 어필하고 예전에 一橋(히토쯔바시)파였던 松平慶永(마쯔다이라 요시나가)를 사면하여 막부정치에 참가할 것을 요구했다. 그리고 安政の大獄(안세이노 다이고쿠)에 연좌된 사람들에 대한 사면도 행하여, 앞에서 언급한 대로 慶喜(요시노부)에 대한 면회·편지의 금지도 해제되었다.

6월7일, 久光(히사미쯔)와 칙사・大原重徳(오하라 시게토미)가 에도에 도착.

慶永(요시나가)를 大老(다이로-고위 관직명)에, 慶喜(요시노부)를 쇼군 후견직에 라는 久光(히사미쯔)의 요구에 대해서, 막부는 慶永(요시나가)를 정사총재직이라는 새로운 관직에 앉히는 것으로 타협을 도모하려고 하지만, 쇼군 후계문제로 家茂(이에모치)의 경쟁상대가 된 慶喜(요시노부)후견직 취임에 대해서는 거부의 움직임을 보이지 않았다. 이 때문에, 막부의 각료와 교섭을 행했던 大原(오하라)가 사쯔마번 무사에 의한 암살을 암시하는 老中(로주-고위관직)・板倉勝清(이타쿠라 카쯔키요) 등 교섭에 응한 막부 각료가 좌절감을 맛보고, 7월1일에 慶喜(요시노부)의 후견직 취임이 결정되었다.

▲ 安政の大獄

▲ 사쿠라다몬

unit. 11 許可 (허가)

본문회화

A : すみません、タバコを吸ってもいいですか。

B : どうぞ。今だったらタバコを吸ってもいいです。

A : ありがとうございます。

B : 電話が鳴っていますが、少しだけ通話してもよろしいですか。

A : はい、どうぞ。

B : ありがとうございます。

어휘 표현

□ 許可(きょか) 허가　□ 吸(す)う 피우다　□ 電話(でんわ) 전화　□ 鳴(な)る 울다　□ 少(すこ)し 조금　□ 通話(つうわ) 통화

 본문 해석

A : 실례합니다, 담배를 피워도 됩니까?
B : 그러세요. 지금이라면 담배를 피워도 괜찮습니다.
A : 감사합니다.
B : 전화가 울리고 있습니다만, 조금만 통화해도 되겠습니까?
A : 예, 그러세요.
B : 감사합니다.

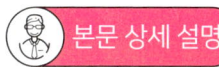 본문 상세 설명

A : すみません、タバコを吸ってもいいですか。

「〜てもいいですか」는 「〜해도 좋습니까?」라는 「허가」를 묻는 표현입니다. 다양한 예문을 통해서 알아봅시다.

「展示物を触ってもいいですか:전시물을 만져도 됩니까?」
「ここで食べてもいいですか:여기서 먹어도 됩니까?」입니다.

B : どうぞ。今だったらタバコを吸ってもいいです。

「〜てもいいです」는 「〜해도 좋습니다」라는 의미인데, 「〜てもかまいません:〜해도 상관없습니다」와 같은 뜻입니다. 두 개의 예문을 보겠습니다.

「ここで遊んでもいいです:여기서 놀아도 됩니다」
「お酒を飲んでもかまいません:술을 마셔도 상관없습니다」입니다.

A : ありがとうございます。

「ありがとうございます」에 대해서는 충분히 공부를 했습니다.

B : 電話が鳴っていますが、少しだけ通話してもよろしいですか。

「鳴る」는 「사물이 울다」는 의미이지만, 「泣く」는 「사람이나 동물이 울다」는 뜻입니다. 각각의 예문을 하나씩 보도록 하겠습니다.

unit. 11 許可 (허가)

「授業中にスマホが鳴った:수업 중에 스마트폰이 울렸다」
「真夜中に赤ちゃんが泣いた:한밤중에 아기가 울었다」
「窓の外で猫が泣いている:창밖에서 고양이가 울고 있다」 입니다.

A : はい、どうぞ。

「はい」는「ええ」와 같은 표현이고, 반말로는「うん」이라고 합니다. 반대말은「いいえ」「いえ」라고 하며, 반말로는「いや」라고 합니다.

B : ありがとうございます。

「ありがとうございます」는 충분히 공부를 하였습니다. 한 번 배웠던 내용이더라도 반복해서 학습을 하면 상당히 도움이 됩니다.

 응용표현

1. 建設業許可を申し込んだ。
　　→ 건설업허가를 신청했다.

2. 熱があるんです。今日、休んでもいいですか。
　　→ 열이 있습니다. 오늘 쉬어도 되겠습니까?

3. 大きな音でベルが鳴っている。
　　→ 큰 소리로 벨이 울리고 있다.

4. 少しだけ泣いてもいいですか。
　　→ 조금만 울어도 되겠습니까?

5. 無料で音声通話やビデオ通話する方法をご紹介します。
　　→ 무료로 음성통화와 비디오통화하는 방법을 소개하겠습니다.

어휘 표현

☐ 建設業 건설업　☐ 許可 허가　☐ 申し込む 신청하다　☐ 熱 열　☐ 今日 오늘
☐ 休む 쉬다　☐ 音 소리　☐ 鳴る 울다　☐ 少し 조금　☐ 泣く 울다　☐ 無料 무료
☐ 音声 음성　☐ 通話 통화　☐ 方法 방법　☐ 紹介 소개

unit. 11 　許可 (허가)

어휘연습

어휘	읽기	의미
許可		
電話		
鳴る		
通話		
展示物		
触る		
真夜中		

작문연습

1. 이것을 들고 가도 됩니까?

2. 지금이라면 한가한 시간입니다.

3. 바빠서 통화할 시간도 없습니다.

4. 이 자료를 조금만 봐 주겠습니까?

문제풀이

어휘	읽기	의미
許可	きょか	허가
電話	でんわ	전화
鳴る	なる	울리다
通話	つうわ	통화
展示物	てんじぶつ	전시물
触る	さわる	만지다
真夜中	まよなか	한밤중

1. これを持って行ってもいいですか。

2. 今だったら暇な時間です。

3. 忙しくて通話する時間もないです。

4. この資料を少しだけ見てくれますか。

桜田門外の変(사쿠라다몬가이노 헨)

사쿠라다몬가이노 헨은 왜 일어났는가? 그것에 대해서 하나씩 알아보자.

일미수호통상조약의 체결과 쇼군후계문제로 다이로 井伊直弼(이이 나오스케)와 전 水戸(미토) 번주의 德川斉昭(도쿠가와 나리아키)는 두 가지의 일로 대립했다. 하나는 천황의 허가 없이 일미수호통상조약을 막부가 체결한 것이다. 御三家(고산케) 중에서도, 여기서 고산케라는 것은 도쿠가와 쇼군의 세 가문을 말하는데, 尾張(오와리)·紀伊(키이)·水戸(미토)이다. 水戸(미토)번은 존왕양이사상으로, 이 조약체결은 해외와 통상한다는 것과, 천황의 칙허를 얻지 않았다는, 두 개의 이유로 용서할 수 없었다는 것이다.

또 하나는, 차기 쇼군을 누구로 할 것인가 라는 문제이다. 현 쇼군 家定(이에사다)에게는 후계자가 없었기 때문에, 井伊(이이)는 紀州(기슈)번주 德川慶福(도쿠가와 요시토미) 를 천거, 한편 나리아키는 친자식인 히토쯔바시 요시노부(도쿠가와 요시노부)를 생각했다.

불시등성(不時登城)

斉昭(나리아키)는 아들이고 미토번주인 慶篤(요시아쯔), 오하리번주의 요시카쯔 등을 동반하여 에도성에 등성, 井伊(이이)에게 조약체결에 대해서 따지며, 난국을 극복하려면, 一橋慶喜(히토쯔바시 요시노부)를 쇼군의 후계로 하도록 요구했다. 그러나 여기서 하나의 문제가 생겼다. 御三家(고산케), 御三卿(고산쿄)의 등성일은 정해져 있었지만, 이것을 무시하고 등성(불시등성)을 했기 때문에, 나리아키는 근신하고, 요시아쯔와 다른 날에 등성한 히토쯔바시 요시노부가 등성금지, 요시카쯔는 은둔·근신이라는 혹독한 처분을 받는다. 여기서 御三卿(고산쿄)라고 하는 것은 도쿠가와의 분가에 해당하는 田安(타야스)·一橋(히토쯔바시)·清水(시미즈)의 세 집안을 말한다.

또 비슷한 시기에 13개 쇼군 家定(이에사다)가 병사하고, 14대 쇼군에는 井伊(이이)가 옹립한 德川慶福(도쿠가와 요시토미)가 취임하고, 家茂(이에모치)로 이름을 바꾸었다. 이렇게 井伊直弼(이이 나오스케)는 쇼군후계문제와 미토파의 제거에 성공했다.

▲ 桜田門外の変

▲ 사쿠라다몬

▲ 사쿠라다몬 비석

unit. 12 出会い (만남)

본문회화

A : はじめまして。私は金と申します。

B : はじめまして。私は田中と申します。

A : お会い出来て嬉しいです。

B : 私もお会い出来て光栄です。いつもあなたのお話は伺っていました。

A : そうですか。どうかよろしくお願いします。

B : こちらこそ、よろしくお願いします。

어휘 표현

- 出会い 만남 □ 申す「言う-말하다」의 겸양어 □ 出来る 할 수 있다
- 嬉しい 기쁘다 □ 光栄 영광 □ いつも 항상 □ お話 이야기
- 伺う「聞く-묻다/訪ねる-방문하다」의 겸양어

A : 처음 뵙겠습니다. 저는 김이라고 합니다.
B : 처음 뵙겠습니다. 저는 다나까라고 합니다.
A : 만나 뵙게 되어서 기쁩니다.
B : 저도 만나 뵙게 되어서 영광입니다. 항상 당신의 이야기는 듣고 있었습니다.
A : 그렇습니까? 잘 부탁드립니다.
B : 저야 말로 잘 부탁드립니다.

A : はじめまして。私は金と申します。
「申す」는 「言う:말하다」의 겸양표현이고, 「おっしゃる」는 존경표현입니다. 자기소개를 할 때 자주 사용하는 단어입니다. 그럼 「おっしゃる」가 들어가는 예문 두 개를 보겠습니다.
「おっしゃるとおりですね。気をつけます:말씀하신 대로입니다. 주의하겠습니다」
「先生のおっしゃることはよくわかります:선생님이 말씀하시는 것은 잘 알겠습니다」
입니다.

B : はじめまして。私は田中と申します。
처음 만난 사람이 「はじめまして」라고 하면, 이쪽도 「はじめまして」라고 대답을 하는 것은 일본어회화의 기본입니다. 공식적으로 암기해 두세요.

A : お会い出来て嬉しいです。
「お+ます동사형+する」는 겸양표현입니다. 여기서 「する」의 가능동사 「できる」를 사용한 것입니다. 즉, 내가 상대방을 만난 것이므로 나의 행동을 낮추어 상대방을 올려주는 방법입니다. 한 개의 예문을 더 보도록 하겠습니다.
「ここでお待ちしております:여기서 기다리고 있겠습니다」입니다. 기다리는 것은 내 자신이므로 나를 낮추어 겸양표현을 한 것입니다.

unit. 12 出会い (만남)

B : 私もお会い出来て光栄です。いつもあなたのお話は伺っていました。

「伺う」는「聞く-묻다/訪ねる-방문하다」의 겸양표현입니다. 그래서「여쭙다, 찾아뵙다」로 해석할 수 있습니다. 두 개의 예문을 보겠습니다.
「詳細は課長に伺ってもいいですか:상세한 것은 과장님께 여쭈어도 되겠습니까?」
「明日お伺いしますので、よろしくお願いします:내일 찾아뵐 테니 잘 부탁합니다」입니다.

A : そうですか。どうかよろしくお願いします。

「どうか」는「どうぞ」「なにとぞ」와 같은 의미입니다. 한 개의 예문을 보겠습니다.
「なにとぞご了承ください:부디 양해해 주세요」입니다.

B : こちらこそ、よろしくお願いします。

「~こそ」는「~이야 말로」라는 의미로서, 앞에서 충분히 공부를 하였습니다. 한 개의 예문만 더 보겠습니다.
「この本こそ私が探していた本です:이 책이야 말로 제가 찾고 있는 책입니다」입니다.

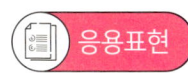

1. 佐藤が計画の詳細をお伝えしたいと申しております。
   → 사토가 계획의 상세한 것을 전하고 싶다고 말했습니다.

2. お会いできることを楽しみにしています。
   → 만날 수 있는 것을 기대하고 있습니다.

3. 友だちは日曜日にはいつも家にいない。
   → 친구는 일요일에는 항상 집에 없다.

4. 事前の連絡なしに相談に伺ってもよろしいでしょうか。
   → 사전의 연락 없이 상담하러 찾아 뵈어도 괜찮겠습니까?

5. 今夜のパーティーに行けるかどうか、まだわかりません。
   → 오늘 밤 파티에 갈 수 있을지 어떨지 아직 모르겠습니다.

어휘표현

□ 出会い 만남 □ 計画 계획 □ 詳細 상세 □ 伝える 전하다
□ 申す 「言う-말하다」의 겸양어 □ 楽しみ 기대, 즐거움 □ 日曜日 일요일
□ 事前 사전 □ 連絡 연락 □ 相談 상담 □ 伺う 「聞く-묻다/訪ねる-방문하다」의 겸양어
□ 今夜 오늘밤 □ ～かどうか ～할지 말지

unit. 12　出会い (만남)

어휘연습

어휘	읽기	의미
出会い		
嬉しい		
光栄		
気をつける		
伺う		
詳細		
課長		

작문연습

1. 스기모토라는 분으로부터 전화가 있었습니다.

2. 혼자서 할 수 있어서 기뻤습니다.

3. 선생님은 항상 정장을 입고 있습니다.

4. 내일 찾아 뵈어도 되겠습니까?

문제풀이

어휘	읽기	의미
出会い	であい	만남
嬉しい	うれしい	기쁘다
光栄	こうえい	영광
気をつける	きをつける	주의하다
伺う	うかがう	「聞く-묻다/訪ねる-방문하다」의 겸양어
詳細	しょうさい	상세
課長	かちょう	과장

1. 杉本という方から電話がありました。

2. 一人でできて嬉しかったんです。

3. 先生はいつもスーツを着ています。

4. 明日伺ってもよろしいですか。

小栗上野介(오구리 고즈케노스케)

小栗忠順(오구리 타다마사)라고도 불렸다. 1827년(文政:분세이10년), 江戸駿河台(에도 스루가다이)에서 태어났다. 어릴 때는 병약했지만, 의지가 강해 소년시절은 골목대장이었다고 한다. 8세 때부터 한학, 검도, 유술, 포술 등 다채로운 방면에 흥미를 가졌고, 문무 양쪽에 뛰어난 재능을 발휘했다. 이 무렵부터 혈기왕성한 청년들과 자주 토론을 하고, 특히 개국론에는 크게 감화를 받았다고 한다. 그 후, 17세에 등성(登城)을 하고, 쇼군을 첫 알현한 후, 쇼군직속의 친위대가 되었다.

29세 때, 아버지의 병사에 의해, 가독을 이어「又一:마타이치」로 개명. 이 이름은 德川家康-도쿠가와 이에야스로부터 받은 것으로, 오구리가는 대대로 이 이름을 계승한다. 이 무렵, 거듭되는 외국선의 내항 속에서, 양이론이 막부 내의 풍조가 되었지만, 그는 시종일관 해외와의 무역을 요구하고, 개국사상을 추진했다. 그 당시의 대로인 井伊直弼(이이 나오스케)의 눈에 들어, 미국으로 수호통상조약교환을 위해 보내진다. 귀국할 때 그는, 일본인으로 처음 세계일주를 한다. 일본과는 다른 해외문화를 목격한 그의 충격은 엄청났다고 한다.

36세로 막부의 재정을 도맡아 처리하는 감정봉행으로 임명되고,「上野介(고즈케노스케)」로 개명한다. 해외문화를 적극적으로 도입하고, 요코스카제철소(조선소)의 건설, 프랑스어학교의 건설, 육군전습소(서양식 군대의 양성을 위해)를 여는 등 막부를 위한 것뿐만 아니라,「일본」의 근대화를 위해서 수많은 위업을 달성했다.

1868년(慶応-케이오 4년), 막부타도의 의지를 분명히 한 薩摩(사쯔마), 長州(초슈)번에 대해서, 막부 내에서 시종 전쟁을 하자고 주장했지만, 끝끝내 받아들여지지 않아, 영지인 上州権田村(조슈 곤다촌)에서 은둔, 청년을 육성하기 위한 학교건설을 계획했다.

그러나, 그의 실력과 사상에 불안을 품은 토막군의 추도령에 의해 윤4월5일에 붙잡혀, 다음날 6일, 변명의 여지도 없이 가신과 함께 참수된다. 향년 42세. 막부를 지탱하고, 일본의 근대화를 꿈꾼 남자의 슬픈 최후였다.

▲ 오구리 고즈케노스케 초상

▲ 오구리 고즈케노스케 흉상

▲ 오구리 고즈케노스케 전기문

unit. 13 別れ (이별)

본문회화

A : そろそろ時間なので失礼します。

B : そうですね。遅くなってしまいましたね。

A : はい。申し訳ないですが、お先に失礼します。

B : 気を付けてお帰りください。

A : それでは、また。

B : またお会いしましょう。

어휘 표현

- □ 別れ 이별, 헤어짐   □ そろそろ 슬슬   □ 失礼 실례   □ 遅い 늦다
- □ 申し訳ない 죄송하다   □ お先に 먼저   □ 気を付ける 주의하다, 조심하다
- □ 帰る 귀가하다

본문 해석

A : 이제 시간이 늦었으니 실례하겠습니다.
B : 맞아요. 시간이 늦었습니다.
A : 예. 죄송합니다만, 먼저 실례하겠습니다.
B : 조심해서 귀가하세요.
A : 그럼, 다음에.
B : 또 만납시다.

본문 상세 설명

A : そろそろ時間なので失礼します。
「そろそろ」는 「머지않아, 슬슬」이라는 의미입니다. 그리고 이 문장에서 나온 「時間なので」는 「귀가할 시간, 돌아갈 시간」이라는 뜻입니다. 상당히 「일본어다운 표현」이므로 반드시 암기해 주시기 바랍니다. 그럼 「そろそろ」가 들어가는 예문 두 개를 보겠습니다.
「今日から１２月です。そろそろクリスマスの準備を始めましょうか:오늘부터 12월입니다. 슬슬 크리스마스 준비를 시작할까요?」
「もう４時半ですね。そろそろ出発しましょうか:벌써 4시 반이군요. 슬슬 출발할까요?」입니다.

B : そうですね。遅くなってしまいましたね。
「遅くなる」는 「늦어지다」는 의미인데, 「い형용사어간+くなる」는 「~이 되다」는 뜻입니다. 기초적인 것이지만, 정확하게 알아두세요. 두 개의 예문을 보겠습니다.
「８月になってとても暑くなりました:8월이 되어 매우 더워졌습니다」
「いきなり寒くなった:갑자기 추워졌다」입니다.

A : はい。申し訳ないですが、お先に失礼します。
「申し訳ない」는 「죄송하다」는 의미인데, 정중하게 표현하면 「申し訳ございません」입니다. 「お先に」는 앞에서 공부한 것처럼 「먼저」라는 의미를 가지고 있습니다. 한 개의 예

unit. 13 別れ (이별)

문을 보겠습니다.

「お先にどうぞ:먼저 하세요」입니다.

B : 気を付けてお帰りください。
「気を付ける」는 「주의하다, 조심하다」는 뜻이고,「お帰りください」는 「お+동사ます형+ください」라는 존경표현의 공식입니다. 두 개의 예문을 보겠습니다.
「図書館で騒ぐのはおやめください:도서관에서 떠드는 것은 그만둬 주세요」
「ここでしばらくお待ちください:여기서 잠시 기다려 주세요」입니다.

A : それでは、また。
「それでは、また」는 「では、また」라고 표현해도 됩니다.「다음에 만나자, 다음에 만납시다」라는 의미로 사용되며, 헤어질 때 하는 말입니다. 그리고 밤에 헤어질 때는 「ごゆっくり」라는 표현도 사용하는데,「편히 쉬세요」라는 의미입니다.

B : またお会いしましょう。
「お会いしましょう」는 「お+동사ます형+する」는 겸양표현 공식입니다. 나의 행동에 대해서 사용합니다. 한 개의 예문을 보도록 하겠습니다.
「昨日買ったかばんをお見せします:어제 산 가방을 보여드리겠습니다」입니다.
내가 다른 사람에게 나의 가방을 보여주는 것이므로 나의 행동입니다. 따라서 겸양표현을 사용합니다.

 응용표현

1. 付き合っている以上、いつかは別れがくることもあります。
   → 사귀고 있는 이상, 언젠가는 이별이 다가오는 일도 있습니다.

2. 誰かのためも大切だけど、そろそろ自分のために生きてもいいんじゃないか。
   → 누군가를 위해도 중요하지만, 슬슬 자신을 위해서 살아도 좋지 않을까?

3. どっちを先にしたらよいのかわからない。
   → 어느 쪽은 먼저 하면 좋을지 모르겠다.

4. 自身の健康状態に気を付けたほうがいい。
   → 자신의 건강상태에 주의하는 편이 좋다.

5. また日本へ遊びに行きたい。
   → 또 일본에 놀러 가고 싶다.

어휘표현

- 付き合う 사귀다
- 以上 이상
- 別れ 이별, 헤어짐
- 誰 누구
- 大切だ 중요하다
- そろそろ 슬슬
- 生きる 살다
- 先に 먼저
- 自身 자신
- 健康 건강
- 状態 상태
- 気を付ける 주의하다, 조심하다
- 遊ぶ 놀다

unit. 13 別れ (이별)

어휘연습

어휘	읽기	의미
別れ		
遅い		
申し訳ない		
帰る		
準備		
暑い		
図書館		

 작문연습

1. 슬슬 아이가 학교에서 돌아올 시간입니다.

2. 벌써 10시이니 이쯤에서 실례하겠습니다.

3. 감기 조심하세요.

4. 또 만날 수 있는 날을 기다리겠습니다.

 문제풀이

어휘	읽기	의미
別れ	わかれ	이별, 헤어짐
遅い	おそい	늦다
申し訳ない	もうしわけない	죄송하다
帰る	かえる	돌아가다
準備	じゅんび	준비
暑い	あつい	덥다
図書館	としょかん	도서관

1. そろそろ子供が帰ってくる時間です。

2. もう１０時なのでこのへんで失礼します。

3. 風邪に気を付けてください。

4. またお会いできる日をお待ちします。

岩瀬忠震(이와세 타다나리)

　岩瀬忠震(이와세 타다나리)는, 에도시대 후기의 幕臣(바쿠신:쇼군을 직속으로 모시는 무사) 중에서, 탁월한 외교수완을 발휘하여 水野忠徳(미즈노 타다노리), 小栗忠順(오구리 타다마사)와 함께「막부말기 3걸」이라고 칭해졌다. 하지만, 이와세 타다나리의 만년은, 그 화려한 경력과는 반대로 불우했다. 타다나리는, 宇和島(우와지마)번주 伊達村年(다테 무라토시)의 고손자이고, 伊達政宗(다테 마사무네)의 자손이기도 하다.

　天保(텐포)11년(1840년) 5월에 岩瀬(이와세 타다마사)의 데릴사위가 되어 가록 800석의 가독을 이어받고, 昌平坂(쇼헤이자카)학문소에 들어갔는데, 성적이 우수하여, 嘉永(카에이)2년(1849년) 2월에 이곳의 교수가 된다.

　嘉永(카에이)7년(1854년), 로주의 상좌인 阿部正弘(아베 마사히로)에게 그 재능이 눈에 띄어 目付(메쯔께:관찰사)로 발탁되어, 강무소(講武所), 번서조소(蕃書調所), 長崎(나가사끼)해군전습소의 개설이랑 군함, 品川(시나가와)의 포대축조에도 관계하였고, 외교봉행에도 임명되어 외교수완을 발휘한다.

　安政(안세이)2년(1855년)에는 러시아의 푸타틴과의 전권교섭에서 일러화친조약체결에 임한다. 이어, 安政(안세이)5년(1858년)에는 미국의 총영사 타운젠트・해리스와의 교섭에서, 井上清直(이노우에 키요나오)와 함께 일미수호통상조약에 자기책임으로 서명하는 등, 개국에 적극적인 외교관으로서 활약한다. 그러나 이와세 타다나리를 중용한 아베 마사히로가 과로로 급사하고, 이이 나오스케가 대로에 앉은 뒤로는 정세는 일변한다.

　타다나리, 쇼군 후계문제로 德川慶喜(도쿠가와 요시노부)를 옹오하는 히토쯔바시파에 속했기 때문에, 반대파인 이이 나오스케가 히토쯔바시파의 배척을 도모한 安政の大獄(안세이노 다이고쿠)에서 토목봉행으로 좌천되고, 이어 은둔을 명 받아, 에도 向島(무코지마)의 岐雲園(기운원)에서 서화(書畵)의 생활에 전념한 후, 文久(분큐)원년 (1861년) 44세의 나이로 병사한다.

　타다나리가 평생의 친구로서 존경하고 친했던 사람은 그의 편지에서 유추할 수 있는데 바로 木村摂津守喜毅(키무라 세쯔노카미 요시타케) 단 한 명이었다.

　함께 개국파였단 타다노리와 요시타케는, 외국의 침략에 지지 않을 강력한 해군의 창설을 목표로 했다.

　막부가 강력한 해군을 만들기 위해서 일미수호통상조약 특사에 함께 파견시킨 咸臨丸(칸린마루)제독·木村喜毅(키무라 요시타케)와 국가를 지키고, 국민을 보호하며, 가족을 보호하기 위한 국력고양을 위한 무사의 의지가 여전했고, 무사도의 진정한 모습을 볼 수가 있었다.

▲ 이와세 타다나리 동상

▲ 이와세 타다나리 무덤

알고 보면 재밌는 메이지유신 | 115

unit. 14 確認 (확인)

본문회화

A : 明日の約束の確認してもよいですか。

B : はい、どうぞ。

A : 午前１１時に渋谷駅のハチ公前の待ち合わせでよろしいですか。

B : もうちょっと早めに会いませんか。

A : わかりました。１０時はどうですか。

B : いいですよ。ありがとうございます。

어휘 표현

□ 明日(あした) 내일 □ 約束(やくそく) 약속 □ 確認(かくにん) 확인 □ 午前(ごぜん) 오전 □ 渋谷駅(しぶやえき) 시부야 역
□ ハチ公(こう) 시부야 역에 있는 개의 동상 이름 □ 前(まえ) 앞 □ 待(ま)ち合(あ)わせ 약속
□ 早(はや)めに 조금 빨리 □ 会(あ)う 만나다

 본문 해석

A : 내일 약속의 확인을 해도 되겠습니까?
B : 예, 그러세요.
A : 오전 11시에 시부야 역의 하치꼬 앞에서 만나도 괜찮겠습니까?
B : 좀 더 빨리 만나지 않겠습니까?
A : 알겠습니다. 10시는 어떻습니까?
B : 좋습니다. 감사합니다.

 본문 상세 설명

A : 明日の約束の確認してもよいですか。

「明日」는 내일을 뜻하는데, 시기에 대해서 알아보아요. 「さきおととい:그끄저께」 「おととい:그저께」 「昨日(きのう):어제」 「今日(きょう):오늘」 「明日(あした):내일」 「あさって:모레」 「しあさって:글피」 입니다.

B : はい、どうぞ。

「どうぞ」 는 앞에서 배웠듯이 「그렇게 하세요」 라는 의미입니다.

A : 午前１１時に渋谷駅のハチ公前の待ち合わせでよろしいですか。

「午前(ごぜん)」 은 「오전」 이고 「오후」 는 「午後(ごご)」 라고 하며, 「정오」 는 「正午(しょうご)」 입니다. 아주 기본적인 것이지만 정확하게 암기해 두세요.

B : もうちょっと早めに会いませんか。

새로운 표현 「早めに」 에 대해서 알아볼까요. 「早い」 는 「빠르다」 라는 い형용사입니다. 여기서 「い」 를 뺀 형태를 「い형용사의 어간」 이라고 합니다. 즉, 「い형용사어간」 에 「めに」 를 접속하면 「조금~한 듯이」 라는 표현이 돼요. 다른 예문을 볼까요. 「多めに:조금 많은 듯이」 「長(なが)めに:조금 긴 듯이」 「大(おお)きめに:조금 큰 듯이」 입니다. 아이들은 빨리 성장하니까, 바지를 살 때는 「長(なが)めに:조금 긴 듯이」 「大(おお)きめに:조금 큰 듯이」 사면 좋겠죠.

unit. 14 　確認 (확인)

A ： わかりました。１０時はどうですか。

「わかりました」는 「알겠습니다」라는 표현인데, 겸양어는 「かしこまりました」「了解(りょうかい)しました」입니다. 다양한 표현을 알아두면 그만큼 표현력이 풍부해진다는 것을 알아두세요.

B ： いいですよ。ありがとうございます。

상대방의 제안에 대해서 기꺼이 응할 때는 「いいですよ」라고 하며 반드시 조사 「よ」를 붙여야 한다고 앞 강의에서 말씀드렸습니다. 만일 「よ」를 빼고 「いいです」라고 하면, 「괜찮습니다, 됐습니다」라는 의미가 되어 「사양의 표현」이 된다는 것에 주의해 주세요.

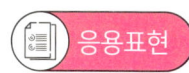 응용표현

1. 書類を一度確認したいと思っています。
    → 서류를 한번 확인하고 싶다고 생각하고 있습니다.

2. いつも池袋駅で待ち合わせをすると迷ってしまう。
    → 항상 이케부쿠로 역에서 약속을 하면 헤맨다.

3. もうちょっとでクリスマスです。
    → 조금만 지나면 크리스마스입니다.

4. 仕事を早めに切り上げた。
    → 일을 일찌감치 끝냈다.

5. みんなの意見を聞いてみるのはどうですか。
    → 모두의 의견을 들어보는 것은 어떻습니까?

어휘표현
- □ 書類 서류 □ 一度 한번 □ 確認 확인 □ 待ち合わせ 약속 □ 迷う 헤매다
- □ 仕事 일 □ 早めに 조금 빨리 □ 切り上げる 끝내다 □ 意見 의견

unit. 14 確認 (확인)

어휘연습

어휘	읽기	의미
確認		
午前		
駅		
午後		
正午		
多い		
長い		

작문연습

1. 회의 장소를 확인해도 되겠습니까?

2. 오후 2시에 친구를 만나기로 했습니다.

3. 좀 더 기다려 주세요.

4. 손님이 어느 정도 올지 모르니 과일을 좀 많이 샀다.

 문제풀이

어휘	읽기	의미
確認	かくにん	확인
午前	ごぜん	오전
駅	えき	역
午後	ごご	오후
正午	しょうご	정오
多い	おおい	많다
長い	ながい	길다

1. 会議の場所を確認してもよいですか。

2. 午後２時に友だちに会うことにしました。

3. もうちょっと待ってください。

4. お客様がどれくらい来るか分からないので果物を多めに買った。

徳川慶喜(도쿠가와 요시노부)-1

에도막부 제 15대, 그리고 일본역사상 마지막 정이대장군(쇼군)이다.

제9대 水戸(미토)번주・徳川斉昭(도쿠가와 나리아키)의 7남으로서 태어나, 나중에 3경(도쿠가와 씨의 일족에서 분립한 다이묘 가)의 하나인 一橋(히토쯔바시)가를 계승한다. 그리고 쇼군 가업을 잇게 되는 것었다.

대정봉환에 의해 에도막부를 끝냈기 때문에 무능한 인물로 생각되기 쉽지만 그렇지는 않다. 에도막부의 역대 쇼군 중에서도 그 자질은 탑클래스로 주목되었고, 당시「家康(이에야스)의 재래」라고 까지 말해졌다. 다재다능했던 家康(이에야스)와 마찬가지로 무슨 일이든 뛰어나고, 특히 수중검술에 관해서는 달인의 경지였다. 또 학문도 뛰어난 데다가 달변가여서 당대 최고의 논객이기도 하였다. 선천적으로 시대의 흐름을 잘 파악해서, 에도막부의 종언을 가장 빨리 느꼈던 인물이다.

당시 水戸(미토)번은 존왕양이 사상의 선두에 있는 존재였음에도, 요시노부 자신은 돼지고기를 먹고, 사진촬영에 열중하며, 서양식의 군대 도입을 도모하는 등, 서양문화의 신봉자였다. 일본인의 누구보다도 유신을 바랐다는 것은 요시노부일지도 모른다. 에도막부의 마지막을 예상했던 요시노부는 마지막 쇼군이 되는 것을 계속 거부했지만, 결국 그 역할을 받아들인 것은 전 쇼군 家茂(이에모치)의 사후 4개월이나 흐르고 나서 였다. 요시노부의 재위는 약 1년 간. 틀림없이 에도막부를 끝내기 위해서 태어난 인물이었다.

▲ 도쿠가와 요시노부 초상

소년시절

天保(텐포)8년(1837년) 9월29일, 도쿠가와 3가의 하나인 미토번의 9대 번주 德川齊昭(도쿠가와 나리아키)의 7남으로서 에도에서 태어난다. 天保9년(1838년), 齊昭(나리아키)의 교육방침에 따라, 에도에서 미토로 옮겨서 산다. 나리아키의 교육은 매우 엄해서, 예를 들면, 의식을 검소하게 제한하는 가벼운 것에서, 장난을 쳤을 때는, 화상을 입을 정도로 뜸질을 하게 하고, 창살로 칸막이가 된 방에 집어넣어 밥을 주지 않으며, 잠버릇이 나쁜 것을 고치기 위해, 베개의 양 끝에 면도칼을 세우는 등, 매우 엄격한 교육이었다고 일컬어진다.

弘化(코카)4년(1847년), 11세 때, 에도에 머물고 있던 나리아키에 불려가서 삼경의 하나인 一橋(히토쯔바시)가의 양자로 들어간다. 그 이전에 같은 삼경의 하나인 紀州(키슈)번과 尾張(오와리)번에서도 양자의 인연의 이야기가 나왔지만, 굳이 히토쯔바시가를 선택한 것은 당시의 쇼군・德川家慶(도쿠가와 이에요시)가 히토쯔바시 계의 혈통이고, 히토쯔바시가에 넣어두면 쇼군 세자가 될 가능성이 높았기 때문일 것으로 여겨진다. 같은 해 12월1일, 관례에 따라 종3위 중장・형부경으로 임명되고, 이름을 德川慶喜(도쿠가와 요시노부)로 바꾸고 정식으로 히토쯔바시가 당주가 되었다.

▲ 왼쪽 도쿠가와 요시노부 소년시절

徳川慶喜(도쿠가와 요시노부)-1
とくがわよしのぶ

청년시절

一橋(히토쯔바시)가 당주가 된 慶喜(요시노부)는, 그 후 잠시동안 평온한 생활을 보낸다. 家慶(이에노부)도 마음에 들어 하고, 주변에서는 家慶(이에노부)는 친자식인 家定(이에사다) 가 아닌, 요시노부를 후계자로 삼고 싶다고 생각하고 있는 것이 아닌가 라는 소문이 날 정도였다고 한다. 하지만, 嘉永(카에이)6년(1853년) 6월, 미국함대 내항 바로 뒤에 이에노부는 병사. 13대 쇼군에는 예정대로 이에사다가 취임했다. 이에사다는 말을 더듬고 병약했다. 과자 만드는 것이 취미인 나약한 인물로, 이래서는 국난에 대처할 수 없다고 생각한 뜻이 있는 사람들은, 다음의 쇼군 후보로서 영재라고 평판이 높은 요시노부를 음으로 양으로 천거해 가지만, 당사자는 쇼군이 되고 싶다고는 생각하지 않았고, 나리아키에게 보낸 편지 안에서는 그러한 움직임을 민폐라고 생각했다는 것을 엿볼 수 있다.

이처럼 嘉永(카에이)6년의 시점에서는 쇼군 취임에 흥미가 없었던 요시노부 본인의 의사와는 정반대로 나리아키랑 越前(에치젠)의 번주・松平慶永(마쯔다이라 요시나가), 薩摩(사쯔마)번주・시마즈 나리아키라 등의 뜻이 있는 다이묘와 그 배하의 사람들에 의해서, 차기 쇼군 후보로 이름이 올려지게 되었다.

▲ 도쿠가와 요시노부 청년시절

▲ 도쿠가와 요시노부 저택

▲ 도쿠가와 요시노부 무덤

◀ 사원에서 휴식중인 도쿠가와 요시노부

알고 보면 재밌는 메이지유신 | 125

unit. 15 伝聞 (전문)

본문회화

A： 昨日の東京は雨だったそうですね。

B： はい。

A： でも今日は晴れるそうです。

B： そうですか。

A： 梅雨明けになりそうだと聞きました。

B： そうなれば嬉しいです。

어휘 표현

- 伝聞(でんぶん) 전문
- 昨日(きのう) 어제
- 東京(とうきょう) 도쿄
- 雨(あめ) 비
- 今日(きょう) 오늘
- 晴(は)れる 맑다
- 梅雨明(つゆあ)け 장마가 끝남
- 聞(き)く 듣다
- 嬉(うれ)しい 기쁘다

 본문 해석

A : 어제의 도쿄는 비가 내렸다고 합니다.
B : 예.
A : 하지만 오늘은 맑다고 합니다.
B : 그렇습니까?
A : 장마가 끝날 것 같다고 들었습니다.
B : 그렇게 되면 기쁘겠습니다.

 본문 상세 설명

A : 昨日の東京は雨だったそうですね。

이 문장에서 사용된「そうです」는「전문표현」즉, 다른 사람이나 책에서 읽었던 것 등을 전할 때 사용하는 표현입니다. 두 개의 예문을 더 보도록 하겠습니다.
「ここは昔は海だったそうです:이곳은 옛날에는 바다였다고 합니다」
「あの店はとてもおいしいそうです:저 가게는 매우 맛있다고 합니다」입니다.

B : はい。

같은 표현으로「ええ」이고, 반말은「うん」이라고 앞에서 배웠던 내용입니다. 복습은 중요하니 반복해서 공부하면 좋아요.

A : でも今日は晴れるそうです。

「晴れる」는「맑다」라는 의미인데,「晴れ」라고 하면「맑음」이라는 뜻입니다. 그리고 일기예보에서「비 온 후 맑음」은「雨のち晴れ」라고 하는데, 반드시「~후」라 는 표현은「のち」라는 단어를 사용한다는 것을 알아두세요. 날씨가 관련된 단어 하나만 더 공부하자면,「夕立」인데,「여름에 내리는 소나기」를 의미합니다. 반드시 암기해 두세요.

B : そうですか。

「そうですか」는「그렇습니까?」,「そうです」는「그렇습니다」,「そうか」는「그

unit. 15 伝聞 (전문)

래?」「そうだろう」는「그럴 것이야」라는 의미입니다. 다양한 표현을 알아두면 좋아요.

A : 梅雨明けになりそうだと聞きました。
「梅雨明け(つゆあ)け」는「장마가 끝남」이지만,「장마에 들어가는 것」은「梅雨入(つゆい)り」라고 합니다. 그리고 장마는 같은 한자를 사용하여「梅雨(ばいう)」라고도 하지만, 장마의 시작과 끝을 말할 때는 반드시「梅雨(つゆ)」라고 읽어야 합니다.

B : そうなれば嬉しいです。
「嬉(うれ)しい」와「楽(たの)しい」에 대해서 비교해 봅시다.「嬉しい」는「순간적인 것, 바로 그 때」를 의미하지만,「楽しい」는「지속적인 것, 어떤 기간」을 표현할 때 사용합니다. 예문을 통해서 알아보아요.
「試験(しけん)に受(う)かって嬉しい:시험에 합격해서 기쁘다」에서「嬉しい」를 사용한 것은 시험에 합격한 그 순간을 나타내기 때문입니다.
「先週(せんしゅう)の旅行(りょこう)は楽しかった:지난 주의 여행은 즐거웠다」에서「楽しい」를 사용한 것은 여행기간을 나타내기 때문입니다. 정확하게 비교해서 암기해 두세요.

 응용표현

1. 彼女はりんごが好きじゃないそうだ。
    → 그녀는 사과를 좋아하지 않는다고 한다.

2. ニュースによると、今年の夏は暑いそうだ。
    → 뉴스에 의하면, 올해의 여름은 덥다고 한다.

3. 全国の梅雨入りと梅雨明けの情報です。
    → 전국의 장마철이 들어가는 시기와 끝나는 시기의 정보입니다.

4. 夕方ころには雪になりそうだ。
    → 저녁 무렵에는 눈에 내릴 것 같다.

5. そうなれば、状況は一変しますよ。
    → 그렇게 되면 상황은 일변합니다.

어휘 표현
- □ りんご 사과 □ ～によると ～에 의하면 □ 今年 올해 □ 夏 여름 □ 暑い 덥다
- □ 全国 전국 □ 梅雨入り 장마에 들어감 □ 梅雨明け 장마가 끝남 □ 情報 정보
- □ 夕方 저녁 □ 雪 눈 □ 状況 상황 □ 一変 일변

unit. 15 伝聞 (전문)

어휘연습

어휘	읽기	의미
伝聞		
晴れる		
梅雨		
昔		
海		
夕立		
旅行		

작문연습

1. 내일은 맑다고 합니다.

2. 내일 날씨는 비 온 후 맑음입니다.

3. 혼자서는 무리라고 들었습니다.

4. 그렇게 되면 모두가 좋아하겠죠.

문제풀이

어휘	읽기	의미
伝聞	でんぶん	전문
晴れる	はれる	맑다
梅雨	つゆ・ばいう	장마
昔	むかし	옛날
海	うみ	바다
夕立	ゆうだち	여름 소나기
旅行	りょこう	여행

1. 明日は晴れるそうです。

2. 明日の天気は雨のち晴です。

3. 一人では無理だと聞きました。

4. そうなればみんなが喜ぶでしょう。

徳川慶喜(도쿠가와 요시노부)-2

쇼군 후계와 조약 칙허

安政(안세이)에 들어가자, 통상조약의 체결을 요구하는 사양열강이 밀려들게 되어, 예전처럼 독단으로 정치적인 판단을 내리는 것이 어려워진 막부는, 조정으로부터 조약 칙허를 받는 것으로 대의명분을 얻으려고 교토에 최고위직 및 실질적인 힘을 가진 가신들을 파견하여 공작활동에 임하도록 하였다. 하지만, 이 활동은 孝明(코메이)천황이랑 양이파의 公卿(쿠교-관직명), 재야 지사의 반발을 당해 좌절되었다. 동시에 행했던 요시노부 쇼군 취임의 칙명강하공작도, 紀州(키슈)번의 德川家茂(도쿠가와 이에모치)를 차기 쇼군으로 바라는 彦根(히코네) 번주・井伊直弼(이이 나오스케)의 방해공작에 의해 실패했다.

에도로 되돌아온 堀田(호리타)는 家定(이에사다)에게 慶喜(요시노부)를 차기 쇼군으로 하자고 봉상하지만 단호히 거절당하고, 동시에 井伊(이이)가 大老(타이로:쇼군의 보좌역)에 취임하는 것이 결정되었다. 安政(안세이)5년(1858년) 7월22일, 막부는 모든 다이묘를 등성시켜, 통상조약의 조인을 전했다. 같은 날, 소식을 들은 慶喜(요시노부)는 칙허를 얻지 않고 조약에 조인한 것에 반발하여, 23일에 井伊(이이)를 방문하여 면담을 행했다.

요시노부「조약조인의 일은 알고 있었는가?」

이이「恐れ入り奉り候(おそれいりたてまつりまする)-황송하옵니다」

요시노부「위칙이 되는 것을 어떻게 생각하고 있는가?」

이이「恐れ入り奉り候(おそれいりたてまつりまする)-황송하옵니다」

라는 ご問答(동문서답)이 잠깐동안 계속되고, 쇼군 후계자 문제로 이야기가 이어졌다.

요시노부 「(이에사다의) 양자 건은 어떻게 되었는가?」

이이 「恐れ入り奉り候(おそれいりたてまつりまする)-황송하옵니다」

요시노부 「정해졌는가? 정해지지 않았는가?」

이이 「恐れ入り奉り候(おそれいりたてまつりまする)-황송하옵니다」

요시노부 「기슈번 주군(이에모치)로 정해진 것은 아닌가?」

이이 「Exactly(맞습니다)」

이에모치가 차기 쇼군으로 취임하는 것을 확인한 요시노부는 이에모치를 칭찬하자, 井伊(이이)는 「주군이 그렇게 말씀해 주시면 고맙소」라고 기쁜 듯이 대답을 했다고 한다. 다음 날 24일, 이번에는 나리아키 외 尾張(오와리) 번주·德川慶恕(도쿠가와 요시쿠미) 등이 井伊(이이)와 면회하여, 칙허 조인과 쇼군 후계에 대해서 비난했지만 서로가 의견이 맞지 않아, 25일, 이에모치가 정식으로 제 14대 쇼군으로 취임할 예정인 것이 발표되었다.

◀ 이이나오스케

▲ 코메이 천왕

◀ 도쿠가와 이에모치

unit. 1 謝罪 (사죄)

본문회화

店員 ： おつりが足りませんよ。

客 ： ちょっと確認します。

店員 ： どうですか。

客 ： お客様がおっしゃる通りです。大変申し訳ございませんでした。

店員 ： 気がついたからよかったけど、気を付けてください。

客 ： はい。今後はこのようなことがないようにします。

店員 ： そうですね。

客 ： 大変ご迷惑をおかけしまして、申し訳ございませんでした。

어휘 표현

□ 謝罪 사죄 □ 店員 점원 □ おつり 거스름돈 □ 足りない 부족하다 □ 客 손님
□ 確認 확인 □ お客様 손님 □ おっしゃる 「言う-말하다」의 존경어
□ ～通り ～대로 □ 大変 매우 □ 申し訳ない 죄송하다 □ 気がつく 알아차리다
□ 気を付ける 주의하다 □ 今後 앞으로 □ 迷惑をかける 폐를 끼치다

 **본문 해석**

점원 : 거스름돈이 부족합니다.
손님 : 잠시 확인하겠습니다.
점원 : 어떻습니까?
손님 : 손님이 말씀하신 대로입니다. 대단히 죄송했습니다.
점원 : 알아차렸으니 다행이었지만 조심해 주세요.
손님 : 예. 앞으로는 이러한 일이 없도록 하겠습니다.
점원 : 맞아요.
손님 : 매우 폐를 끼쳐 드려서 죄송했습니다.

 **본문 상세 설명**

店員 : おつりが足りませんよ。

「おつり」는 「거스름돈」인데, 「동전」은 「小銭(こぜに)」라고 합니다. 그리고 「足(た)りない」는 「부족하다」는 의미인데, 「足(た)りる:충분하다」의 부정형입니다. 두 개의 예문을 보겠습니다.
「貯金箱(ちょきんばこ)に小銭を入(い)れた:저금통에 동전을 넣었다」
「私に足りないものは情熱(じょうねつ)だ:나에게 부족한 것은 정열이다」 입니다.

客 : ちょっと確認します。

「確認(かくにん)する:확인하다」 와 같은 의미의 동사는 「確(たし)かめる」 입니다. 그리고 「確(たし)か:아마」
「確(たし)かに:확실히」 도 같이 알아두세요. 각각의 예문을 보도록 하겠습니다.
「交通安全(こうつうあんぜん)のルールについて確かめました:교통안전 룰에 대해서 확인했습니다」
「確か彼は今週末(こんしゅうまつ)イギリスに行(い)く:아마 그는 이번 주말 영국에 간다」
「書類(しょるい)は、確かに受(う)け取(と)りました:서류는 확실히 받았습니다」 입니다.

店員 : どうですか。

「どうですか」 는 「어떻습니까?」 라는 뜻인데 정중하게 표현하면, 「いかがですか」
「いかがでしょうか」 「いかがですでしょうか」 입니다.

客 : お客様がおっしゃる通りです。大変申し訳ございませんでした。

謝罪 (사죄)

「おっしゃる」는「言う-말하다」의 존경어입니다. 겸양어는「申す」라고 앞에서 공부를 했습니다. 그리고「〜通り」는「〜대로」라는 의미인데, 각각의 예문을 보겠습니다
「お客様はAプランで進めたいとおっしゃいました:손님은 A플랜으로 진행하고 싶다고 말씀하셨습니다」
「詳しいことは以下の通りです:상세한 것은 이하 대로입니다」입니다.

店員 : 気がついたからよかったけど、気を付けてください。
「気がつく:알아차리다」라는 의미이고「気を付ける:주의하다」입니다. 그리고「気が進まない:마음이 내키지 않다」도 같이 알아두기 바랍니다. 각각의 예문 을 보겠습니다.
「この年齢になって、気がついたことがある:이 연령이 되어 알아차린 것이 있다」
「忘れ物に気を付けてください:분실물에 주의해 주세요」
「気が進まないので断ることにした:마음이 내키지 않아서 거절하기로 했다」입니다.

客 : はい。今後はこのようなことがないようにします。
「このような」는「이러한」이라는 의미이고,「このように」는「이처럼」입니다.「よう」와 관련된 표현을 뒷부분에서 새롭게 공부하도록 하겠습니다. 그럼 예문을 하나만 보겠습니다.
「今後はこのようなミスを起こさないように努力します:앞으로는 이러한 실수를 일으키지 않도록 노력하겠습니다」입니다.

店員 : そうですね。
「そうですね」는「맞아요, 그렇군요」라고 해석하며, 상대방의 말에 맞장구를 칠 때 사용합니다.

客 : 大変ご迷惑をおかけしまして、申し訳ございませんでした。
「迷惑をかける」는「폐를 끼치다」는 일본에서 상당히 자주 사용하는 표현이므로 반드시 암기하시기 바랍니다. 그리고「近所迷惑:이웃에게 폐를 끼침」이라는 단어도 같이 알아두세요.

 응용표현

1. ビタミンCが足りないと老化が進む。
   → 비타민C가 부족하면 노화가 진행된다.

2. 私の追加コメントは下記の通りです。
   → 나의 추가 코멘트는 하기 대로입니다.

3. 今日の学習で気がついたことや疑問に思ったことを書きましょう。
   → 오늘의 학습에서 알아차린 것이랑 의문스럽게 생각했던 것을 씁시다.

4. コロナウイルスで今後の会社のビジョンが見えない。
   → 코로나 바이러스로 앞으로의 회사의 비전이 보이지 않는다.

5. それを忘れないようにしてください。
   → 그것을 잊지 않도록 해 주세요.

어휘 표현

□ 足りない 부족하다 □ 老化 노화 □ 進む 진행되다 □ 追加 추가 □ 下記 하기
□ ~通り ~대로 □ 学習 학습 □ 気がつく 알아차리다 □ 疑問 의문 □ 今後 앞으로
□ 忘れる 잊다 □ ~ようにする ~하도록 하다

unit. 1 謝罪 (사죄)

어휘연습

어휘	읽기	의미
店員		
今後		
迷惑		
小銭		
安全		
書類		
進む		

작문연습

1. 만 엔으로는 부족합니다.

2. 이 문장이 맞는지 어떤지 확인해 주세요.

3. 선생님이 말씀하신 대로, 시험은 어려웠습니다.

4. 앞으로는 이러한 일이 없도록 주의하겠습니다.

문제풀이

어휘	읽기	의미
店員	てんいん	점원
今後	こんご	앞으로
迷惑	めいわく	민폐
小銭	こぜに	동전
安全	あんぜん	안전
書類	しょるい	서류
進む	すすむ	진행되다

1. 一万円（いちまんえん）では足（た）りませんよ。

2. この文章（ぶんしょう）が正（ただ）しいかどうか確認（かくにん）してください。

3. 先生（せんせい）がおっしゃった通（とお）り、試験（しけん）は難（むずか）しかったんです。

4. 今後（こんご）はこのようなことがないように気（き）をつけます。

西鄕隆盛(사이고 타카모리)-1

薩摩藩主(사쯔마번주) 島津斉彬(시마즈 나리아키라)의 측근

薩摩(사쯔마)번의 하급무사의 장남으로 태어났다. 3살 아래인 大久保利通(오쿠보 토시미치)는 소꿉친구이다.

13세 때, 친구의 싸움을 말리려고 하다가, 그 때의 상처가 원인으로 칼을 자유롭게 사용할 수 없게 되었다. 무도를 포기하고, 학문에 정진하여, 薩摩(사쯔마) 「鄕中(고쥬:하급 무사를 대상으로 한 사쯔마의 독특한 교육제도)」의 리더로서 신뢰를 얻게 되었다.

薩摩(사쯔마)번의 관리로서 일하면서 제출한 번정에 관한 의견서가 인정되어, 1854년, 27세로 번주 島津斉彬(시마즈 나리아키라)의 에도 행에 함께 했다. 그 후도, 斉彬(나리아키라)의 측근으로서 활약한다. 斉彬(나리아키라)가 급사했을 때는 상당한 충격을 받았다.

섬에서의 나날

31세 때, 安政の大獄(안세이노 다이고쿠-이이 나오스케가 행한 일미수호 통상조약의 체결이랑 쇼군 이에사다의 후계자를 둘러싼 반 막부운동에 대한 탄압)로 막부에 쫓긴 교토 清水寺(키요미즈데라)의 승려 月照(겟쇼)와 바다에 몸을 던졌지만, 西鄕(사이고)만이 기적적으로 살았다. 그 후, 奄美大島(아마미 오시마)로 유배를 간다. 그 4년 후, 島津久光(시마즈 히사미쯔) 아래에서 힘을 쌓고 있었던 大久保利通(오쿠보 토시미찌)의 중재로 薩摩(사쯔마)에 되돌아올 수 있었지만, 久光(히사미쯔)의 분노를 사서, 재차 沖永良部島(오키노에라부지마)에 유배를 간다. 沖永良部島에서는 비가 내리칠 만큼 조악한 감옥에 갇힌다.

薩摩(사쯔마)번의 리더

生麦事件(나마무기 사건:사쯔마번의 시마즈 히사미쯔의 행렬을 가로지른 말을 탄 영국인을 번의 무사가 살상한 사건)이랑 薩英戦争(사쯔에이 전쟁)과, 薩摩(사쯔마)를 둘러싼 긴박했던 정세 속에서, 섬에 유배를 간 2년 후, 사면을 받고 薩摩(사쯔마)로 되돌아온다.. 그 후는 大久保利通(오쿠보 토시미찌)와 함께 薩摩(사쯔마)번의 리더로서 막부타도를 위해 활약을 한다.

1866년, 38세 때, 薩長同盟(삿쵸동맹)을 체결한다. 또, 戊辰戦争(보신전쟁)의 에도 총공격 때에, 신뢰했던 勝海舟(카쯔 카이슈)와 대화를 하고 총공격을 중지했다(에도성 무혈개성).

坂本竜馬(사카모토 료마)는 西郷隆盛(사이고 타카모리)를 「크게 두드리면 크게 울리고, 작게 두드리면 작게 울린다, 만일 바보라면 큰 바보이고, 천재라면 큰 천재이다」라고 평가했다.

▲ 사이고 타카모리 초상

▲ 사이고 타카모리 탄생지

unit. 2 感謝 (감사)

본문회화

A : 昨日はうちの弟が大変お世話になりました。

B : こちらこそ大したお構いもできなくて、すみませんでした。

A : そんなことないですよ。弟がとても喜んでいました。

B : 弟さんのような立派な方とご一緒出来て、とても楽しかったです。

A : これはつまらないものですが、ほんの気持ちです。お菓子なので、みなさんで食べてください。

B : 余計な気遣いをなさらなくてもよかったのに。せっかくなので、有難く受け取らせていただきます。

A : 何かありましたら、いつでもお声をかけてください。今度は私があなたに協力します。

B : ありがとうございます。

어휘 표현

□ 感謝 감사 □ 弟 남동생 □ 大変 매우 □ お世話になる 신세를 지다
□ 大した 대단한 □ お構い 접대 □ 喜ぶ 기뻐하다 □ 立派だ 훌륭하다 □ 方 분
□ 一緒 함께 □ 出来る 할 수 있다 □ 楽しい 즐겁다 □ つまらない 시시하다
□ ほんの~ 자그마한~ □ お菓子 과자 □ 余計だ 쓸데없다 □ 気遣い 마음 씀씀이
□ せっかく 애써, 모처럼 □ 有難い 고맙다 □ 受け取る 받다
□ 声をかける 말을 걸다 □ 今度 앞으로 □ 協力 협력

본문 해석

A : 어제는 저의 남동생이 매우 신세를 졌습니다.
B : 저야 말로 변변한 대접도 못해 드려서 죄송했습니다.
A : 그렇지 않습니다. 남동생이 매우 기뻐했습니다.
B : 남동생과 같은 훌륭한 분과 함께 할 수 있어서 매우 즐거웠습니다.
A : 이건 별 것 아니지만, 자그마한 마음입니다. 과자이니 다같이 드세요.
B : 그렇게 신경 쓰시지 않아도 괜찮은데. 애써 준비한 것이니 고맙게 받겠습니다.
A : 무슨 일이 있으면 언제든지 말씀해 주세요. 다음에는 제가 당신께 협력하겠습니다.
B : 감사합니다.

본문 상세 설명

A : 昨日はうちの弟が大変お世話になりました。
「お世話になる」는 「신세를 지다」는 의미이고, 「世話をする」는 「보살피다」의 의미인데, 두 개의 차이점에 대해서 정확하게 알아두어야 합니다. 예문을 보겠습니다.
「今回は山田さんにお世話になりました:이번에는 야마다 씨에게 신세를 졌습니다」
「私が友達の猫の世話をした:내가 친구의 고양이를 보살폈다」입니다.

B : こちらこそ大したお構いもできなくて、すみませんでした。
「大した」는 「대단한」이라는 의미이고, 「お構い」는 「손님접대」라는 의미인데, 항상 「お構いもできなくて:대접도 못해 드려서」라는 형식으로 사용합니다. 두 개의 예문을 보겠습니다.
「大した話じゃないけれど聞いてください:대단한 이야기는 아니지만 들어주세요」
「何のお構いもできなくてごめんなさい:아무런 대접도 못해 드려서 죄송해요」입니다.

A : そんなことないですよ。弟がとても喜んでいました。
「そんなことない」는 「칭찬에 대한 대답」으로도 사용할 수 있습니다. 그리고 「고맙다, 미안하다」에 대한 대답은 「どういたしまして」이므로 반드시 구분해야 합니다. 문장에 나와 있는 「喜ぶ」는 「기뻐하다」이지만, 「嬉しい」는 「기쁘다」라는 의미입니다. 각각의 예문을 보겠습니다.
「彼は試験の合格の知らせを聞いて喜びました:그는 시험의 합격의 소식을 듣고 기뻐했

unit.2 感謝 (감사)

습니다」「彼女に会えて嬉しかった:그녀를 만날 수 있어서 기뻤다」입니다.

B : 弟さんのような立派な方とご一緒出来て、とても楽しかったです。

「～ような」는「～같은」이라는 의미이고,「～ように」는「～처럼」이라는 의미입니다. 두 개의 예문을 보겠습니다.
「彼のような方ははじめてだ:그와 같은 분은 처음이다」
「先生のようにしてください:선생님처럼 해 주세요」입니다.

A : これはつまらないものですが、ほんの気持ちです。お菓子なので、みなさんで食べてください。

「ほんの～」는「그저 명색뿐인, 정말 그 정도밖에 못 되는」이라는 의미인데, 일본에서는 자주 사용하는 표현이지만, 학습자들이 사용하기에는 정확한 의미를 모르는 단어입니다.
「調味料をほんの少し使うだけでおいしくなった:조미료는 아주 적게 사용하는 것만으로도 맛있어졌다」
「ほんの1秒の差で負けてしまった:불과 1초의 차이로 패해버렸다」입니다.

B : 余計な気遣いをなさらなくてもよかったのに。せっかくなので、有難く受け取らせていただきます。

「気遣い」는「마음 씀씀이」라는 의미이고,「なさる」는「する:하다」의 존경표현입니다. 그리고 문장에 나와 있는「せっかく 애써, 모처럼」이라는 단어도 알아두세요.
「お気遣いいただきありがとうございます:마음을 써 주셔서 감사합니다」
「ご注文は何になさいますか:주문은 무엇으로 하시겠습니까?」「せっかくのチャンスだったが逃してしまった:모처럼의 기회였지만 놓쳐버렸다」입니다.

A : 何かありましたら、いつでもお声をかけてください。今度は私があなたに協力します。

「声をかける」는「말을 걸다」는 의미도 되지만, 문장에 따라서는「상담을 하다」는 의미도 됩니다. 예문을 보겠습니다.「彼に声をかけたが応じてくれなかった:그에게 상담을 했지만 응해주지 않았다」입니다.

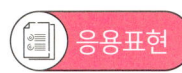 응용표현

1. 一日中、歩き回って大変疲れた。
    → 하루 종일, 돌아다녀서 매우 피곤했다.

2. それはたいした問題ではない。
    → 그것은 큰 문제는 아니다.

3. まるでサウナの中にいるような天気だ。
    → 마치 사우나 안에 있는 것 같은 날씨다.

4. 余計な情報を入れる必要はない。
    → 쓸데없는 정보를 넣을 필요는 없다.

5. 必要な時にいつでもその場で使えます。
    → 필요할 때에 언제든지 그 자리에서 사용할 수 있습니다.

어휘 표현

☐ 一日中 하루 종일   ☐ 歩き回る 돌아다니다   ☐ 大変 매우   ☐ 疲れる 피곤하다
☐ たいした 대단한   ☐ まるで 마치   ☐ 天気 날씨   ☐ 余計だ 쓸데없다   ☐ 情報 정보
☐ 入れる 넣다   ☐ 必要 필요   ☐ 場 자리   ☐ 使う 사용하다

unit. 2 感謝 (감사)

어휘연습

어휘	읽기	의미
喜ぶ		
お菓子		
余計だ		
気遣い		
声		
協力		
調味料		

작문연습

1. 큰 부상은 아니었습니다.

2. 스기모토 씨 같은 분을 만나게 되어서 기쁩니다.

3. 자그마한 마음이지만 받아 주세요.

4. 쓸데없는 걱정은 하지 말아주세요.

문제풀이

어휘	읽기	의미
喜ぶ	よろこぶ	기뻐하다
お菓子	おかし	과자
余計だ	よけいだ	쓸데없다
気遣い	きづかい	마음 씀씀이
声	こえ	목소리
協力	きょうりょく	협력
調味料	ちょうみりょう	조미료

1. 大した怪我ではありませんでした。

2. 杉本さんのような方にお会いできて嬉しいです。

3. ほんの気持ちですが、もらってください。

4. 余計な心配はしないでください。

알고 보면 재밌는 메이지유신

西郷隆盛(사이고 타카모리)-2

大久保利通(오쿠보 토시미찌)와의 이별

戊辰戦争(보신전쟁) 후, 메이지 신정부의 참가를 계속 거절했지만, 大久保利通 등의 설득으로 겨우 참가를 결정한다. 그러나 조선을 개국시킬 사자로서, 조선행이 결정되고 있는 중에, 岩倉使節団(이와쿠라 사절단)으로서 구미를 시찰하고 귀국한 大久保利通 등이, 내치우선을 주장하며 결정을 뒤집는다. 이 메이지 6년의 정변으로, 西郷는 메이지정부를 떠나, 고향 鹿児島(가고시마)로 돌아간다. 나중에 薩摩(사쯔마)의 사학교의 불평토족에게 재촉을 받아 거병하여, 신정부군과 싸우지만, 정부군에 패배하여 마지막을 맞이한다(西南戦争-세이난 전쟁).

정한론

1871년, 일본은 청나라와 대등한 입장에서 「日清修好条規:일청수호조약」을 맺지만 청나라에 조공을 했던 조선은 메이지정부와의 국교는 거절했다. 쇄국을 했던 조선에 대해서, 西郷隆盛(사이고 타카모리)랑 板垣退助(이타가키 타이스케) 등에 의해, 무력에 의한 개국을 주장하는 「征韓論(정한론)」이 고조된다. 倉使節団(이와쿠라 사절단)으로서 구미를 시찰했던 大久保利通(오쿠보 토시미찌)등은, 귀국하자, 내정의 우선을 주장하였기 때문에, 조선으로의 사절파견은 중지가 된다. 1873년, 西郷隆盛등은, 정한논쟁에 패해 사직했다(메이지6년의 정변).

신정부는, 1875년에 군함을 조선반도의 강화도에 다가가게 했다. 그 결과, 조선과 전투가 발생하여, 강화도사건이 일어났다. 강화도사건을 계기로, 1876년, 조선을 독립국으로 인정했던 조약 「日朝修好条規(일조수호조약)」을 맺고, 조선을 개국시켰다. 이 내용은 조선에게 있어서 불평등한 것이었다.

토족의 반란

1873년의 징병령과 1876년의 廢刀令(폐도령:칼을 차는 것을 금지)과 秩禄処分(질록처분:녹봉을 주지 않음)으로 토족은 권한을 빼앗겼기 때문에, 1870년대에 서일본 각지에서 반란이 일어났다. 1873년, 征韓論(정한론)에 패해, 鹿児島(가고시마)로 돌아온 西郷隆盛(사이고 타카모리)는, 다음 해 鹿児島(가고시마)에 사학교를 설립하여, 토족의 교육을 시작한다.

사학교는 큰 세력에 되어, 大久保利通(오쿠보 토시미찌) 등 중앙정부와 대립하여, 마침내 1877년, 징병에 의한 정부군과 토족으로 구성된 西郷隆盛의 군과의 사이에서 西南戦争(세이난 전쟁)이 일어났다. 쫓긴 西郷(사이고)군은 鹿児島(가고시마)의 城山(시로야마)에 농성하며, 西郷隆盛(사이고 타카모리)는 자결했다. 이 西南戦争(세이난 전쟁) 이후, 토족의 무력에 의한 반란은 없어졌다.

▲ 우에노공원의 사이고 동상

▲ 사이고의 글귀(경천애인)

unit. 3 接続 (접속)

본문회화

A : もう桜がずいぶん咲きましたね。

B : そうですね。今はとても満開ですが、1週間前までは全然咲いていなかったです。

A : それでは、たった1週間で花が満開になったのですね。

B : 最近急に暖かくなったから、いっせいに咲いたのでしょう。ところで、花が散らないうちに花見に行きませんか。

A : それは良い考えですね。今週は大変忙しいですが、時間を調整してみます。

B : ありがとうございます。いつにしましょうか。

A : 明日の夜はどうですか。明日は天気が晴れなので、きっと最高の花見日和になるでしょう。

B : それでは、そうしましょう。

어휘 표현

- 接続 접속
- 桜 벚꽃
- ずいぶん 상당히
- 咲く 피다
- 満開 만개
- ～週間前 ～주일 전
- 全然 전혀
- たった 단
- 最近 최근
- 急に 갑자기
- 暖かい 따뜻하다
- いっせいに 일제히
- ところで 그런데
- 散る 꽃이 지다
- ～ないうちに ～하기 전에
- 良い 좋다
- 考え 생각
- 今週 이번 주
- 大変 매우
- 忙しい 바쁘다
- 調整 조정
- 夜 밤
- 晴れ 맑음
- きっと 틀림없이
- 最高 최고
- 花見 꽃놀이
- ～日和 ～하기에 좋은 날씨

본문 해석

A : 이제 벚꽃이 상당히 피었군요.
B : 맞아요. 지금은 매우 만개했지만, 일주일 전까지는 전혀 피지 않았습니다.
A : 그럼, 단 일주일만에 꽃이 만개했군요
B : 최근에 갑자기 따뜻해져서 일제히 피었던 것이겠죠. 그런데, 꽃이 지기 전에 꽃놀이하러 가지 않겠습니까?
A : 그건 좋은 생각이군요. 이번주는 매우 바쁘지만 시간을 조정해 보겠습니다.
B : 감사합니다. 언제로 할까요?
A : 내일 밤은 어떻습니까? 내일은 날씨가 맑기 때문에 틀림없이 꽃놀이 하기에 최고의 날씨가 되겠죠.
B : 그럼, 그렇게 합시다.

본문 상세 설명

A : もう桜がずいぶん咲きましたね。

「ずいぶん」은 「상당히, 꽤」라는 의미를 가진 단어입니다. 그리고 「咲く」는 「꽃이 피다」라는 의미이지만, 「꽃이 지다」는 「散る」라고 합니다. 각각의 예문을 보겠습니다.
「ずいぶん長い間、お会いできませんでした:상당히 오랫동안 만나뵙지 못했습니다」
「散った花びらでお茶を作りました:진 꽃잎으로 차를 만들었습니다」 입니다.

B : そうですね。今はとても満開ですが、1週間前までは全然咲いていなかったです。

「満開」는 「꽃이 만발」한 상태를 의미하는데, 한국어 「만발」이라는 한자는 일본어에는 없다는 것을 알아두어야 합니다. 한 개의 예문을 보겠습니다.
「開花・満開は、気温に大きく左右されます:개화・만개는, 기온에 크게 좌우됩니다」 입니다.

A : それでは、たった1週間で花が満開になったのですね。

「たった」는 「단, 다만, 단지」라는 의미입니다. 부사는 문장을 풍부하게 만드는 역할을 하므로 반드시 암기해 두어야 합니다. 두 개의 예문을 보겠습니다.
「出発までたった1時間しかない:출발까지 단 1시간밖에 없다」
「彼はたった一人の私の味方です:그는 단 한 명의 나의 편입니다」 입니다.

unit.3 接続 (접속)

B : 最近急に暖かくなったから、いっせいに咲いたのでしょう。ところで、花が
　　 散らないうちに花見に行きませんか。

「いっせいに」는 「일제히, 한꺼번에」라는 의미이고,「ところで」는 화제를 전환할 때 사용하는 부사로서 「그런데」라는 의미를 가집니다. 예문을 보겠습니다.

「7月からスーパーマーケットやコンビニでいっせいにレジ袋を有料化します: 7월부터 슈퍼마켓과 편의점에서 일제히 쇼핑봉투를 유료화합니다」
「ところで、あなたは会議に参加しますか:그런데 당신은 회의에 참가합니까?」입니다.

A : それは良い考えですね。今週は大変忙しいですが、時間を調整してみます。

「大変」은 「매우」라는 부사적인 의미도 있지만,「な形容詞」로서 「힘들다」라는 의미도 있습니다. 한 개의 예문을 보겠습니다.
「毎日の残業で大変だ:매일 잔업해서 다힘들다」입니다.

B : ありがとうございます。いつにしましょうか。

「~にする」는 「~으로 하다」는 의미입니다. 가게에서 주문할 때 많이 사용하는 표현입니다. 두 개의 예문을 보겠습니다.
「ご注文は何にしますか:주문은 무엇으로 하시겠습니까?」
「私はホットコーヒーにします:저는 따뜻한 커피로 하겠습니다」입니다.

A : 明日の夜はどうですか。明日は天気が晴れなので、きっと最高の花見日和に
　　 なるでしょう。

「きっと」는 「틀림없이」라고 해석하지만 「아마」라는 뉘앙스를 가진 부사입니다. 그리고 「日和」는 명사에 접속하여 「~하기에 좋은 날씨」라는 뜻입니다. 각각의 예문을 보겠습니다.
「山田さんもきっと飲み会に来ます:야마다 씨도 틀림없이 술자리에 옵니다」
「今日は花火日和です:오늘은 불꽃놀이하기에 좋은 맑은 날씨입니다」입니다.

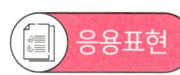 **응용표현**

1. この１年に英語がずいぶん進歩した。
   → 이 1년에 영어가 상당히 진보했다(늘었다).

2. 今週満開が予想されるお花見スポットをご紹介します。
   → 이번주 만개가 예상되는 꽃놀이 스팟을 소개하겠습니다.

3. 夏休み前なのに、ひまわりがいっせいに咲きました。
   → 여름 방학 전인데 해바라기가 일제히 피었습니다.

4. 本書を読めば、きっと試験に合格します。
   → 본서를 읽으면 틀림없이 시험에 합격합니다.

5. 暖かい好天にめぐまれ、今日はお花見日和でした。
   → 따뜻하고 좋은 날씨에 둘러싸여, 오늘은 꽃놀이에 좋은 날씨였습니다.

어휘 표현

- 英語 영어   ☐ ずいぶん 상당히   ☐ 進歩 진보   ☐ 今週 이번주   ☐ 満開 만개
- 予想 예상   ☐ 花見 꽃놀이   ☐ 紹介 소개   ☐ 夏休み 여름방학   ☐ ひまわり 해바라기
- いっせいに 일제히   ☐ 咲く 피다   ☐ 本書 본서   ☐ きっと 틀림없이   ☐ 試験 시험
- 合格 합격   ☐ 暖かい 따뜻하다   ☐ 好天 좋은 날씨   ☐ めぐまれる 복 받다
- ～日和 ~하기에 좋은 날씨

unit. 3 接続 (접속)

어휘연습

어휘	읽기	의미
咲く		
満開		
最近		
散る		
調整		
最高		
花火		

작문연습

1. 이전에는 상당히 신세를 졌습니다.

2. 단 10분으로 피로가 풀립니다.

3. 시간을 조정해서 회의에 참가하도록 하겠습니다.

4. 과장님도 틀림없이 술자리에 오겠죠.

 문제풀이

어휘	읽기	의미
咲く	さく	피다
満開	まんかい	만개, 만발
最近	さいきん	최근
散る	ちる	지다
調整	ちょうせい	조정
最高	さいこう	최고
花火	はなび	불꽃

1. この間は、ずいぶんお世話になりました。

2. たった１０分で疲れが取れます。

3. 時間を調整して会議に参加するようにします。

4. 課長もきっと飲み会に来るでしょう。

榎本武揚(에노모토 타케아키)-1

榎本武揚의 인물평은 사람에 따라서 크게 나뉜다. 비판적인 입장으로는 福澤諭吉(후쿠자와 유키치)로 대표된다. 福澤는 그의 저서 「痩我慢の説:야세가만의 설」 속에서, 幕臣(쇼군을 직속으로 모시는 무사)으로서, 마지막은 구 막부군의 리더이면서, 전사했던 병사들과 운명을 함께 하지 않고, 이윽고 신정부의 관직이 되어 출세를 한 삶의 방식을 통렬히 비판하고 있다. 주군이 패하여 몰락을 하면 가신이 된 이상은 두 명의 주군을 모시지 않고 조용히 은둔하는 것이 무사의 길이라고 했다.

한편 榎本를 긍정적으로 생각하는 입장에서는, 신정부나 구 막부라는 틀에 얽매이지 않고 일본의 근대화를 목표로 초지일관했고 주장한다. 막부의 혼란으로부터 늘 거리를 두었던 福澤에게, 많은 전쟁을 치룬 지사를 비판할 자격은 없다고 역 비판하는 사람도 있다. 에노모토에 대한 비판은 어쨌든 간에 그가 막부 말기에서는 초기의 해군의 육성에, 유신 후에는 식산흥업이랑 외교에서는 수많은 업적을 올린 것은 분명한 사실이다.

에노모토의 아버지・箱田真与(하코다 신요)는 備後国(빈고노쿠니)의 향사(시골 사무라이)의 집에 태어나, 수학・천문학・측량술을 수련한 수재로, 伊能忠敬(이노 타다타카)의 제자로서 일본지도의 작성에도 관계한 인물이다. 榎本는 그런 기술을 자신 유전자를 받았음에 틀림이 없다. 18세 때에 昌平坂学問所(쇼헤이자카 학문소)에 들어갔지만, 이 막부의 전통적인 관학에 흥미가 없었던 것 같아 성적은 좋지 않았다. 그러나 나가사키 해군전습소의 2기생으로 입학한 에노모토는 교수인 캇튼디케가 강렬한 인상을 받을 정도로 우수한 학생이 되었다. 그리고 에도로 돌아온 에노모토는 築地(쯔쿠지)의 군함조련소의 교수가 된다 文久(분큐)3년(1863년) 4월부터 네덜란드유학생으로서 증기기관학을 비롯하여 군함을 건조하고 운용하는 모든 학문이랑 자연과학, 국제법을 배우게 된다.

그는 또 1864년 2월에 발발한 덴마크와 프러시아의 전쟁(덴마크전쟁)을 관전무관으

로서 가까이서 볼 기회를 얻는다. 이 경험은 나중에 戊辰戦争(보신전쟁)에서 유감없이 활용하게 된다.

   1865년의 11월에 막부가 네덜란드에 발주한 증기선・開陽丸(카이요마루) 2600톤이 진수식을 맞이했다. 그리고 慶応(케이오)3년(1867년) 3월, 유학생의 최종임무로서 이 거함을 일본에 회항하는 작업도 무사히 완료했다. 이때 에노모토는 32세였다. 귀국한 에노모토는 開陽丸(카이요마루)의 함장이 되고 開陽丸는 막부함대의 기함이 되었다.

   榎本가 일본을 떠나 있었던 5년 동안에 일본의 정치정세는 크게 변하여, 사쯔마번과 초슈번은 양이를 버리고 막부토벌로 일치된 태세였다. 한편 도쿠가와 요시노부는 막부가 일본외교의 주체인 것을 내외에 나타내기 위해 조정에 압력을 가해, 조정이 마지막까지 계속 거부했던 兵庫(효고)개항을 인정시켰다. 그리고 연말의 兵庫(효고)개항실시를 향해서 만전의 준비를 갖추기 위해, 10월에 막부함대를 摂津(셋쯔)앞바다에 출동시켰다.

▲ 에노모토 타케아키 초상

▲ 에노모토 타케아키 동상

알고 보면 재밌는 메이지유신 | 159

unit. 4 依頼-お願い (의뢰-부탁)

본문회화

A : すみません、写真を撮っていただけませんか。

B : はい、いいですよ。

A : 横向きのショットと縦向きのショットの両方でお願いします。

B : 分かりました。

A : 後ろにある記念碑も入れて撮ってください。

B : はい。みなさん、少し中心に寄ってください。

A : これで大丈夫ですか。

B : はい。撮りますよ。

어휘 표현

- 依頼(いらい) 의뢰
- お願(ねが)い 부탁
- 写真(しゃしん)を撮(と)る 사진을 찍다
- 横向(よこむ)き 가로
- 縦向(たてむ)き 세로
- 両方(りょうほう) 양쪽
- 分(わ)かる 알다
- 後(うし)ろ 뒤
- 記念碑(きねんひ) 기념비
- 入(い)れる 넣다
- 少(すこ)し 조금
- 中心(ちゅうしん) 중심
- 寄(よ)る 치우치다
- 大丈夫(だいじょうぶ)だ 문제없다, 괜찮다

본문 해석

A : 죄송합니다, 사진을 찍어 주실 수 없겠습니까?
B : 예, 좋습니다.
A : 가로 숏과 세로 숏의 양쪽 부탁합니다.
B : 알겠습니다.
A : 뒤에 있는 기념비도 넣어서 찍어 주세요.
B : 예. 여러분 조금 중심으로 다가와 주세요.
A : 이것으로 괜찮겠습니까?
B : 예. 찍겠습니다.

본문 상세 설명

A : すみません、写真を撮っていただけませんか。

「〜ていただけませんか」는 「〜해 주실 수 없습니까?」라는 의미로 「〜てくださいませんか」와 같은 의미입니다. 반드시 「〜ていただけませんか」라고 표현해야 하며 「〜ていただきませんか」라고 하면 틀린 표현이 되는 것에 주의하세요. 예문을 보겠습니다.

「私の代わりにこれをしていただけませんか:저 대신에 이것을 해 주실 수 없습니까?」
「あとでもう一度来てくださいませんか:나중에 한번 더 와 주시지 않겠습니까?」입니다.

B : はい、いいですよ。

상대방의 제안에 대해서 기꺼이 응할 때는 「いいですよ」라고 하며 반드시 「よ」를 붙여야 합니다. 그냥 「いいです」라고 하면 「거절」의 뉘앙스를 가지므로 주의해야 합니다.

A : 横向きのショットと縦向きのショットの両方でお願いします。

「横向き」는 「가로」, 「縦向き」는 「세로」입니다. 그리고 「横書き:가로 쓰기」 「縦書き:세로쓰기」도 같이 알아둡시다.

B : 分かりました。

「分かる:알다」의 겸양표현은 「かしこまる」 「了解する」 「了承する」입니다. 각각의 예문을 보겠습니다.

중급_第04課 依頼-お願い (의뢰-부탁) | **161**

unit. 4　依頼-お願い (의뢰-부탁)

高杉「山田さん、この資料を明日までに作成してもらえるかな？」
야마다 씨, 이 자료를 내일까지 작성해 줄 수 있을까?
島津「はい、かしこまりました」
예, 알겠습니다.
高杉「緊張しなくてもいいですよ」
긴장하지 않아도 됩니다.
島津「了解しました」
알겠습니다.
입니다.

A : 後ろにある記念碑も入れて撮ってください。
「後ろ」는 위치적으로「뒤」라는 의미이고,「あとで」는 시간적으로「나중에」라는 의미입니다. 각각의 예문을 보겠습니다.
「彼の後ろに立っている人は部長です:그의 뒤에 서 있는 사람은 부장님입니다」
「あとで行きますので少々お待ちください:나중에 갈 테니 잠시 기다려 주세요」입니다.

B : はい。みなさん、少し中心に寄ってください。
「寄る」는「치우치다」는 의미인데, 이 문장에서는「中心に寄ってください」라고 하였으므로 사진을 찍기 위해「중심으로 와라」는 의미가 됩니다. 한 개의 예문을 볼게요.
「少しあなたの左に寄ってください:조금 당신의 왼쪽으로 다가가 주세요」입니다.

 응용표현

1. 消しゴムを忘れたので、貸していただけませんか。
   → 지우개를 잊었으니 빌려주실 수 없겠습니까?

2. 今回のオープンキャンパスは、対面とオンラインの両方で開催します。
   → 이번 오픈 캠퍼스는, 대면과 온라인 양쪽으로 개최합니다.

3. バスの後ろに女性が立っていた。
   → 버스의 뒤에 여성이 서 있었다.

4. 帰りに寄ってください。
   → 귀갓길에 들러 주세요.

5. このプログラムをウェブ会議に使っても大丈夫ですか。
   → 이 프로그램을 웹 회의에 사용해도 괜찮겠습니까?

어휘 표현

☐ 消しゴム 지우개 ☐ 忘れる 잊다 ☐ 貸す 빌려주다 ☐ 〜ていただけませんか 〜해 주실 수 없겠습니까? ☐ 今回 이번 ☐ 対面 대면 ☐ 両方 양쪽 ☐ 開催 개최 ☐ 後ろ 뒤 ☐ 女性 여성 ☐ 立つ 서다 ☐ 帰り 귀갓길 ☐ 寄る 들르다 ☐ 会議 회의 ☐ 使う 사용하다 ☐ 大丈夫だ 문제없다, 괜찮다

unit.4 依頼-お願い (의뢰-부탁)

어휘연습

어휘	읽기	의미
写真		
横向き		
縦向き		
両方		
後ろ		
記念碑		
大丈夫だ		

작문연습

1. 실례합니다만, 소금을 집어 주실 수 없겠습니까?

2. 가로로 사진을 찍는 편이 좋습니다.

3. 여기 있는 그림도 자료에 넣어주세요.

4. 리포트는 이것으로 문제없겠습니까?

문제풀이

어휘	읽기	의미
写真	しゃしん	사진
横向き	よこむき	가로
縦向き	たてむき	세로
両方	りょうほう	양쪽
後ろ	うしろ	뒤
記念碑	きねんひ	기념비
大丈夫だ	だいじょうぶだ	문제없다

1. すみませんが、塩を取っていただけませんか。

2. 横向きで写真を撮ったほうがいいです。

3. ここにある絵も資料に入れてください。

4. レポートはこれで大丈夫ですか。

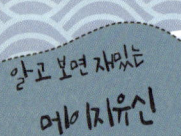

알고 보면 재밌는
메이지유신

榎本武揚(에노모토 타케아키)-2
えのもとたけあき

도쿠가와 요시노부는 삿쵸 등 토막파의 기선을 제압하기 위해 대정봉환의 행동에 나서지만, 어디까지나 도쿠가와 가 타도를 목표로 하는 토막파는 교토 조정을 제압하고, 왕정복고의 쿠데타를 단행했다. 慶応(케이오)4년(1968년) 정월에 구 막부군은 교토로 향해서 진군, 도바 후시미의 전투가 발발한다. 에노모토는 군함 開陽丸(카이요마루)를 동원하여 오사카만의 사쯔마군함과 교전하여 축출했다. 그러나 육상전에서는 막부군이 신정부군에 패퇴하여, 미래를 비관한 요시노부는 아주 가까운 측근과 오사카성을 탈출하여 開陽丸(에노모토는 이 때 승선하지 않았다)로 에도로 귀환한다.

▲ 에노모토 타케아키 동상

4월에 에도성이 신정부군에게 건네진 후도 榎本는 그들의 지배 하에 들어가지 않고, 開陽丸를 비롯하여 8척의 구 막부함선을 이끌고 品川(시나가와) 앞바다를 탈주했다. 그리고 仙台(센다이)에서 大鳥圭介(오토리 케이스케), 土方歳三(히지카타 토시조)등 구 막부군병이랑 奥羽越列藩(오우에쯔렛빤)의 패잔병을 수용해서 蝦夷地(에조치-지금의 홋카이도)에 도착. 조정에 蝦夷(에조)지배를 인정하는 것을 탄원했지만 신 정부군에게 거부되었다. 이때 榎本의 청사진으로서는, 신정부에 굴복할 수 없는 구 막부의 장병들을, 蝦夷(에조치)라는 신천지에 해방시켜, 독자적인 국가를 함께 건설하고 싶다는 생각이 있었을 것이다. 나중에 불평 사족의 대표로서 신정부에 대항했던 西郷隆盛(사이고 타카모리)의 모습과 겹쳐 보이는 면도 있다.

　하지만 이 榎本의 계획은, 開陽丸가 좌초되는 불운으로 크게 흔들리게 된다. 그 때까지 서양열강은 에노모토일파를 신정부에 대항할 수 있는 교전단체로서 인정하고, 에노모토는 그들에게 신정부와의 강화중개를 기대했지만, 주력함의 상실에 의한 군사력이 크게 저하하여, 교전단체로서의 인정이 취소되었던 것이다. 그런 속에서 明治(메이지)원년(1868년) 12월에는 이른바 「蝦夷共和国(에조치공화국)」을 설립하고, 그 총재에 에노모토가 선거에 의해 뽑혔다. 일본에서 첫 수장선거였다.

　榎本는 나가사키 해군전습소에 들어가기 전에 蝦夷地(에조치)의 순찰에 따라갔고, 현지의 지리랑 기상에 능통했다. 그는, 개척사업에 의해서 농축산업·탄공업을 부흥시키고, 진정한 독립국으로 성장시킬 가능성을 확신했을 것이다. 그러나 신정부에 의한 진압부대는 그 꿈을 포기시켰다.

　신정부군은 明治(메이지)2년(1869년) 4월, 乙部(오토베)에 상륙. 5월에는 函館(하코타테)만에서 군함끼리의 포격전이 펼쳐졌다. 箱館山(하코타테야마)의 남쪽에 상륙한 土方歳三(히지카타 토시조)가 전사. 그리고 드디어 본진의 五稜郭(고료카쿠)가 공격되기 직전에, 사쓰마의 참모·黒田清隆(구로다 키요타카)는 항복권고의 사자를 보냈다. 그러나 榎本는 이것을 거부하는 것과 함께, 네덜란드유학 이후 손에 들고 애독했던 「海律全書(해율전서)」를 구로다에게 선물로 보냈다. 전화로 소실되기에는 아까운 서적이므로 신정부에서 활용해 주기를 바란다는 의도였다.

　이것에 구로다는 감격하여, 어떻게든 에노모토라는 귀중한 인재를 정부 내에서 활용하고 싶다고 생각했다. 弁天(벤텐)台場(다이바-포대), 千代ヶ岱陣屋(치요가타이 진지)가 떨어지는 지경에 이르자 榎本는 자결하려고 했지만, 측근에게 제지당해, 최종적으로는 항복의 길을 선택했다. 여기서 수감된 榎本의 처우가 문제가 되어, 大村益次郎(오무라 마스지로)등은 극형을 주장했지만, 榎本를 신정부에서 채용하고 싶다는 黒田清隆(구로다 기요타카)랑 福澤諭吉(후쿠자와 유키치)등의 구명 탄원에 의해서, 2년

> 알고 보면 재밌는
> 메이지유신

榎本武揚(에노모토 타케아키)-2

반의 옥중생활 후, 明治(메이지)5년(1872년) 3월에, 榎本武揚는 석방되었다. 당초 에노모토는 신정부에 봉사하는 것을 주저했지만, 黒田(구로다)가 차관으로서 근무했던 홋가이도 개발사로 근무할 것을 결정했다. 원래 榎本는 홋가이도 개척에 꿈을 품고 있었기 때문에, 이 선택은 어떤 의미로 자연스러운 행보였을지도 모른다.

그 후, 해군중장이 되고, 주 러시아공사로서 樺太(사할린)・千島(치시마)교환조약을 체결, 주청공사로서 갑신정변의 처리에 임했다. 明治(메이지)18년(1885년)에 내각제도가 발족하자 제 1차 伊藤博文(이토 히로부미)내각에서 체신장관으로 취임, 더 나아가 문부장관, 외무장관, 농상무장관 등 요직을 역임했다.

鳥谷部春汀(도야베 슌떼이)에게 「江戸っ子の代表(에도의 자식의 대표)」라는 평을 받은 에노모토는, 만년을 向島(무코지마)의 강변에서 술과 꽃을 사랑하면서 조용히 보내고, 明治(메이지)38년(1905년) 10월26일에 병으로 서거했다. 향년 73세.

▲ 고료카쿠

▲ 에노모토 타케아키 무덤

memo

알고 보면 재밌는 메이지유신

勧誘 (권유)

본문회화

A : この後、一杯飲んで行きませんか。

B : いいですね。

A : 一緒に行きたいお店があります。

B : どんなお店ですか。

A : 小さな店ですが、私が常連の店です。

B : ぜひ行ってみたいです。

A : 期待してくださいね。

B : それは楽しみです。

어휘 표현

□ 勧誘(かんゆう) 권유 □ この後(あと) 이후 □ 一杯(いっぱい) 한 잔 □ 飲(の)む 마시다 □ 一緒(いっしょ)に 함께
□ 店(みせ) 가게 □ 小(ちい)さな 작은 □ 常連(じょうれん) 단골 □ ぜひ 꼭 □ 期待(きたい) 기대
□ 楽(たの)しみ 기대, 즐거움

 본문 해석

A : 이 후, 한 잔 마시고 가지 않겠습니까?
B : 좋아요.
A : 함께 가고 싶은 가게가 있습니다.
B : 어떤 가게입니까?
A : 작은 가게입니다만, 제가 자주 가는 가게입니다.
B : 꼭 가보고 싶군요.
A : 기대해 주세요.
B : 그건 기대가 됩니다.

 본문 상세 설명

A : この後、一杯飲んで行きませんか。

「いっぱい」는「한 잔」이라는 의미도 있지만, 「가득, 힘껏」이라는 뜻도 있습니다. 그럼 예문을 통해서 표현방법을 알아볼게요.
「帰りにいっぱいやりませんか:귀가길에 한 잔 하지 않겠습니까?」
「両手いっぱいプレゼントをもらった:양손 가득이 선물을 받았다」 입니다.

B : いいですね。
상대방의 권유에 대해 기꺼이 응하는 표현입니다. 다른 표현으로 「けっこうです」라고 할 수 있습니다.

A : 一緒に行きたいお店があります。
기초파트에서 배웠던 것인데, 한 번 더 복습하겠습니다. 「동사ます형+たい」는 「~하고 싶다」는 의미입니다. 그리고 「~하고 싶어하다」는 「동사ます형+たがる」인데, 주어는 제3자가 옵니다. 그럼 제각각의 예문을 볼까요.
「アメリカに留学に行きたい:미국에 유학 가고 싶다」
「弟は新しいスマホを買いたがる:남동생은 새로운 스마트폰을 사고 싶어한다」 입니다.

B : どんなお店ですか。

unit. 5 勧誘 (권유)

「どんな」는 「어떤」이라는 뜻인데, 「こんな:이런」 「そんな:그런」 「あんな:저런」 이라는 표현도 같이 알아둡시다.

A : 小さな店ですが、私が常連の店です。
「大きな」 와 「大きい」 의 차이점에 대해서 알아봅시다. 「大きな」 는 「주관적인 개념」 이지만, 「大きい」 는 「객관적인 개념」 입니다. 예를 들어, 「大きな舞台:큰 무대」 라고 표현했을 때, 나의 눈에는 큰 무대처럼 보이지만, 다른 사람의 시선에는 작게 보일 수도 있습니다. 따라서 누가 보아도 큰 것일 경우에는 「大きい」 를 사용하지만, 본인만 크게 느낄 경우는 「大きな」 를 사용합니다. 마찬가지로 「작다」 도 객관적인 개념은 「小さい」 이고, 주관적인 개념은 「小さな」 입니다.

B : ぜひ行ってみたいです。
「ぜひ」 는 본인의 희망을 나타내는 부사라고 기초파트에서 설명해 드렸습니다. 그럼 예문을 통해 더 상세히 알아보겠습니다.
「私もぜひ教授に会って説明を聞きたいです:저도 꼭 교수님을 만나서 설명을 듣고 싶습니다」 입니다.

A : 期待してくださいね。
「기대해 주세요」 라는 표현입니다. 이 문장은 어렵지 않으니 본문에 나오는 한자를 사용해서 어휘공부를 해 보도록 하겠습니다. 「期間:기간」 「納期:납기」 「期日:기일」 「歓待:환대」 「接待:접대」 「待機:대기」 입니다.

B : それは楽しみです。
「楽しみ」 는 「기대, 즐거움」 이라는 의미입니다. 「お楽しみに」 는 「기대해 주세요」 라는 의미인데, 일본 텔레비전 프로그램을 보면, 방송이 끝날 때 자막에 「お楽しみに」 라는 표현이 있고, 아나운서나 앵커가 방송 말미에 다음 방송을 기대해 달라는 의미로도 많이 사용합니다.

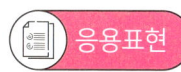 응용표현

1. 不公正な勧誘行為を取り締まっている。
   → 불공정한 권유행위를 단속하고 있다.

2. 事故は小さな被害で済んだ。
   → 사고는 작은 피해로 끝났다.

3. 常連のお客さまのお名前は覚えたほうがいい。
   → 단골 손님의 이름은 기억하는 편이 좋다.

4. このプロジェクトチームには大いに期待している。
   → 이 프로젝트 팀에게는 크게 기대하고 있다.

5. 明日のパーティーが楽しみです。
   → 내일 파티가 기대됩니다.

어휘 표현
- 不公正 불공정 □ 勧誘 권유 □ 行為 행위 □ 取り締まる 단속하다 □ 事故 사고
- 小さな 작은 □ 被害 피해 □ 済む 끝나다 □ 常連 단골 □ お客さま 손님
- 名前 이름 □ 覚える 기억하다 □ 大いに 크게 □ 期待 기대 □ 楽しみ 기대, 즐거움

unit. 5 勧誘 (권유)

어휘연습

어휘	읽기	의미
一杯		
常連		
期待		
楽しみ		
教授		
接待		
歓待		

작문연습

1. 일을 마친 후, 한잔 하러 가지 않겠습니까?

2. 당신과 함께 가고 싶은 초밥집이 있습니다.

3. 이곳은 저렴하고 맛있는 저의 단골 가게입니다.

4. 다음주 개봉되는 영화를 기대하고 있습니다.

문제풀이

어휘	읽기	의미
一杯	いっぱい	한잔, 가득
常連	じょうれん	단골
期待	きたい	기대
楽しみ	たのしみ	기대, 즐거움, 낙
教授	きょうじゅ	교수
接待	せったい	접대
歓待	かんたい	환대

1. 仕事の後、一杯飲みに行きませんか。

2. あなたと一緒に行きたい寿司屋があります。

3. ここは安くておいしい私の常連の店です。

4. 来週公開する映画を楽しみにしています。

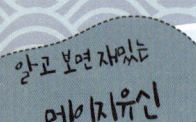

勝海舟(카쯔 카이슈)-1

도쿄의 심장이라고 할 수 있는 스미다 강을 바라보며 서 있는 카쯔 카이슈.

그의 손은 어디를 가리키고 있는 것일까? 일찍이 미국을 횡단한 그는, 더 큰 세상을 꿈꾸며, 일본이 아닌 세계를 향해 나아가고 싶었을지도 모른다. 시민들의 자율적인 힘으로 세워진 이 동상은, 스미다구뿐만 아니라 일본의 상징이 될 것 같은 느낌이 들었다.

▲ 카쯔 카이슈 초상

가난한 생활

江戸本所-에도혼조(현 墨田区両国-스미다구 료고쿠)에서 본영을 지키는 직속무사의 아들로 태어났다. 아버지는 직속무사라고 해도 직책이 없어서, 가난한 생활을 보냈다. 소년시절에는 검술에 열중하여, 자는 시간도 아끼며 연습을 했다. 결혼하고 나서도 가난한 생활이 계속되었다. 설날에 친척에게 받는 떡을 들고 돌아오는 도중, 다리에서 보자기가 찢어져 버렸다. 어두운 밤길에서, 떡을 찾았지만, 어른이 되어도 자립을 못하는 비참함을 느끼고, 결국 주운 떡을 강에 던져버렸다.

네덜란드어를 습득

네덜란드어의 습득은 天保(텐포)13년(1842년)에 시작했고, 다음 해에는 문장을 쓸 수 있게 되었다. 아내 타미와 결혼한 다음 해의 弘化(코카)3년(1846년)에는, 혼조에서 赤坂田町(아카사카 타마치)로 이사하고, 이 무렵부터는 더욱 난학의 습득에 몰두했다. 카쯔는 3000페지나 되는 난화대역사전『ドゥーフ・ハルマ:두프 하루마』를 필사했다. 이 사전은 난학을 배우는 사람에게 있어서 필수였지만, 막부는 출판을 금지했다. 가난한 카쯔에게는 필사본조차 살 수 없었다. 그래서 카쯔는, 렌터료 10량을 지불하고 필사본을 빌렸다, 그리고 弘化(코카)4 년(1847년)부터 1년 간, 잘 시간도 아끼며 2권의 책을 배껴서 만들었다. 한 권은 팔아서 렌터료로 충당하고, 한 부는 본인이 가졌다. 엄청난 노력의 결과임에 틀림이 없다.

난학과 군학

당시 지식인들은 사회정세에 강한 위기감을 가지고 있었다. 일본보다는 훨씬 큰 청나라가 아편전쟁에서 영국에 패배했기 때문이다. 카쯔는 생각했다.

「앞으로는 난학과 군학으로 이 나라를 강하게 만들어야 한다」

▲ 카쯔 카이슈 동상

unit.6 挨拶 (인사)

본문회화

A : ご無沙汰しています。

B : 久しぶりですね。元気にしていましたか。

A : はい。そちらもお元気でしたか。

B : はい。特に変わりなく過ごしていました。

A : ご家族のみなさんもお元気ですか。

B : はい。みんな元気です。少し前に父が体調を崩しましたが、今は回復しました。

A : そうだったのですか。回復してよかったです。

B : はい。もう心配ないです。

어휘 표현

- □ 挨拶(あいさつ) 인사　□ ご無沙汰(ぶさた)する 오랜만이다　□ 久(ひさ)しぶり 오랜만　□ 元気(げんき) 건강함
- □ 特(とく)に 특히, 딱히　□ 変(か)わり 변함　□ 過(す)ごす 보내다　□ 家族(かぞく) 가족
- □ 少(すこ)し前(まえ) 조금 전, 얼마전　□ 父(ちち) 아버지　□ 体調(たいちょう) 몸 상태　□ 崩(くず)す 무너뜨리다
- □ 回復(かいふく) 회복　□ 心配(しんぱい) 걱정

본문 해석

A : 오랜만입니다.
B : 오랜만이군요. 안녕하십니까?
A : 예. 그쪽도 안녕하시죠?
B : 예. 딱히 별일없이 보내고 있었습니다.
A : 가족 여러분도 안녕하시죠?
B : 예. 모두 건강합니다. 얼마 전에 아버지가 몸이 나빠졌습니다만, 지금은 회복했습니다.
A : 그랬습니까? 회복되어 다행이었습니다.
B : 예. 이제 걱정이 없습니다.

본문 상세 설명

A : ご無沙汰しています。
「ご無沙汰する」는 「오랜만이다」라는 의미로서 격조를 갖춘 인사입니다. 한글로 직역을 하면 「격조했다」 즉, 「오랫동안 만나뵙지 못했다」라는 의미입니다. 「ご無沙汰しています」라고 말하기고 하고, 「ご無沙汰しております」라고 말하기도 합니다.

B : 久しぶりですね。元気にしていましたか。
「久しぶりですね」 혹은 접두어 「お」를 접속하여 「お久しぶりですね」라고 말하기도 합니다. 다른 표현으로 「しばらくですね」라고 말해도 됩니다.

A : はい。そちらもお元気でしたか。
여기서 말하는 「そちら」는 상대방을 지칭하는 것이며, 「あなた:당신」 혹은 「상대방의 이름」을 말하며 「お元気でしたか」라고 말해도 같은 의미가 됩니다.

B : はい。特に変わりなく過ごしていました。
「特に」는 「특히, 딱히」라는 의미를 가지고 있고, 「変わりなく」는 「변함없이」라는 의미입니다. 「変わりなく」는 본인에 대해서 사용하는 표현이지만, 「상대방」에 대해서는 접두어 「お」를 붙여 「お変わりなく」라고 하기도 합니다.

unit.6 挨拶 (인사)

A : ご家族のみなさんもお元気ですか。

본인 외에 가족의 안부를 묻는 표현입니다. 이 문장은 어려운 것이 없으니 어휘공부를 해 보도록 하겠습니다.「家計:가계」「実家:본가」「家屋:가옥」「民族:민족」「種族:종족」입니다.

B : はい。みんな元気です。少し前に父が体調を崩しましたが、今は回復しました。

「体調」는「몸 상태, 컨디션」이라는 의미이고,「崩す」는「무너뜨리다」라는 의미입니다. 그래서「体調を崩す」는「몸 상태가 나빠지다, 컨디션이 안 좋다」라는 의미로 해석할 수 있습니다.

A : そうだったのですか。回復してよかったです。

「回復」는「회복」이라는 의미입니다. 어려운 문장이 아니므로 어휘공부를 해보도록 하겠습니다.「回転:회전」「数回:수회, 몇 번」「初回:초회, 첫 번」「往復:왕복」「復帰:복귀」「復習:복습」입니다.

B : はい。もう心配ないです。

「もう」는「이미, 벌써」라는 의미인데, 예문을 두 개 보도록 하겠습니다.
「会議はもう終わりました:회의는 이미 끝났습니다」
「もう１０時ですか:벌써 10시 입니까?」입니다.

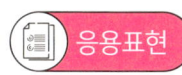 **응용표현**

1. 長い間ご無沙汰しております。
   → 오랫동안 격조했습니다.

2. 昨日の試験は特に難しかった。
   → 어제 시험은 특히 어려웠다.

3. 変わりなく好きなことができる日々でした。
   → 변함없이 좋아하는 일을 할 수 있는 나날이었습니다.

4. 相手の健康や体調を思いやる一言を添えるのが日本人の昔からの習慣です。
   → 상대의 건강이랑 몸 상태를 배려하는 한 마디를 덧붙이는 것이 일본인의 옛날부터의 습관입니다.

5. バランスを崩して椅子から落ちてしまった。
   → 균형을 잃어 의자에서 떨어져 버렸다.

어휘 표현

□ 長い間 오랫동안 □ ご無沙汰する 오랜만이다 □ 昨日 어제 □ 試験 시험
□ 特に 특히, 딱히 □ 難しい 어렵다 □ 変わり 변함 □ 日々 나날 □ 相手 상대
□ 健康 건강 □ 体調 몸 상태 □ 思いやる 배려하다 □ 一言 한마디
□ 添える 덧붙이다 □ 昔 옛날 □ 習慣 습관 □ 崩す 무너뜨리다 □ 椅子 의자
□ 落ちる 떨어지다

unit. 6 挨拶 (인사)

어휘연습

어휘	읽기	의미
ご無沙汰する		
久しぶり		
特に		
変わりなく		
体調		
回復		
心配		

작문연습

1. 오랜만에 친구를 만나 여러 가지 이야기를 했습니다.

2. 특히 이 그림이 마음에 듭니다.

3. 병에 걸려 고생했지만 지금은 회복했습니다.

4. 컨디션이 나빠서 푹 잘 수 없었습니다.

문제풀이

어휘	읽기	의미
ご無沙汰する	ごぶさたする	오랜만이다
久しぶり	ひさしぶり	오랜만
特に	とくに	특히
変わりなく	かわりなく	변함없이
体調	たいちょう	몸 상태
回復	かいふく	회복
心配	しんぱい	걱정

1. 久しぶりに友だちに会っていろんな話をしました。

2. 特にこの絵が気に入ります。

3. 病気になって苦労しましたが、今は回復しました。

4. 体調を崩してぐっすり眠れませんでした。

알고 보면 재있는 **에게지이신**

勝海舟(카쯔 카이슈)-2
<small>かつかいしゅう</small>

아편전쟁에서 10년.

嘉永(카에이)3년(1850년)에, 카쯔는 난학과 병학의학원을 열었다. 이 시점은 흑선이 내항한지 3년 후이고, 그의 명성이 퍼져 그에게 배우려는 사람은 점점 늘어났다.

咸臨丸(칸린마루)호로 미국으로
<small>かんりんまる</small>

페리 내항을 목격한 후, 신분을 묻지 않고 유능한 인재의 등용이랑 군함의 건조 등을 쓴「해방(바다방위)의견서」를 막부에 제출했다. 그것이 막부의 눈에 들어, 31세로 관직에 등용되었다. 다음 해에는 나가사키의 해군전습소의 학생으로서 공부를 시작했다. 1860년, 37세 때에, 첫 태평양횡단이 되는 咸臨丸(칸린마루)호의 함장으로서 샌프란시스코로 향한다.

坂本竜馬(사카모토 료마)와의 만남

귀국 후는 군함봉행 등을 맡는 것과 함께 坂本竜馬 등을 문하생으로 들여, 고베 해군조련소의 건설을 진행한다. 사카모토는 카쯔의 문하생이 되어, 세계의 정세 등을 배우고, 그 지식의 넓이에 놀라, 가족에게 카쯔에 대해「일본 제일의 인물」이라고 편지에 소개했다.

▲ 카쯔 카이슈 기념관

西郷隆盛(사이고 타카모리)와의 신뢰관계

1868년(45세 때), 戊辰戦争(보신전쟁) 때에는, 군사총재로서, 구 막부를 대표하여, 신 정부군의 리더 西郷隆盛(사이고 타카모리)와 담판하여, 에도성 무혈개성을 결정했다. 유신 후도 메이지정부의 요직에 들어가 元老院議官(원로원의관)랑 枢密顧問官(추밀고문관)을 역임했다.

西郷(사이고)에 대한 신뢰는 두터워서, 西南戦争(세이난전쟁)에서 西郷(사이고)가 죽은 후, 카쯔는 西郷(사이고)의 명예회복에 노력했다. 그런 보람이 있어서, 西郷(사이고)의 명예는 회복되어 우에노공원의 동상설치에 이른다.

카쯔는 「외교의 비법은 성심성의로 한다」를 좌우명으로 했다. 외교에서 속임수는 통용되지 않는다, 진심으로 상대를 대해야만 한다 라는 자세이다.

▲ 카쯔 카이슈 기념관 내부

▲ 에도 무혈 개성

알고 보면 재밌는 메이지유신 | **185**

unit. 7 質問 (질문)

본문회화

A: 質問してもいいですか。

B: はい、どうぞ。

A: このお店の定休日はいつですか。

B: 毎月第1月曜日です。

A: ということは、定休日は毎月1日だけですか。

B: そうです。

A: 体が持たないと思いますよ。

B: それで定休日を増やそうと考えています。

어휘 표현

- □ 質問 질문 □ 店 가게 □ 定休日 정기휴일 □ 毎月 매월 □ 第 제
- □ 月曜日 월요일 □ 体が持たない 몸이 버티지 못하다 □ 増やす 늘리다
- □ 考える 생각하다

 **본문 해석**

A : 질문해도 됩니까?
B : 예, 하세요.
A : 이 가게의 정기휴일은 언제입니까?
B : 매월 첫 번째 월요일입니다.
A : 그렇다면 정기휴일은 매월 하루뿐입니까?
B : 그렇습니다.
A : 몸이 버티지 못할 거라고 생각합니다.
B : 그래서 정기휴일을 늘리려고 생각해요.

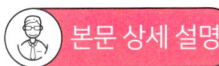 **본문 상세 설명**

A : 質問してもいいですか。

「～てもいいですか」는 「～해도 좋습니까?」라는 표현으로 「～てもかまいませんか: ～해도 상관 없습니까?」라고 해도 같은 의미가 됩니다. 두 개의 예문을 보겠습니다.
「展示物を触ってもいいですか:전시물을 만져도 괜찮습니까?」
「８時に帰ってもかまいませんか:8시에 돌아가도 상관없습니까?」 입니다.

B : はい、どうぞ。

이 문장에서 「どうぞ」는 「그렇게 하세요」라는 의미입니다. 일본어에서 「どうぞ」와 「どうも」라는 표현만 정확하게 알아도 많은 문장을 대신할 수 있는데, 「どうも」는 「고맙습니다」「죄송합니다」라는 의미를 가지고 있습니다.

A : このお店の定休日はいつですか。

「쉬는 날」과 관련된 어휘를 잠시 알아보겠습니다. 「定休日:정기휴일」 「休日:휴일」 「祝日:경축일」 「振替休日:대체휴일」 「夏休み:여름휴가, 여름방학」 「冬休み:겨울휴가, 겨울방학」 입니다.

B : 毎月第１月曜日です。

「毎月」는 「매월」이라는 의미입니다. 다른 단어도 공부해 보겠습니다. 「毎年:매년」 「毎

unit. 7 質問 (질문)

日:매일」「毎晩:매일 밤」입니다.

A : ということは、定休日は毎月1日だけですか。
「だけ」는「뿐, 만」이라는 한정을 나타내는 어휘입니다. 예문을 보겠습니다.
「彼女は外国語の中で英語だけ話せる:그녀는 외국어 중에서 영어만 말할 수 있다」
「3人だけが合格しました:3명만이 합격했습니다」입니다.

B : そうです。
상대방의 질문에 대해서 「그렇다」고 대답한 문장입니다.

A : 体が持たないと思いますよ。
「体が持たない」는「몸이 버티지 못하다」라는 의미로「관용어」처럼 암기해 주기 바랍니다. 그리고「持つ」는「들다, 가지다」라는 의미 외에「계산을 하다」는 뜻도 있는데,
「今日の会計は私が持ちます:오늘 계산은 제가 하겠습니다」입니다.

B : それで定休日を増やそうと考えています。
「増やす」는「양적으로 늘리다, 증가시키다」는 의미이고,「増える」는「늘다, 증가되다」입니다.「伸びる」는「질적으로 늘다, 증가되다」이고,「伸ばす」는「질적으로 늘리다, 증가시키다」는 의미입니다.

 응용표현

1. なぜ不動産会社の定休日は水曜日が多いのかわからない。
   → 왜 부동산회사의 정기휴일은 수요일이 많은 것인지 모르겠다.

2. 生の物は食べられないの？ということは、お刺身は食べられないね。
   → 날 것은 먹을 수 없어? 라는 것은, 회는 먹을 수 없군.

3. 仕事が忙しくて体が持たないんだけど、辞めた方がいいのかな。
   → 일이 바빠서 몸이 버티지 못하지만, 그만 두는 편이 좋을까?

4. 最近、タバコをやめました。それで健康になりました。
   → 최근에 담배를 끊었습니다. 그래서 건강해졌습니다.

5. 最近、投資で資産を増やそうと考えてる方は多いのではないか。
   → 최근에 투자로 자산을 늘리려고 생각하고 있는 분은 많은 것이 아닐까?

어휘 표현
- 不動産 부동산 □ 定休日 정기휴일 □ 水曜日 수요일 □ 生の物 날 것
- ということは 라는 것은 □ 刺身 회 □ 仕事 일 □ 忙しい 바쁘다
- 体が持たない 몸이 버티지 못하다 □ 辞める 그만두다 □ 最近 최근
- それで 그래서 □ 健康 건강 □ 投資 투자 □ 資産 자산 □ 増やす 늘리다
- 考える 생각하다 □ 方 분

unit. 7 質問 (질문)

어휘연습

어휘	읽기	의미
定休日		
毎月		
体		
増やす		
祝日		
合格		
会計		

작문연습

1. 그의 생각에 대해서 질문을 해도 됩니까?

2. 박물관의 정기휴일은 매주 월요일입니다.

3. 하루만 쉬어도 몸이 좋아질 것 같습니다.

4. 매일 잔업을 하면 몸이 버티지 못합니다.

 문제풀이

어휘	읽기	의미
定休日	ていきゅうび	정기휴일
毎月	まいつき	매월
体	からだ	몸
増やす	ふやす	늘리다
祝日	しゅくじつ	경축일
合格	ごうかく	합격
会計	かいけい	계산

1. 彼の考えについて質問してもいいですか。

2. 博物館の定休日は毎週月曜日です。

3. １日だけ休んでも体がよくなりそうです。

4. 毎日残業をすると体が持たないです。

勝海舟(카쯔 카이슈)-3

　카쯔가 3년 간에 걸쳐 나가사키에 있을 때다. 이 동안 島津斉彬(시마즈 나리아키라)도 알현했으며, 이것을 계기로 사쯔마번과의 연결고리도 만들었다. 한편, 카쯔가 부재 중이었던 에도는 격동의 시간을 맞이했다.

　阿部正弘(아베 마사히로)가 급사하고, 막부정부는 쇼군 후계문제로 一橋(히토쯔바시)파와 南紀(난키)파로 나뉘어 분쟁이 일어났다. 양쪽 파 전부 「개국파와 양이파」가 혼재되어 있었는데, 예를 들면 一橋(히토쯔바시)파는 고집이 센 양이론자・德川斉昭(도쿠카와 나리아키)의 아들 慶喜(요시노부)를 세웠다. 그 중에 개방적이고 쾌활한 성격인 島津斉彬(시마즈 나리아키라)랑 아베가 내세운 幕臣(바쿠신-쇼군을 직속으로 모시는 무사)도 포함되어 있었다.

　한편, 南紀(난키)파의 井伊直弼(이이 나오스케)는 一橋(히토쯔바시)파를 처형하기 위한 「安政の大獄(안세이노 다이고쿠)」를 일으킨다. 시대는 그것만으로 끝나지 않고, 그 井伊直弼(이이 나오스케)도 카쯔가 도미 중에 「桜田門外の変(사쿠라다몬가이의 변)」으로 암살. 만일 카쯔가 에도에 있었다면 정란에 휩쓸렸을지도 모른다.

▲ 카쯔 카이슈 탄생지

▲ 고베 해군 조련소 숙소

▲ 카쯔 카이슈 별장

▲ 카쯔 카이슈 무덤

unit. 8 拒絶 (거절)

본문회화

A : 来週の会議で司会をお願いできませんか。

B : あまり日本語に自信がないので、出来れば今回はお断りしたいです。

A : 困りましたね。他に思い当たる人がいないので、何とかお願いできませんか。

B : 事情は察しますが、私も難しいです。

A : そうですか。仕方がないですね。

B : ご協力できなくて申し訳ないです。

A : 気にしないでください。何とか他の人にあたってみます。

B : よろしくお願いします。

어휘 표현

- 拒絶 거절   □ 来週 다음주   □ 会議 회의   □ 司会 사회   □ 自信 자신
- 今回 이번   □ 断る 거절하다   □ 困る 난처하다   □ 他に 그 외에
- 思い当たる 짚이다   □ 何とか 어떻게든   □ 事情 사정   □ 察する 이해하다
- 難しい 어렵다   □ 仕方がない 어쩔 수가 없다   □ 協力 협력
- 気にする 신경 쓰다   □ あたる 접하다, 임하다, 타진하다

본문 해석

A : 다음주 회의에서 사회를 부탁할 수 없겠습니까?
B : 별로 일본어에 자신이 없으니, 가능하면 이번에는 거절하고 싶습니다.
A : 난처하군요. 그 외에 짚이는 사람이 없어서, 어떻게 부탁할 수 없겠습니까?
B : 사정은 이해합니다만, 저도 힘듭니다.
A : 그렇습니까? 어쩔 수 없군요.
B : 협력을 할 수 없어서 죄송합니다.
A : 신경 쓰지 말아 주세요. 어떻게 다른 사람에게 타진해 보겠습니다.
B : 잘 부탁합니다.

본문 상세 설명

A : 来週の会議で司会をお願いできませんか。
「来週」는「다음주」라는 의미인데,「주」와 관련된 어휘를 공부해 보겠습니다.「先々週:지지난주」「先週:지난주」「今週:이번주」「来週:다음주」「再来週:다 다음주」입니다.

B : あまり日本語に自信がないので、出来れば今回はお断りしたいです。
「自信」은「자신, 자신감」이라는 의미인데, 우리말과 똑같이「自信感(자신감)」이라는 한자를 쓰면 틀린 표현이 됩니다. 그리고「出来れば」는「가능하면」이라는 의미인데, 예문을 통해서 알아보겠습니다.
「出来れば参加してください:가능하면 참가해 주세요」입니다.

A : 困りましたね。他に思い当たる人がいないので、何とかお願いできませんか。
「思い当たる」는「마음이 짚이다」라는 의미인데, 조금은 어려운 어휘입니다. 예문을 보겠습니다.
「この件に関しては思い当たることはない:이 건에 관해서는 마음이 짚이는 것은 없다」입니다.

unit.8 拒絶 (거절)

B : 事情は察しますが、私も難しいです。
「察(さっ)する」는 「이해하다」는 의미인데, 단어 자체가 어렵습니다. 예문을 통해서 그 사용법을 보도록 하겠습니다.
「お気(き)持(も)ちは察します:마음은 이해합니다」
「たいていの人はそれを察しますよ:대부분의 사람은 그것을 이해합니다」입니다.

A : そうですか。仕方がないですね。
「仕方(しかた)がない」는 「어쩔 수가 없다」는 의미로서 「しょうがない」와 같은 표현입니다. 그리고 「~て仕方がない」는 「~해서 견딜 수 없다」라는 의미입니다. 예문을 보겠습니다.
「お腹(なか)がすいて仕方がない:배가 고파서 견딜 수 없다」입니다.

B : ご協力できなくて申し訳ないです。
「協力(きょうりょく)」은 「협력」이라는 의미입니다. 어려운 문장이 아니므로 어휘공부를 하도록 하겠습니다. 「妥協(だきょう):타협」「協同(きょうどう):협동」「協調(きょうちょう):협조」「忍耐力(にんたいりょく):인내력」「魅力(みりょく):매력」「力量(りきりょう):역량」입니다.

A : 気にしないでください。何とか他の人にあたってみます。
「気(き)にする」는 「신경 쓰다」이고, 「気(き)になる」는 「신경 쓰이다」입니다. 각각의 예문을 보도록 하겠습니다.
「日本にいる友人(ゆうじん)のことが気になってきた:일본에 있는 친구가 신경 쓰였다」
「人がなんと言おうと気にするな:다른 사람이 뭐라고 하던 신경 쓰지마!」입니다.

B : よろしくお願いします。
「잘 부탁합니다」라는 의미로 「よろしくお願いいたします」「よろしく頼(たの)みます」라고 표현해도 됩니다.

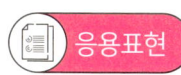 응용표현

1. もし司会を頼まれたら、あらかじめ進行表を作って準備しておくと便利です。
   → 만일 사회를 부탁 받으면 미리 진행표를 만들어 준비해 두면 편리합니다.

2. 成功を急ぐあまり失敗した。
   → 성공을 서둔 나머지 실패했다.

3. 君も出来れば参加してほしい。
   → 자네도 가능하면 참가해 주기를 바란다.

4. そばにおきたいお気持ちは察します。
   → 옆 두고 싶은 마음은 이해합니다.

5. 何が起こっても私は気にしない。
   → 뭔가 일이 일어나도 나는 신경 쓰지 않는다.

어휘표현

- もし 만일
- 司会 사회
- 頼む 부탁하다
- あらかじめ 미리
- 進行表 진행표
- 作る 만들다
- 準備 준비
- 便利 편리
- 成功 성공
- 急ぐ 서두르다
- ～あまり ～나머지
- 失敗 실패
- 君 자네
- 出来れば 가능하면
- 参加 참가
- 察する
- 起こる 일어나다
- 気にする 신경 쓰다

unit.8 拒絶 (거절)

 어휘연습

어휘	읽기	의미
司会		
断る		
事情		
察する		
協調		
忍耐力		
力量		

 작문연습

1. 이 자료의 검토를 부탁할 수 없겠습니까?

2. 별로 마음에 들지 않아서 안 사기로 하겠습니다.

3. 사정은 충분히 이해했습니다.

4. 친구에게 돈을 부탁받지만 거절했다.

문제풀이

어휘	읽기	의미
司会	しかい	사회
断る	ことわる	거절하다
事情	じじょう	사정
察する	さっする	이해하다
協調	きょうちょう	협조
忍耐力	にんたいりょく	인내력
力量	りきりょう	역량

1. この資料の検討をお願いできませんか。

2. あまり気に入らなくて買わないことにします。

3. 事情はずいぶん察しました。

4. 友だちにお金を頼まれたが断った。

吉田松陰(요시다 쇼인)

번주도 놀란 수재

長州(초슈)번의 하급무사 집에서 태어났다. 어릴 때 삼촌의 양자가 되지만, 삼촌이 병사하여, 불과 5세의 나이로 요시다 가의 당주가 된다. 9세 때에는, 長州(초슈)번의 번교 明倫館(명륜관)에서 교사의 견습생이 되는 등, 그의 영민함은 번주 毛利敬親(모리 타카치카)를 놀라게 한다.

15세 경, 아편전쟁에서 청나라가 영국에 패한 것을 알고, 일본도 위험하다는 것을 인지한다. 일본의 상황을 확인하기 위해, 20세에는 長崎(나가사키)랑 平戸(히라도)를 여행한다. 長崎(나가사키)에서는 정박 중인 네덜란드 배에 올라타, 서양문명이 상당히 우수하다는 것을 알게 된다. 그 후도, 平戸(히라도)와 会津(아이즈), 佐渡(사도)를 거쳐, 러시아 배가 출몰한 津軽(쯔가루)반도를 돌고 나서, 『東北遊日記(동북유일기)』 등을 저술한다.

흑선으로 밀항을 계획

1854년, 24세 때, 페리함대가 2번 째로 일본에 온 것을 기회로, 뛰어난 해외의 문화를 접하려고, 下田(시모다)에 정박 중인 군함에 작은 배를 타고가, 해외로 데리고 달라고 부탁한다. 그러나, 이 밀항의 부탁은 페리가 받아들이지 않았고, 육지로 되돌아온 쇼인 등은 감옥에 들어가게 된다. 쇼인의 부탁은 페리의 『日本遠征記(일본원정기)』에 기록되어 있다.

머지않아, 영국의 소설가로 『宝島(보물섬)』의 작가 R·L스티븐슨이 「ヨシダ·トラジロウ-요시다 토라지로」 라는 짧은 전기를 썼다.

松下村塾(쇼카손주꾸)

에도의 감옥에서 長州(초슈)번의 「野山獄(노야마 감옥)」이라는 감옥으로 옮겨진 쇼인은, 1년 간에 약 600권 이상의 책을 읽고, 또 흑선의 밀항을 뒤돌아본 『幽囚錄(유수록)』도 쓴다. 다음 해, 옥살이를 면하고 본가인 스기가에 유폐되는 몸이 된다. 그 사이에 松下村 塾(쇼카손주꾸)를 열어, 高杉晋作(타카스기 신사쿠), 伊藤博文(이토 히로부미)등 약 80명의 문하생을 모아, 막부 말기부터 메이지에 걸쳐 활약한 인재를 육성했다. 쇼인은 모든 나라를 경험하고 본 것이랑, 역사서 등을 읽고 얻은 지식으로, 50권 이상의 저작을 써서 남겼다.

1859년, 29세 때에 安政の大獄(안세이노 다이고쿠)에 의해, 에도에서 처형되었다. 처형 전날에 쓴 것이 『留魂錄(유혼록)』이다. 쇼인에게 가르침을 받은 사람들은, 그 후의 메이지유신이랑 일본의 근대화로 활약했다.

▲ 요시다 쇼인 초상

▲ 쇼카손주꾸

unit. 9 祝賀-お祝い (축하)

본문회화

A : お誕生日おめでとうございます。

B : ありがとう。

A : これはお誕生日プレゼントです。どうぞ。

B : プレゼントまで用意してくださったのですか。嬉しいです。

A : 喜んでくれて、こちらも嬉しいです。

B : 今プレゼントを見てもよいですか。

A : どうぞ。

B : 何が入っているのだろう。楽しみです。

어휘 표현

- 祝賀(しゅくが) 축하
- お祝(いわ)い 축하
- 誕生日(たんじょうび) 생일
- 用意(ようい) 준비
- 嬉(うれ)しい 기쁘다
- 喜(よろこ)ぶ 기뻐하다
- 入(はい)る 들어가다
- 楽(たの)しみ 기대, 즐거움

 본문 해석

A : 생일 축하합니다.
B : 고마워.
A : 이것은 생일 선물입니다. 받으세요.
B : 선물까지 준비해 주셨습니까? 기쁩니다.
A : 기뻐해 주어서 저도 기쁩니다.
B : 지금 선물을 봐도 됩니까?
A : 그러세요.
B : 무엇이 들어있을까? 기대됩니다.

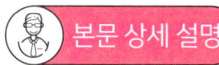 본문 상세 설명

A : お誕生日おめでとうございます。

「おめでとうございます」는「축하합니다」라는 의미이고,「おめでとう」는「축하하다」라는 의미입니다.「축하」는「祝賀」라고 하는데, 발음에 주의해야 합니다.

Bvありがとう。

「고맙다」라는 의미이고,「ありがとうございます」는「감사합니다, 고맙습니다」라는 정중한 표현입니다.

A : これはお誕生日プレゼントです。どうぞ。

이 문장은 어려운 표현이 없으므로 어휘공부를 해 보도록 하겠습니다.「生年月日:생년월일」
「日付:날짜」「日時:일시」「日中:한낮」「期日:기일」「日の出:일출」입니다.

B : プレゼントまで用意してくださったのですか。嬉しいです。

「用意」는「준비」라는 의미인데, 같은 표현으로「準備」「支度」입니다. 그러나「支度」는「식사와 외출 준비」에만 사용합니다. 예문을 보겠습니다.
「外出の支度をした:외출 준비를 했다」
「食事の支度をした:식사 준비를 했다」입니다.

祝賀-お祝い (축하)

A : 喜んでくれて、こちらも嬉しいです。

「〜てくれる」는 「다른 사람이 나에게 해주다」라는 의미입니다. 두 개의 예문을 보겠습니다.
「友だちが本を送ってくれた:친구가 책을 보내 주었다」
「先輩が課題を見てくれた:선배가 과제를 봐 주었다」 입니다.

B : 今プレゼントを見てもよいですか。

「〜てもよい」는 「〜てもいい」와 같은 의미이고, 「も」를 생략해서 「〜てよい」 「〜ていい」라고 해도 됩니다. 한 개의 예문을 보겠습니다.
「ここにあるものは持っていっていいよ:여기에 있는 것은 들고 가도 좋아」 입니다.

A : どうぞ。

여기서 「どうぞ」는 「그렇게 하세요」라는 의미입니다. 「どうぞ」와 「どうも」에 대해서는 충분히 공부를 하였습니다.

B : 何が入っているのだろう。楽しみです。

「楽しみ」는 「기대, 즐거움」이라는 의미로 앞에서 공부했던 내용입니다. 한 개의 예문을 보겠습니다.
「私はあなたにお会いできる日を楽しみにしております:나는 당신을 만날 수 있는 날을 기대하고 있습니다」 입니다.

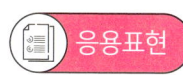 **응용표현**

1. この原稿を15日までに仕上げてください。
   → 이 원고를 15일까지 완성해 주세요.

2. 毎週金曜日は給食がないから自分でお弁当を用意しないといけないんです。
   → 매주 금요일은 급식이 없으니 스스로 도시락을 준비하지 않으면 안 됩니다.

3. 気に入ってくれて、よかった。
   → 마음에 들어주어서 다행이었다.

4. 暑いので、扇風機をつけてもいいですか。
   → 더워서 선풍기를 켜도 되겠습니까?

5. 自分が入っている企業年金を調べた。
   → 내가 들어있는 기업연금을 알아보았다.

어휘 표현

□ 原稿 원고　□ 仕上げる 완성하다　□ 毎週 매주　□ 金曜日 금요일　□ 給食 급식
□ 弁当 도시락　□ 用意 준비　□ 気に入る 마음에 들다　□ 暑い 덥다　□ 扇風機 선풍기
□ 入る 들어가다　□ 企業 기업　□ 年金 연금　□ 調べる 조사하다

unit. 9 祝賀-お祝い (축하)

어휘연습

어휘	읽기	의미
用意		
生年月日		
日時		
日中		
日の出		
食事		
課題		

작문연습

1. 이것은 승진축하 선물입니다.

2. 파티를 위해서 여러 가지 준비를 하고 있다.

3. 시험에 합격해서 기뻤다.

4. 시험 때, 사전을 봐도 괜찮습니까?

 문제풀이

어휘	읽기	의미
用意	30	준비
生年月日	せいねんがっぴ	생년월일
日時	にちじ	일시
日中	にっちゅう	한낮
日の出	ひので	일출
食事	しょくじ	식사
課題	かだい	과제

1. これは昇進祝いのプレゼントです。

2. パーティーのためにいろいろ準備をしている。

3. 試験に合格して嬉しかった。

4. 試験のとき、辞書を見てもいいですか。

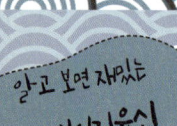

板垣退助(이타가키 타이스케)
_{いたがきたいすけ}

토막파의 도사번 무사

土佐(도사)번의 무사의 장남으로 태어났다. 어릴 때는, 별로 공부를 좋아하지 않았고, 소꿉친구인 後藤象二郎(고토 쇼지로)와 싸움만 하는 개구쟁이였다. 대정봉환을 내건 도사번의 생각보다도, 무력으로 막부를 쓰러뜨리는 토막파의 생각에 동조하여, 西郷隆盛(사이고 타카모리) 등과 함께 행동했다.

▲ 이타가키 타이스케 초상

会津(아이즈)공략에서 배운다

1868년, 31세 때에 戊辰戦争(보신전쟁)이 시작되자, 도사번 병사를 이끌고 여기저기서 싸웠다. 日光東照宮(닛꼬 토쇼궁)이 전장터가 되는 것을 피하려고, 구 막부군에게 작업을 했다. 会津(아이즈)전쟁에서는, 아이즈번을 항복시키고, 鶴ヶ城(쯔루가성-아이즈 와카마쯔성)은 함락되었다. 이 때 무사가 싸우고 있는 한편으로, 많은 민중이 앞을 다투어 도망치는 모습을 보고, 신분의 차별 없이, 마음을 하나로 하며, 국민 모두가 참가할 수 있는 정치를 생각하게 되었다.

자유민권운동의 시작

1869년, 메이지 신정부에 참여하여, 요직을 역임하지만, 정한론이 반대되는 것에 불만을 가지고, 1873년, 36세 때 신정부를 떠나 高知(고치)로 돌아온다. 그 후는 국회의 개설을 요구하며, 자유민권운동을 활발하게 전개했다. 1882년、45세 때에, 岐阜(기후)에서 연설 중에 자객에게 습격을 받지만, 그 때에「吾死するとも自由は死せん-나는 죽어도 자유는 죽지 않는다」고 말을 했다. 이것이 나중에「板垣(이타가키)는 죽어도 자유는 죽지 않는다」고 말한 것 처럼 전해졌다.

▲ 이타가키 타이스케 탄생지

▲ 이타가키 타이스케 모시는 고야사

◀ 이타가키 타이스케 100엔 지폐

板垣退助(이타가키 타이스케)

자유민권운동의 전개

정한론을 주장했지만 관철되지 않았던 板垣(이타가키)는, 국민이 정치에 참가할 수 있도록, 1874년, 後藤象二郎(고토 쇼지로), 江藤新平(에토 신페이)등과 정치결사조직「愛国公党(애국공당)」을 만들고, 그 후, 민주적인 기회의 개설을 바라는「民撰議院設立建白書(민선의원설립 건의서)」를 제출했다.

이타가키 등의 도사로의 귀향으로 애국공당은 해산된다. 1874년에는 이타가키가 도사에서 立志社(입지사)를 결성했고, 1875년의 오사카에서 일본최초의 전국규모의 愛国社(애국사)결성으로 발전한다. 높아지는 자유민권운동에 대해서, 정부는 1875년에 신문지조례를, 1880년에 집회조례를 제각각 내어, 언론의 탄압을 강화해 갔다.

도사의 中江兆民(나카에 초민)은, 프랑스의 사상가 루소의 책을 번역한『民約訳解(민약역해)』를 출판하고, 자유민권운동을 이론적으로 지도했다. 1880년의 애국사의 대회에서는 国会期成同盟(구구회기성동맹)이 결성되어, 국회의 개설을 청원하는 서명이 정부에 제출되었지만, 인정받지 못했다.

많은 정치결사는 각지에서 연설회를 행했다. 여성의 권리를 주장하는 岸田俊子(기시다 토시코), 나중에 中島湘煙(나카지마 쇼엔) 등도 있었다.

헌법의 제정과 국회의 개설을 목표로 해서 두 개의 정당이 결성되었다. 이타가키를 당수로 하는 1881년 결성의 자유당, 大隈重信(오쿠마 시게노부)를 당수로 하는 1882년 결성의 입헌개진당이다.

川上音二郎(가와카미 오토지로)가 자유민권사상을 넓히기 위해 노래한「オッペケペ節-옷페케페 마디」가 유행했다.

memo

unit. 10 禁止 (금지)

본문회화

A : すみません。ここでの写真撮影はやめていただけませんか。

B : なぜですか。

A : 当館ではすべて撮影禁止となっています。

B : そうなのですか。知りませんでした。

A : ご迷惑をおかけしますが、ご協力いただけるようお願いします。

B : わかりました。

A : ありがとうございます。

어휘 표현

□ 禁止 금지 □ 写真撮影 사진촬영 □ やめる 그만두다 □ 当館 당 관
□ すべて 전부 □ 迷惑をかける 폐를 끼치다 □ お+동사ます형+する 겸양표현
□ 協力 협력

본문 해석

A : 죄송합니다. 여기서의 사진촬영은 중지해 주실 수 없겠습니까?
B : 왜입니까?
A : 당 관에서는 모든 곳이 촬영금지로 되어 있습니다.
B : 그렇습니까? 몰랐습니다.
A : 폐를 끼치는 것 같습니다만, 협력해 주실 수 있도록 부탁합니다.
B : 알겠습니다.
A : 감사합니다.

본문 상세 설명

A : すみません。ここでの写真撮影はやめていただけませんか。

「〜ていただけませんか」는 「〜해 주실 수 없겠습니까?」라는 의미이고, 「〜ていただきませんか」라고 하면 틀린 표현이므로 주의해야 합니다. 다른 예문을 보면
「調べていただけませんか:알아봐 주실 수 없겠습니까?」
「両替していただけませんか:잔돈으로 바꿔 주실 수 없겠습니까?」
「待っていただけませんか:기다려 주실 수 없겠습니까?」 입니다.

B : なぜですか。

「なぜ」는 「왜」라는 의미로서 「どうして」「なんで」와 같은 의미입니다. 두 개의 예문을 보겠습니다.
「会議にどうして来ませんでしたか:회의에 왜 오지 않았습니까?」
「なんで部長に叱られましたか:왜 부장님께 혼났습니까?」 입니다.

A : 当館ではすべて撮影禁止となっています。

「すべて」는 「모든」이라는 의미인데, 「名詞」와 접속할 때는 「すべての」라고 하며, 「あらゆる」와 같은 의미입니다. 두 개의 예문을 보겠습니다.
「すべての人が賛成した:모든 사람이 찬성했다」
「あらゆることについて相談してください:모든 것에 대해서 상담해 주세요」 입니다.

unit. 10 禁止(금지)

B : そうなのですか。知りませんでした。
「知りませんでした」는 「몰랐습니다」라는 의미입니다. 주의해야 할 것은, 긍정문은 「知ります」라고 표현하지 않고, 「知っています」라고 표현해야 하며, 부정문은 「知りません」이라고 하고 「知っていません」이라고는 하지 않습니다. 주의하기 바랍니다.

A : ご迷惑をおかけしますが、ご協力いただけるようお願いします。
「迷惑をかける」는 「폐를 끼치다」는 표현이고, 이 표현에 「お+동사ます형+する」라고 하는 겸양표현을 사용한 이유는, 「내가 다른 사람에게 폐를 끼치는 것」이므로 나의 동작이나 행위이기 때문입니다.

B : わかりました。
「わかりました:알겠습니다」의 겸양표현은 「かしこまりました」「了解しました」입니다.

A : ありがとうございます。
나의 제안에 대해서 상대방이 이해를 해 주어서 감사하다고 표현한 것입니다.

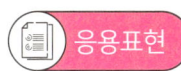 응용표현

1. 居酒屋内での喫煙を前面禁止にしたらどうなのか。
   → 이자까야 안에서의 흡연을 전면금지로 하면 어떨까?

2. すべての仕事を紙１枚にまとめた。
   → 모든 일을 종이 한 장으로 정리했다.

3. この車両は女性車両となっております。
   → 이 차량은 여성전용입니다.

4. 他人に迷惑をかけてはいけない。
   → 다른 사람에게 폐를 끼쳐서는 안 된다.

5. 一方的に協力してほしいというのは失礼だ。
   → 일방적으로 협력해 주기를 바란다고 하는 것은 실례이다.

어휘 표현

☐ 居酒屋内 이자까야 안 ☐ ～での ～에서의 ☐ 喫煙 흡연 ☐ 前面 전면 ☐ 禁止 금지
☐ すべての～ 모든～ ☐ 仕事 일 ☐ 紙 종이 ☐ 枚 장 ☐ まとめる 정리하다
☐ 車両 차량 ☐ 女性 여성 ☐ 他人 타인 ☐ 迷惑をかける 폐를 끼치다
☐ 一方的 일방적 ☐ 協力 협력 ☐ 失礼 실례

unit. 10 禁止 (금지)

어휘연습

어휘	읽기	의미
撮影		
当館		
両替		
調べる		
叱る		
賛成		
相談		

작문연습

1. 여기서 도시락을 먹는 것은 금지입니다.

2. 도서관에서 떠드는 것을 그만두실 수 없겠습니까?

3. 여기에 있는 전시품은 전부 만져도 됩니다.

4. 민폐를 끼쳐서 대단히 죄송합니다.

문제풀이

어휘	읽기	의미
撮影	さつえい	촬영
当館	とうかん	당 관
両替	りょうがえ	잔돈으로 바꿈, 환전
調べる	しらべる	조사하다, 살피다
叱る	しかる	꾸짖다
賛成	さんせい	찬성
相談	そうだん	상담

1. ここで弁当を食べるのは禁止となっています。

2. 図書館で騒ぐのをやめていただけませんか。

3. ここにある展示品はすべて触ってもいいです。

4. ご迷惑をおかけして大変申し訳ございません。

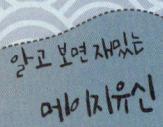

生麦事件発生地(나마무기 사건 발생지)
(なまむぎじけんはっせいち)

나마무기사건이라고 하는 것은, 말을 타고 여행을 가려던 영국인 4명이 사쯔마번의 島津久光(시마즈 히사미쯔)의 행렬을 방해했다고 해서, 사쯔마번 무사들에게 살해 당한 사건. 습격을 당한 영국인들은, 神奈川(가나가와) 방면으로 도망갔지만, 찰스·리챨튼이 도중에 사망, 그 외 2명의 영국인이 부상을 당했다. 이 사건의 보복으로서, 다음 해 영국은 군함을 파견하여 가고시마를 포격했다(薩英戦争:사쯔에이 전쟁).

▲ 나마무기 사건 발생지

生麦事件発生地 나마무기사건 발생지

島津久光(시마즈 히사미쯔)는, 한 번도 번주가 된 적은 없다. 그러나 번주의 아버지로서 사쯔마번의 최고권력의 자리에 있었고, 막부 말에는 사쯔마번의 영향력을 강하게 하기 위해, 몇 번이나 상경했다. 그 최초의 상경이 文久-분큐 2년(1862년) 4월에 가고시마에서 출발이며 군사를 이끌고 교토에 올라와, 조정의 칙사·大原重徳(오하라 시게토미)에게 수종하는 형태로 그대로 에도로 내려가, 막부정치개혁을 요구했다. 상경하는 도중, 후시미에서 久光(히사미쯔)는, 有馬新七(아리마 신시찌)등 자번의 존왕양이파를, 스스로의 정치 비전에 맞지 않는 위험한 존재라고 여기고, 숙청을 명했다(테라다야 사건). 그리고, 에도로부터 귀가하는 도중, 文久-분큐2년(1862년) 8월21일에 久光(히사미쯔) 일행이 神奈川(가나가와) 숙소 앞의 生麦村(나마무기촌)에 접어들었을 때 사건이 발생했다.

　요코하마의 영국인 상인・윌리엄・마샬관 친구인 우드숍・클라크, 찰스・리처드슨, 게다가 홍콩에서 여행 온, 마가렛・보르델 부인 4명은, 川崎大師(가와사키 다이시)를 구경하기 위해 기마로 東海道(토카이도)로 향했다. 生麦村(나마무기촌)에서 久光(히사미쯔)의 행렬을 만난 그들은, 「말에서 내려 길가로 피해」라는 수행자들의 말이랑 손짓이 이해가 안 되어, 그대로 행렬과 스쳐지나 가면서 나아갔다. 久光(히사미쯔)의 가마가 가까이까지 왔을 때 피하면 될 거라고 판단했지만, 반대로 좁은 가도에서의 말을 다루는 것으로 주위를 혼란 속에 빠뜨려 버렸다(아마 번사들이 격하게 소동을 피웠기 때문에 말도 흥분했을 것이다). 말이 누워 행렬을 방해했는데, 이것을 久光에 대한 무례한 폭거로 간주하여, 奈良原喜左衛門(나라하라 기자에몽)을 비롯한 사쯔마번사들에 의해서 칼을 맞았다. 4명은, 神奈川横浜(가나가와 요코하마) 방면으로 말을 탄 채로 도망갔지만, 보르델부인 이외의 3명은 전부 부상을 입었다. 그리고 리차드슨은 현장에서 700미터 정도 달렸지만 힘이 다해 낙마하여, 쫓아온 사쯔마번사・海江田信義(카이에다 노부요시)에게 목숨을 잃었다(현재, 나마무기사건비가 서 있다). 마샬과 클라크는 미국영사관(혼가쿠지)로 도망가서 치료를 받고 보르델부인은 요코하마의 거주지까지 돌아가서 경과를 보고했다.

　사쯔마번은 나마무기사건에 대한 영국의 배상요구를 거부했기 때문에 다음해 文久-분큐3년(1863년) 7월에 薩英戦争(사쯔에이 전쟁)이 일어나, 그것을 계기로 반대로 사쯔마와 영국은 다가가게 되었다.

unit. 11 許可 (허가)

본문회화

A : ここで写真を撮っても大丈夫ですか。

B : はい、大丈夫です。

A : それではビデオ撮影もOKですか。

B : そうです。

A : 分かりました。

B : 但し、撮影禁止の看板があるところでは、お控えください。

A : 撮影禁止の場所もあるのですね。

B : はい。よろしくお願いします。

어휘 표현

□ 許可(きょか) 허가 □ 写真(しゃしん)を撮(と)る 사진을 찍다 □ 大丈夫(だいじょうぶ)だ 문제없다, 괜찮다 □ 但(ただ)し 단지
□ 禁止(きんし) 금지 □ 看板(かんばん) 간판 □ 控(ひか)える 삼가다 □ 場所(ばしょ) 장소

본문 해석

A : 여기서 사진을 찍어도 됩니까?
B : 예, 괜찮습니다.
A : 그럼 비디오촬영도 됩니까?
B : 그렇습니다.
A : 알겠습니다.
B : 단, 촬영금지의 간판이 있는 곳에서는 삼가해 주세요.
A : 촬영금지의 장소도 있는 것이군요.
B : 예. 잘 부탁합니다.

본문 상세 설명

A : ここで写真を撮っても大丈夫ですか。
「〜ても大丈夫ですか」는 「〜해도 괜찮겠습니까?」라는 의미로 상대방에게 허가를 묻는 표현입니다. 「허락」을 할 경우는 「〜てもいいです」, 「금지」를 할 경우는 「〜てはいけません」 이라고 합니다. 예문을 한 개 보도록 하겠습니다.
「ここにテントを張っても大丈夫ですか:이곳에 텐트를 쳐도 괜찮겠습니까?」 입니다.

B : はい、大丈夫です。
허가를 묻는 표현에 승낙과 허락을 의미하는 답변입니다. 「はい、いいですよ」 라고 대답을 해도 같은 의미입니다.

A : それではビデオ撮影もOKですか。
「それでは」 는 「では」 와 같은 의미입니다. 이 문장은 어려운 표현이 아니므로 어휘공부를 해 보도록 하겠습니다. 「影響:영향」 「映像:영상」 입니다.

B : そうです。
이 문장에 사용된 「そうです」 역시 허가와 승낙을 나타냅니다.

A : 分かりました。

unit. 11 許可 (허가)

「分かりました:알겠습니다」라는 의미이고, 겸양표현에 대해서는 앞에서 충분히 공부를 하였습니다. 「分(분)」이 들어가는 어휘를 공부해 보도록 하겠습니다. 「分水:분수」 「分解:분해」 「分離:분리」 「過分:과분」 「身分:신분」 「多分:아마」 입니다.

B : 但し、撮影禁止の看板があるところでは、お控えください。
「但し」는 「단지」라는 의미이고, 「ただ」와 같은 의미입니다. 그리고 「控える:삼가다」라는 동사도 반드시 알아주세요. 각각의 예문을 보겠습니다.
「送料は無料です。但し、沖縄は除きます:송료는 무료입니다. 단, 오키나와는 제외합니다」
「最近、健康のため、タバコを控えています:최근, 건강을 위해서 담배를 삼가고 있습니다」입니다.

A : 撮影禁止の場所もあるのですね。
「禁止」는 「금지」를 의미합니다. 어려운 문장이 아니기 때문에 어휘공부를 하겠습니다. 「禁煙:금연」 「厳禁:엄금」 「禁物:금물」 「中止:중지」 「停止:정지」 「阻止:저지」 입니다.

B : はい。よろしくお願いします。
모든 상황에 대해서 「잘 부탁한다」고 말하는 문장입니다.

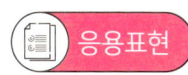 응용표현

1. 施術後にお風呂に入っても大丈夫ですか。
   → 시술 후에 목욕을 해도 괜찮습니까?

2. 送料は800円です。但し北海道、沖縄は除きます。
   → 송료는 800엔입니다. 단, 홋카이도, 오키나와는 제외합니다.

3. 停止線のあるところでは、停止線の直前に停止します。
   → 정지선이 있는 곳에서는, 정지선의 직전에 정지합니다.

4. 夜間も外出を控えてください。
   → 야간에도 외출을 삼가 주세요.

5. 病院内での写真撮影を禁止しております。
   → 병원 안에서의 사진촬영을 금지하고 있습니다.

어휘표현

- ☐ 施術後 시술 후　☐ お風呂に入る 목욕하다　☐ 大丈夫だ 문제없다, 괜찮다
- ☐ 送料 송료　☐ 但し 단지　☐ 除く 제외하다　☐ 停止線 정지선　☐ 直前 직전
- ☐ 夜間 야간　☐ 外出 외출　☐ 控える 삼가다　☐ 病院内 병원 내　☐ 写真撮影 사진촬영
- ☐ 禁止 금지

unit. 11 許可 (허가)

어휘연습

어휘	읽기	의미
但し		
看板		
控える		
影響		
映像		
身分		
阻止		

작문연습

1. 더우니 창문을 열어도 괜찮겠습니까?

2. 그럼, 선생님의 말씀대로 해 보겠습니다.

3. 여기서 책을 읽는 것은 괜찮습니다. 단, 5분 이상은 안 됩니다.

4. 건강을 위해서 술을 삼가 주세요.

 문제풀이

어휘	읽기	의미
但し	ただし	단, 단지
看板	かんばん	간판
控える	ひかえる	삼가다
影響	えいきょう	영향
映像	えいぞう	영상
身分	みぶん	신분
阻止	そし	저지

1. 暑いから窓を開けても大丈夫ですか。

2. それでは、先生の言うとおりにやってみます。

3. ここで本を読むのはいいです。但し、５分以上はだめです。

4. 健康のためにお酒を控えてください。

島津久光(시마즈 히사미쯔)-1

島津久光(시마즈 히사미쯔)는 조정과 막부의 공무합체를 지휘하고, 막부토벌의 공로자로 칭해지는 인물이다. 또 막부말기의 명군이라고 일컬어지는 島津斉彬(시마즈 나리아키라)의 동생이기도 하고, 西郷隆盛(사이고 타카모리)와는 사이가 안 좋은 것으로도 유명하다. 그런 히사미쯔는, 도대체 어떠한 일생을 보냈을까!

▲ 시마즈 히사미쯔 초상

島津久光(시마즈 히사미쯔)의 일생

1817년 10월24일, 薩摩(사쯔마)번10대 번주・島津斉興(시마즈 나리오키)의 5남으로서, 히사미쯔는 가고시마성에서 태어났다. 11대 번주가 되는 島津斉彬(시마즈 나리아키라)와는 이복형제이다. 난학을 좋아하고 선진적인 나리아키라와는 다르게, 히사미쯔는 전통을 중시 여기며 국학에 통달했다. 매우 대조적인 두 사람이지만, 형제사이는 좋아서, 히사미쯔는 형인 나리아키라를 좋아했고, 형도 동생을 좋아했다. 그러나 두 사람의 우애와는 관계 없이, 주변의 인물은 나리아키라 파와 히사미쯔 파로 나쁜 관계가 형성되었다. 그것이「お由羅騒動(오유라소동)」으로 연결되어 간다.

차기 번주를 둘러싸고 「お由羅騷動:오유라소동)」이 발발!

오유라소동이라고 하는 것은 차기 번주를 島津斉彬(시마즈 나리아키라)와 島津久光(시마즈 히사미쯔) 중, 어느 쪽으로 할 것인가로 다툰 소동이다. 원래는 당시의 번주・시마즈 나리오키의 정실의 아들인 나리아키라가 차기 번주가 되면 아무런 문제가없지만, 번주인 나리오키는 난학을 좋아하는 나리아키라를 좋아하지 않았다.

나리오키의 조부인 島津重豪(시마즈 시게히데)도 상당히 난학을 좋아했지만, 너무 깊게 빠져들어, 막대한 빚을 번에 남겼다. 그 빚을 나리오키가 무역 등에 의해 돈을 벌어 변제를 했지만, 그 때의 빚잔치가 트라우마가 되었다. 그래서 난학을 좋아하는 나리아키라를 차기 번주로 임명하면, 또 예전과 똑같이 빚투성이가 될 거라고 걱정을 했다.

한편, 히사미쯔는 나리아키라와 다르게 국학을 좋아하고, 전통을 중시하는 전통파. 게다가 좋아하는 첩인 「お由羅の方(오유라노카타」의 아들이기도 해서, 나리오키로서는 히사미쯔를 차기 당주로 하는 방향으로 처음부터 생각했던 것 같다. 이러한 불리한 상황을 타개하기 위해, 나리아키라 파의 가신은, 번주・나리오키가 변제하기 위해 행했던 밀무역을, 당시의 막부 로주 상좌인・阿部正弘(아베 마사히로)에게 고발하여, 히사미쯔 파의 나리오키와 調所広郷(즈쇼 히로사토)를 실각시키려고 한다. 그러나 막부의 조사 도중에 즈쇼가 급사해 버린다. 원인은 나리오키를 방어한 즈쇼가 독을 먹은 것이다. 이것에 의해 나리아키라 파의 계획은 수포로 돌아가고, 반대로 나리오키의 히사미쯔를 차기 번주로 만들겠다는 의지를 더욱 강하게 해버린다.

▲ 시마즈 히사미쯔 동상

unit. 12 出会い (만남)

본문회화

A : もしかして、金さんですか。

B : そうです。偶然ですね。

A : 本当です。驚きました。

B : 私もビックリしました。

A : でもこんなところで会えるなんて嬉しいです。

B : そうですね。

A : ちょうど連絡をしようかと思っていました。

B : 私も同じことを考えていました。

어휘 표현

□ 出会い 만남 □ もしかして 혹시 □ 偶然 우연 □ 本当 정말 □ 驚く 놀라다
□ ビックリする 깜짝 놀라다 □ 会う 만나다 □ 嬉しい 기쁘다 □ ちょうど 마침
□ 連絡 연락 □ 同じ 같음

본문 해석

A : 혹시 김 씨입니까?
B : 그렇습니다. 우연이군요.
A : 정말입니다. 놀랐습니다.
B : 저도 깜짝 놀랐습니다.
A : 하지만, 이런 곳에서 만날 수 있다니 기쁩니다.
B : 맞아요.
A : 마침 연락을 하려고 생각하고 있었습니다.
B : 저도 같은 것을 생각하고 있었습니다.

본문 상세 설명

A : もしかして、金さんですか。

「もしかして」는 「혹시」라는 의미를 가진 부사이며, 「もしかしたら」 「もしかすると」는 「어쩌면」이라는 의미입니다. 예문을 통해서 그 쓰임을 알아보겠습니다.

「あなたが探しているのは、もしかしてこのペンですか:당신이 찾고 있는 것은, 혹시 이 펜입니까?」

「もしかすると、彼が来ないかもしれない:어쩌면 그가 안 올지도 모른다」 입니다.

B : そうです。偶然ですね。

「偶然」은 「우연」이라는 의미이고, 「たまたま」와 같은 뜻입니다. 그리고 「たまたま」는 「가끔」이라는 의미도 가지고 있습니다. 예문을 보겠습니다.

「たまたま入ったレストランで会社の同僚に会いました:우연히 들어온 레스토랑에서 회사의 동료를 만났습니다」

「たまたま免許証を忘れた日に、車の事故を起こしてしまいました:우연히 면허증을 잊은 날에, 자동차의 사고를 일으켰습니다」 입니다.

A : 本当です。驚きました。

「驚く:놀라다」는 다음 문장에 있는 「ビックリする」와 같은 의미입니다. 한 개의 예문을 보도록 하겠습니다.

unit. 12 出会い (만남)

「男の人が急に道に倒れて驚いた:남자가 갑자기 길에 쓰러져서 놀랐다」입니다.

B : 私もビックリしました。
앞에서 설명해드렸기에 예문을 한 개 보겠습니다.
「たまたま買った宝くじが当たってびっくりしました:우연히 산 복권이 당첨되어 놀랐습니다」입니다.

A : でもこんなところで会えるなんて嬉しいです。
「〜なんて」는 「동사의 종지형」에 접속하여 「〜하다니」라는 의미입니다. 두 개의 예문을 보도록 하겠습니다.
「全然勉強しなかったのに、試験に合格するなんて、驚いた:전혀 공부하지 않았는데, 시험에 합격하다니, 놀랐다」
「あんなバカな人にきれいな彼女がいるなんて、うらやましい:저런 멍청한 사람에게 예쁜 애인이 있다니, 부럽다」입니다.

B : そうですね。
상대방의 말에 긍정을 하여 「そうですね:맞아요」라고 표현한 문장입니다.

A : ちょうど連絡をしようかと思っていました。
「동사의지형+かと思う」는 「〜하려고 생각하다」라는 의미입니다. 그리고 「동사의지형+とする」는 「〜하려고 하다」는 뜻입니다. 각각의 예문을 보겠습니다.
「私も日本へ行こうかと思っています:나도 일본에 가려고 생각하고 있습니다」
「彼は一人でお酒を飲みに行こうとしました:그는 혼자서 술을 마시러 가려고 했습니다」입니다.

B : 私も同じことを考えていました。
「同じ」는 「같음」이라는 의미입니다. 어려운 예문이 아니므로 어휘공부를 해 보겠습니다. 「同一:동일」 「賛同:찬동」 「同類:동류」 「同感:동감」 「同質:동질」입니다.

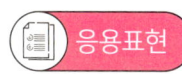 응용표현

1. もしかして、いま暇ですか？よかったら一緒にご飯を食べませんか。
   → 혹시 지금 한가합니까? 괜찮다면 함께 밥을 먹지 않겠습니까?

2. 駅で偶然友だちに会った。
   → 역에서 우연히 친구를 만났다.

3. あなたの突然の訪問に驚きました。
   → 당신의 갑작스러운 방문에 놀랐습니다.

4. うちの子があんなことするなんて、信じられない。
   → 우리 집 아이가 그런 짓을 하다니, 믿을 수 없다.

5. ちょうどいいサイズのズボンが見つからなかった。
   → 딱 좋은 사이즈의 바지가 발견되지 않았다.

어휘 표현

□ もしかして 혹시 □ 暇 한가함 □ 一緒に 함께 □ ご飯 밥 □ 駅 역 □ 偶然 우연
□ 突然 돌연 □ 訪問 방문 □ 驚く 놀라다 □ ～なんて ～하다니 □ 信じる 믿다
□ ちょうど 마침, 딱 □ 見つかる 발견되다

unit. 12 出会い (만남)

어휘연습

어휘	읽기	의미
偶然		
驚く		
同僚		
免許証		
倒れる		
連絡		
賛同		

작문연습

1. 혹시 박물관은 오늘 정기 휴일입니까?

2. 우연히 백화점 앞에서 친구를 만났다.

3. 성적이 우수한 스기모토 씨가 시험에 떨어졌다고 해서 놀랐습니다.

4. 마침 그녀에게 전화하려고 생각했습니다.

 문제풀이

어휘	읽기	의미
偶然	ぐうぜん	우연
驚く	おどろく	놀라다
同僚	どうりょう	동료
免許証	めんきょしょう	면허증
倒れる	たおれる	쓰러지다
連絡	れんらく	연락
賛同	さんどう	찬동

1. もしかして、博物館は今日、定休日ですか。

2. 偶然デパートの前で友だちに会った。

3. 成績の優秀な杉本さんが試験に落ちたそうで驚きました。

4. ちょうど彼女に電話しようかと思っていました。

島津久光(시마즈 히사미쯔)-2

お由羅の方(오유라노카타)가 저주를 걸었다는 대소동?

나리아키라 파가 불리했던 요소가 또 한 개 있다. 그것은 다음의 후계 문제이다. 실은 나리아키라의 자식의 대부분은 빨리 죽어서, 딸 3명만 살아있었다. 한편, 히사미쯔는 남자아이가 많이 태어나서, 다음의 후계를 생각한다면, 히사미쯔를 차기 번주로 하는 편이 후계를 위해서도 좋았다. 그것에 반해 나리아키라 파는, 「나리아키라의 자식이 빨리 죽은 것은, 히사미쯔의 어머니・오유라노카타가 저주를 걸었기 때문이다」고 생각하여, 오유라노카타와 히사미쯔를 암살하려고 했다.

오유라노카타는 원래 서민이었지만, 나리오키가 좋아해서 다이묘의 첩이 되는 크나큰 출세를 한 인물이다. 게다가 현 번주인 나리오키는 아들인 히사미쯔를 차기 번주로 하려고 했고, 당연히 어머니인 오유라노카타도 그것을 바랐다. 그러나 저주까지 한 것인지 어떤지는 확실하지는 않고, 어디까지나 소문에 불과했다.

이 나리아키라 파의 암살계획은 사전에 새어나가, 赤山靭負(아카야마 유키에)등의 주모자 몇 명이 할복하고, 관계자 50명 정도가 귀양을 간다. 이것으로 히사미쯔가 차기 번주로 정해졌다고 생각되었지만, 나리아키라 파의 일부가 나리오키의 작은 할아버지이고 후쿠오카 번주인 黒田長溥(쿠로다 나가히로)를 이용하여 사태를 급변시킨다.

黒田(쿠로다)는 시마즈가에 소동이 일어났다고 막부의 로주 상좌・阿部正弘(아베 마사히로) 에게 도움을 구하고, 그 결과, 아베 마사히로는 나리오키를 은퇴시키는 편이 좋다고 생각하여, 나리오키에게 다기를 보낸다. 이것의 의미는 「이제 나이가 들었으니, 앞으로는 은퇴하여 차라도 즐기는 것은 어때?」라는 표시였고, 막부에서 지시한 것이어서 나리오키도 어쩔 수 없이 은퇴를 해야만 했다. 이렇게 해서 시마즈 나리아키라가 제11대 번주로 정해진다.

▲ 아베 마사히로 초상

▲ 대하드라마 "세고돈" 오유라 극중 배우

▲ 쿠로다 나가히로의 무덤

알고 보면 재밌는 메이지유신 | 235

別れ (이별)

본문회화

A : もう時間が遅くなってしまいましたね。

B : こんな時間だったのですね。

A : 次の約束があるので、失礼させていただきたいのですが、よろしいですか。

B : 残念ですが、仕方がないですね。

A : 話の続きは、今度お会いした時にします。

B : ぜひそうしてください。

A : では、またお会いしましょう。

B : 気をつけてお帰りください。

어휘 표현

- □ 別れ 이별, 헤어짐　□ 遅い 늦다　□ 次 다음　□ 約束 약속　□ 失礼 실례
- □ 동사사역형+〜ていただく 겸양표현(〜하겠다)　□ 残念 유감
- □ 仕方がない 어쩔 수가 없다　□ 話 이야기　□ 続き 계속　□ 今度 다음 번
- □ ぜひ 꼭　□ 気を付ける 주의하다, 조심하다　□ 帰る 귀가하다

 본문 해석

A : 벌써 시간이 늦어버렸습니다.
B : 시간이 이렇게 되었군요.
A : 다음 약속이 있으니 실례하고 싶습니다만, 괜찮습니까?
B : 유감입니다만, 어쩔 수가 없군요.
A : 이어지는 이야기는 다음 번에 만났을 때에 하겠습니다.
B : 꼭 그렇게 해 주세요.
A : 그럼 또 만납시다.
B : 조심해서 귀가하세요.

 본문 상세 설명

A : もう時間が遅くなってしまいましたね。

「〜てしまう」는「〜해 버리다」라는 의미인데, 축약을 해서「ちゃう」라고 합니다. 그래서「〜てしまいます」는「ちゃいます」와 같은 의미입니다. 예문을 보겠습니다.
「甘いものを食べすぎて太っちゃいました:단 것을 너무 먹어서 살이 쪄버렸습니다」
「夜遅く寝ちゃいました:밤늦게 자버렸습니다」입니다.

B : こんな時間だったのですね。

「こんな時間だった」는「벌써 시간이 늦어버렸다」는 의미입니다.「時間が経つ:시간이 흐르다」도 같이 알아둡시다.

A : 次の約束があるので、失礼させていただきたいのですが、よろしいですか。

「동사사역형+〜ていただく」는「겸양표현」으로서,「〜하겠다」는 의미입니다. 두 개의 예문을 보겠습니다.
「寒いので窓を閉めさせていただきます:추우니 창문을 닫겠습니다」
「もうこんな時間なので帰らせていただきます:시간이 이렇게 늦었으니 돌아가겠습니다」입니다.

unit. 13 別れ (이별)

B : 残念ですが、仕方がないですね。
「残念」은 「유감」이라는 뜻이고, 「残念ながら」는 「유감이지만」이라는 의미입니다. 두 개의 예문을 보겠습니다.
「残念ながら卒業式は中止となりました:유감이지만, 졸업식은 중지가 되었습니다」
「残念ながら雨で子供たちは行けなかった:유감이지만 비가 내려 아이들은 갈 수 없었다」입니다.

A : 話の続きは、今度お会いした時にします。
「今度」는 「이번, 다음 번」이라는 의미입니다. 본문의 「今度お会いした時にします」는 「다음 번에 한다」라는 의미입니다. 다른 예문을 보겠습니다.
「また今度行きましょう:또 다음 번에 가죠」입니다.

B : ぜひそうしてください。
그리고 「ぜひ」는 본인의 희망을 나타낼 때 사용하는 단어입니다. 「꼭, 반드시」라는 뜻인데, 다른 예문을 볼까요.
「ぜひ富士山に登りたい:꼭 후지산에 올라가고 싶다」
「ぜひ遊びに来てください:꼭 놀러 와 주세요」입니다.

A : では、またお会いしましょう。
내가 다른 사람을 만나는 것이므로 나의 행동입니다. 그래서 「お+동사ます형+する」라는 겸양표현 공식으로 문장을 나타낸 것입니다.

B : 気をつけてお帰りください。
돌아가는 사람은 다른 사람이므로 다른 사람의 행위입니다. 그래서 「お+동사ます형+ください」라는 존경표현 공식을 사용하였습니다. 한 개의 예문을 보도록 하겠습니다.
「ここでしばらくお待ちください:여기서 잠시 기다려 주세요」입니다. 기다리는 사람은 다른 사람이므로 나의 동작이 아닌, 다른 사람의 동작입니다. 그래서 존경표현 공식을 사용한 것입니다.

 응용표현

1. 村上春樹の本は、すべて読んでしまいました。
   → 무라카미 하루끼의 책은 전부 읽었습니다.

2. スケジュールを変更させていただきます。
   → 스케줄을 변경하겠습니다.

3. この話の続きはまた今度にしよう。
   → 이 이야기의 계속은 또 다음 번에 하자.

4. またどこかでお会いできる日を楽しみにしております。
   → 또 어딘가에서 만날 수 있는 날을 기대하고 있습니다.

5. 事故にあって帰りが遅くなった。
   → 사고를 당해서 귀가가 늦어졌다.

어휘 표현

☐ すべて 전부 ☐ 変更 변경 ☐ 동사사역형+～ていただく 겸양표현(～하겠다)
☐ 続き 계속 ☐ 今度 다음 번 ☐ 日 날 ☐ 楽しみ 기대 ☐ 事故にあう 사고를 당하다
☐ 帰り 귀가 ☐ 遅い 늦다

unit. 13 別れ (이별)

어휘연습

어휘	읽기	의미
次		
続き		
甘い 		
太る		
閉める		
中止		
登る		

작문연습

1. 시간이 벌써 이렇게 되었으니 슬슬 돌아갑시다.

2. 다음 스케줄이 있어서 오늘은 이쯤에서 실례하겠습니다.

3. 담당자가 없으니 어쩔 수가 없습니다.

4. 저도 꼭 오키나와에 가 보고 싶습니다.

문제풀이

어휘	읽기	의미
次	つぎ	다음
続き	つづき	계속
甘い	あまい	달다
太る	ふとる	살찌다
閉める	しめる	닫다
中止	ちゅうし	중지
登る	のぼる	오르다

1. もうこんな時間(じかん)なのでそろそろ帰(かえ)りましょう。

2. 次(つぎ)のスケジュールがあるので、今日(きょう)はこのへんで失礼(しつれい)させていただきます。

3. 担当者(たんとうしゃ)がいないから仕方(しかた)がないです。

4. 私もぜひ沖縄(おきなわ)に行(い)ってみたいです。

島津久光(시마즈 히사미쯔)-3

히사미쯔와 西郷隆盛(사이고 타카모리)의 관계는 나빴다?

할복을 당한 赤山靭負(아카야마 유키에)는 사이고와 친한 인물이었다. 아카야마를 잃은 사이고는 히사미쯔를 증오했고, 나리아키라가 차기 번주가 되는 것을 바랐다고 한다. 또 나중에 히사미쯔가 공무합체라는 야망을 이루기 위해 에도로 상경하려고 했을 때, 사이고는 「정치를 모르는 촌놈이 상경해도 소용없다」라는 취지의 발언을 하여, 히사미쯔를 격앙시킨다. 한편 히사미쯔도, 명령에 따르지 않는 사이고에게, 사형 다음으로 무거운 죄인 멀리 떨어진 섬으로 귀양을 보내는 등, 두 사람의 관계는 평생 개선되지는 않았다.

▲ 고치성

▲ 아카야마의 무덤

공무합체를 위해서 정계의 중심부에 진출! 성공과 좌절의 여정

나리아키라의 사후, 그가 남긴 유언에 따라, 히사미쯔의 아들인 타다요시가 시마즈가의 번주가 되고, 히사미쯔는 실질적으로 시마즈가의 최고권력자가 된다. 그리고 히사미쯔는 형인 나리아키라가 목표로 한「공무합체」를 이루기 위해, 군사를 이끌고 에도로 상경하려고 한다. 공무합체라고 하는 것은, 조정(천황)과 막부, 모든 번이 전원이 협력해서 정치를 행한다는 막정개혁(幕政改革)을 말한다.

히사미쯔는 어디까지나 막부에 대한 압력으로서 군사를 이끌고 갔기 때문에, 막부와 전쟁을 일으킬 생각은 전혀 없었지만, 사쯔마번의 과격 지사들은 이것을 히사미쯔의 의도와는 정반대로 받아들여, 寺田屋(데라다야)사건으로 연결되어 간다.

당시의 조정은 막부와 전쟁을 기획하는 사쯔마번의 과격파들의 움직임을 두려워했고, 히사미쯔에게 대처하도록 요구한다. 그래서 히사미쯔는 과격파에게 사쯔마번의 군사를 보내「사쯔마번 군사 VS사쯔마번 군사」의 같은 편까지 살상을 하는 寺田屋(데라다야) 사건이 일어 난다. 결과적으로 과격파를 진압하는 것에 성공했다.

재빠른 히사미쯔의 대처에 감명을 받은 조정은, 히사미쯔를 크게 신뢰한다. 신뢰를 얻은 히사미쯔는, 조정에서 막부정치를 개혁하기 위한 칙사로 수행하는 허락을 받고, 교토 도착 후는 막부정가와 공무합체의 교섭에 임한다. 그리고 慶喜(요시노부)를 쇼군 후견직으로 임명하는 것이 결정되고, 막부정가개혁은 성공한다(분큐의 개혁).

unit. 14 確認 (확인)

본문회화

A : 注文の確認をします。

B : はい。お願いします。

A : コーヒー1つとオレンジジュース1つでよろしいですか。

B : はい。

A : コーヒーはホット・コーヒーでよろしいですか。

B : ホットではなく、アイス・コーヒーでお願いします。

A : かしこまりました。ミルクと砂糖はどうしますか。

B : 両方ともください。

어휘 표현

□ 確認 확인   □ かしこまる 「分かる-알다」의 겸양어   □ 砂糖 설탕
□ 両方とも 양쪽 다

 **본문 해석**

A : 주문의 확인을 하겠습니다.
B : 예. 부탁합니다.
A : 커피 하나와 오렌지주스 하나로 되겠습니까?
B : 예.
A : 커피는 따뜻한 커피로 하시겠습니까?
B : 따뜻한 것이 아니고, 아이스커피로 부탁합니다.
A : 알겠습니다. 밀크와 설탕은 어떻게 하겠습니다.
B : 양쪽 다 주세요.

 **본문 상세 설명**

A : 注文の確認をします。
어려운 문장이 아니기에 어휘공부를 하도록 하겠습니다. 「注意:주의」 「発注:발주」 「文書:문서」 「文字:글자」 「確定:확정」 「確率:확률」 「承認:승인」 「認定:인정」 입니다.

B : はい。お願いします。
점원이 손님에게, 손님이 주문한 내용에 관해서 확인을 하자, 부탁한다고 손님이 대답한 것입니다.

A : コーヒー1つとオレンジジュース1つでよろしいですか。
「～でよろしいですか」는 「～으로 좋습니까?」 「～으로 되겠습니까?」 라는 의미입니다. 한 개의 예문을 보겠습니다.
「山田さん、これでよろしいですか:야마다 씨, 이것으로 되겠습니까?」 입니다.

B : はい。
일본어로 긍정과 부정의 대답에 대해서는 앞에서 충분히 공부를 하였습니다. 한 번 더 복습하자면 「はい」는 「ええ」와 같은 의미이며, 반말로는 「うん」이라고 합니다. 부정의 대답은 「いいえ」라고 하며, 반말로는 「いや」라고 합니다.

unit. 14 確認 (확인)

A ： コーヒーはホット・コーヒーでよろしいですか。
차가운 커피는「アイスコーヒー」라고 하며,「お勘定」와「お会計」는「계산」이라는 의미입니다. 따라서 가게에서「계산을 부탁합니다」라고 표현할 때는「お勘定お願いします」「お会計お願いします」라고 말합니다.

B ： ホットではなく、アイス・コーヒーでお願いします。
「명사와 な형용사」의 부정형은「ではない」혹은「でない」「じゃない」를 접속합니다. 기본적인 표현이지만 정확하게 알아두기 바랍니다.

A ： かしこまりました。ミルクと砂糖はどうしますか。
「かしこまる」는「分かる-알다」의 겸양표현으로서「了解する」와 같은 의미입니다.

B ： 両方ともください。
「両方とも」는「양쪽 다」라는 의미입니다. 두 개의 예문을 보겠습니다.
「両方とも同じ意味です:양쪽 다 같은 의미입니다」
「ドイツ語、英語、両方ともできません:독일어, 영어 양쪽 다 못합니다」입니다.

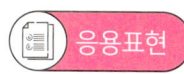 응용표현

1. こちらのほうでよろしいでしょうか。
   → 이쪽으로 괜찮겠습니까?

2. 大切なのは言葉ではなく心だ。
   → 중요한 것은 말이 아니고 마음이다.

3. おっしゃることはかしこまりました。
   → 말씀하신 것은 알겠습니다.

4. 二人とも図書館に行くことにした。
   → 두 사람 다 도서관에 가기로 했다.

5. 両者とも見事な成果を上げた。
   → 양 쪽 다 훌륭한 성과를 올렸다.

어휘표현
- □ 大切 중요함 □ 言葉 말 □ 心 마음 □ おっしゃる「言う-말하다」의 존경어
- □ かしこまる「分かる-알다」의 겸양어 □ ～とも ～다 □ 図書館 도서관
- □ 両者 양쪽 □ 見事だ 훌륭하다 □ 成果 성과 □ 上げる 올리다

unit. 14 確認 (확인)

어휘연습

어휘	읽기	의미
注文		
砂糖		
文書		
承認		
発注		
認定		
勘定		

작문연습

1. 거래처로부터 온 메일을 확인하겠습니다.

2. 검정색 두 개, 하얀색 세 개입니다.

3. 작은 것이 아니고, 큰 것입니다.

4. 양쪽 다 저의 취향과 맞지 않습니다.

문제풀이

어휘	읽기	의미
注文	ちゅうもん	주문
砂糖	さとう	설탕
文書	ぶんしょ	문서
承認	しょうにん	승인
発注	はっちゅう	발주
認定	にんてい	인정
勘定	かんじょう	계산

1. 取引先(とりひきさき)から送(おく)られたメールを確認(かくにん)します。

2. 黒(くろ)二(ふた)つ、白(しろ)三(みっ)つです。

3. 小(ちい)さいのではなく、大(おお)きいのです。

4. 両方(りょうほう)とも私の好(この)みと合(あ)いません。

島津久光(시마즈 히사미쯔)-4

나마무기사건에 의해 사쯔에이 전쟁 발발!

　文久の改革(분큐의 개혁)을 이룩한 히사미쯔이였지만, 사쯔마로 돌아오는 도중에, 히사미쯔의 행렬을 방해한 영국인을 벤 나마무기사건이 일어난다. 이 일에 격노한 영국과 사쯔마번 사이에서 사쯔에이 전쟁이 일어나는데, 그 대처를 위해 히사미쯔는 모처럼 영향력을 가졌던 막부정치에서 일단 손을 떼게 된다.

　8월 8일의 정변으로 초슈번을 추방하는 것과, 공무합체도 실현하지 못한 히사미쯔가 사쯔에이 전쟁에 몰두하는 동안, 교토에서는 존왕양이를 내건 초슈번이 힘을 키우고 있었고, 조정도 존왕양이 파에 집어 먹히기 직전이었다. 위험을 감지한 히사미쯔는 「8월 8일의 정변」이라는 쿠데타를 일으켜, 초슈번을 교토에서 추방하고, 공무합체를 위해서 재차 행동을 시작한다.

　히사미쯔는 공무합체의 핵심인, 조정에서 임명한 모든 번의 다이묘로 구성된 참여회의를 성립시키려고 하지만, 히사미쯔의 대두를 싫어했던 요시노부의 획책에 의해 불과 몇 개월만에 와해된다. 공무합체에 실패하여 실망한 히사미쯔는, 小松帯刀(코마츠 타테와키)와 西郷隆盛(사이고 타카모리)에게 뒤를 맡기고, 사쯔마에 돌아가 3년간 틀어박힌다.

▲ 코마츠 타테와키

▲ 나마무기사건

▲ 818정변의 흔적지 (하마구리고몬)

▲ 818정변의 흔적지
　(하마구리고몬 총탄자국)

unit. 15 伝聞 (전문)

본문회화

A : 来月、兄が日本に来るそうです。

B : ぜひお会いしたいです。お兄さんは観光で来られるのですか。

A : いいえ、仕事だそうです。

B : そうですか。せっかくだから少し観光もできるといいですね。

A : 本当ですね。最後の1日はフリーだと聞いています。

B : それはよかったです。

A : 私と一緒に観光したいそうです。

B : ぜひ楽しんでください。

어휘 표현

- 伝聞(でんぶん) 전문
- 来月(らいげつ) 다음달
- 兄(あに) 나의 형, 오빠
- お兄(にい)さん 다른 사람의 형, 오빠
- 観光(かんこう) 관광
- 仕事(しごと) 일
- せっかく 모처럼
- 少(すこ)し 조금
- 本当(ほんとう) 정말
- 最後(さいご) 마지막
- 聞(き)く 듣다
- 一緒(いっしょ)に 함께
- 楽(たの)しむ 즐기다

본문 해석

A : 다음달에 형이 일본에 온다고 합니다.
B : 꼭 뵙고 싶군요. 형님은 관광으로 오십니까?
A : 아뇨, 일 때문에 온다고 합니다.
B : 그렇습니까? 모처럼이니 조금 관광도 할 수 있으면 좋겠군요.
A : 정말이에요. 마지막 하루는 자유롭다고 들었습니다.
B : 그건 다행이군요.
A : 저와 함께 관광하고 싶다고 합니다.
B : 꼭 즐겨 주세요.

본문 상세 설명

A : 来月、兄が日本に来るそうです。
「来月」는 「다음달」입니다. 「月」과 관련된 표현을 공부해 보도록 하겠습니다. 「先々月:지 지난달」 「先月:지난달」 「今月:이번 달」 「来月:다음달」 「再来月:다 다음달」 입니다.

B : ぜひお会いしたいです。お兄さんは観光で来られるのですか。
「来られる」는 「来る」의 수동형인데 「존경」의 의미입니다. 「수동형」은 「존경, 가능, 수동, 자발」의 의미를 가지고 있는데, 이 문장에서는 「존경」의 표현으로 사용되었습니다. 두 개의 예문을 보겠습니다.
「部長は明日の会議に行かれますか:부장님은 내일 회의에 가십니까?」
「社長は、若いころ苦労されました:사장님은 젊었을 때 고생하셨습니다」 입니다.

A : いいえ、仕事だそうです。
「~だそうです」는 「~라고 합니다」라는 「전문용법」의 표현입니다. 두 개의 예문을 보겠습니다.
「来週も雨だそうです:다음주도 비가 내린다고 합니다」
「駅前の店は高いそうです:역 앞의 가게는 비싸다고 합니다」 입니다.

unit. 15 伝聞 (전문)

B : そうですか。せっかくだから少し観光もできるといいですね。
「せっかく」는 「모처럼」이라는 의미를 가진 「부사」입니다. 두 개의 예문을 보겠습니다.
「せっかくのお誘いですが、先約があるため参加できません:모처럼의 권유입니다만, 선약이 있어서 참가할 수 없습니다」
「せっかく来たのに誰もいなかった:모처럼 왔는데 아무도 없었다」입니다.

A : 本当ですね。最後の1日はフリーだと聞いています。
「最後」는 「최후」라는 한자를 사용하지만, 일본어에서는 「마지막」이라는 의미로 굉장히 많이 사용됩니다. 한 개의 예문을 보겠습니다.
「これで面接は終わりますが、最後に一言ありますか:이것으로 면접은 끝납니다만, 마지막으로 한마디 있습니까?」입니다.

B : それはよかったです。
「그건 다행이군요」라는 문장인데 「よかった」는 앞에서 여러 번 배웠던 표현입니다.

A : 私と一緒に観光したいそうです。
「そうです」는 앞의 문장과 마찬가지로 「전문」 용법입니다. 두 개의 예문을 더 보겠습니다.
「あの町は静かだそうです:저 마을은 조용하다고 합니다」
「友だちもレポートを忘れたそうです:친구도 리포트를 잊었다고 합니다」입니다.

B : ぜひ楽しんでください。
「ぜひ」는 「꼭, 반드시」라는 의미이며, 「본인의 희망」을 나타낼 때 사용하는 단어라고 설명하였습니다. 예문을 보겠습니다.
「おもしろいムービーですので、ぜひご覧ください:재미있는 영화이니 꼭 봐주세요」입니다.

 응용표현

1. 杉本さんは３月２０日に当館へ遊びに来られました。
   → 스기모토 씨는 3월 20일에 당 관에 놀러 오셨습니다.

2. 課長を訪ねて来られたお客様が応接室でお待ちです。
   → 과장님을 방문해 오셨던 손님이 응접실에서 기다리십니다.

3. 最後の大統領候補討論会を見て、選択肢が変わった。
   → 마지막 대통령 후보 토론회를 보고 선택지가 바뀌었다.

4. ご契約以外のチャンネルもフリーでお楽しみいただけます。
   → 계약 이외의 채널도 무료로 즐길 수 있습니다.

5. 彼と一緒にいると眠たくなる。
   → 그와 함께 있으면 졸린다.

어휘 표현
- ☐ 当館 당 관 ☐ 遊ぶ 놀다 ☐ 課長 과장 ☐ 訪ねる 방문하다 ☐ お客様 손님
- ☐ 応接室 응접실 ☐ 待つ 기다리다 ☐ 最後 마지막 ☐ 大統領 대통령 ☐ 候補 후보
- ☐ 討論会 토론회 ☐ 選択肢 선택지 ☐ 変わる 바뀌다 ☐ 契約 계약 ☐ 以外 이외
- ☐ フリー 무료 ☐ 眠い 졸리다

중급_第１５課　伝聞 (전문) | 255

unit. 15 伝聞 (전문)

어휘연습

어휘	읽기	의미
観光		
若い		
苦労		
面接		
一言		
町		
忘れる		

작문연습

1. 아이 혼자서 버스를 타고 왔다고 합니다.

2. 꼭 그녀를 만나서 데이트를 하고 싶습니다.

3. 모처럼 오셨는데 아무 것도 할 수 없어서 죄송했습니다.

4. 그의 마지막 한마디에 감동을 받았습니다.

문제풀이

어휘	읽기	의미
観光	かんこう	관광
若い	わかい	젊다
苦労	くろう	고생
面接	めんせつ	면접
一言	ひとこと	한마디
町	まち	마을
忘れる	わすれる	잊다

1. 子供一人でバスに乗って来たそうです。

2. ぜひ彼女に会ってデートしたいです。

3. せっかく来たのに何もできなくて申し訳ございませんでした。

4. 彼の最後の一言に感心させられました。

島津久光(시마즈 히사미쯔)-5

막부타도에 반대하고, 신정부에 계속 항의를 한 히사미쯔

일단 사쯔마에 은둔하려고 돌아온 히사미쯔였지만, 아직 공무합체를 포기하지 않고, 한번 더 에도로 상경하여, 松平春嶽(마쯔다이라 슌가쿠), 山内容堂(야마우치 요도), 伊達宗城(다테 무네나리) 등과 함께「四侯会議(4후회의)-4명의 제후들의 회의」를 열려고 했다. 그러나, 또 요시노부가 방해를 하여, 이것에 의해 히사미쯔는 공무합체를 단념. 이때부터 사이고 타카모리 등의 주도 하에, 사쯔마번은 막부토벌을 향해서 키를 잡게 된다.

▲ 마쯔다이라 슌가꾸

▲ 다테 무네나리

▲ 야마우찌 요도

사실은 싫어했지만 막부토벌에 협력

어디까지나 조정과 막부정가, 모든 번의 공무합체가 목표였던 히사미쯔는, 막부토벌에는 반대의 입장이었다고 한다. 그러나 막부토벌을 위해 출병명령이 조정에서 내려지고 나서는 그것에 따르지 않을 수는 없었고, 결과로서 막부토벌에 협력하는 것이 되었다는 것은 어불성설이다. 막부토벌 후, 사이고 등이 이끄는 메이지정부에 의해 전국의 다이묘가 소유하는 토지랑 백성을 정부에 반환한다는 페번치현(廃藩置県)이 실시되었다. 이것에 히사미쯔는 격노하여, 항의하는 의미를 담아, 밤새도록 불꽃놀이를 했다고 한다. 구 다이묘이고 페번치현(廃藩置県)에 반대한 인물은 히사미쯔뿐이었다고 하니, 역시 사이고에 반대하는 원망이 이 불꽃의 항의에 반영되었을지도 모른다.

신정부의 관직을 받았지만 사임

메이지정부는 막부토벌의 공로자인 히사미쯔에게 새로운 정책을 이해해 달라고, 몇 번이나 상경을 의뢰하지만, 히사미쯔는 완강히 거부한다. 설득한지 5년이 지나 겨우 상경한 히사미쯔는, 내각고문이랑 좌대신(左大臣)에 임명된다. 그러나 신정부와 충돌을 계속한 히사미쯔는 관직을 사임하고 가고시마로 돌아온다.

어디까지나 전통적인 일본을 중시했던 히사미쯔는, 신정부가 발표한 「단발령」과 「폐도령」을 완전히 무시하고, 한평생, 머리를 깎지 않고, 허리에 칼을 차는 것도 그만두지 않았다고 한다.

히사미쯔의 말년

히사미쯔의 말년은, 시마즈가의 사료에 관한 편찬을 하며, 여생을 보냈다고 한다. 전통과 국학을 좋아한 히사미쯔다운 말년이라고 할 수 있다. 증오했던 사이고 타카모리가 일으킨 내란·西南戦争(세이난 전쟁)에도 관여하지도 않았다. 1887년, 향년 71세로 히사미쯔는 그 생애를 마치고, 가고시마에서 국장된다. 막부토벌에 협력하는 모양새는 되었지만, 마지막까지 전통적인 일본을 중시한 인물이었다.

unit.1 謝罪 (사죄)

본문회화

A: ちょっとぶつかりましたよ。

B: ごめんなさい。

A: いくら急いでいても、注意してください。

B: 本当にすみませんでした。どこか痛いところはありますか。

A: あなたのひじが私の腕にぶつかったので少し痛いです。

B: 大丈夫ですか。

A: 少し痛いだけなので、時間が経ったら大丈夫かと思います。

B: 私の不注意で申し訳ありませんでした。

A: 今後は気をつけてください。

B: はい、わかりました。

어휘 표현

- 謝罪 사죄
- ぶつかる 부딪히다
- いくら~ても 아무리~해도
- 急ぐ 서두르다
- 注意 주의
- 本当に 정말로
- 痛い 아프다
- ひじ 팔꿈치
- 腕 팔
- 少し 조금
- 大丈夫だ 괜찮다
- 経つ 경과하다
- 不注意 부주의
- 申し訳ない 죄송하다
- 今後 앞으로
- 気をつける 주의하다

A : 좀 부딪혔어요.
B : 죄송합니다.
A : 아무리 급해도 주의해 주세요.
B : 정말로 죄송했습니다. 어딘가 아픈 곳은 있습니까?
A : 당신의 팔꿈치가 저의 팔에 부딪혀서 조금 아픕니다.
B : 괜찮습니까?
A : 조금 아플 뿐이니, 시간이 지나면 괜찮을 거라고 생각합니다.
B : 저의 부주의로 죄송했습니다.
A : 앞으로는 주의해 주세요.
B : 예, 알겠습니다.

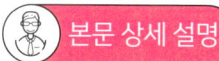

A : ちょっとぶつかりましたよ。

「ぶつかる」는 「부딪히다」는 「자동사」이고, 「ぶつける」는 「부딪다」라는 「타동사」입니다. 각각의 예문을 보겠습니다.
「車が電柱にぶつかった:자동차가 전봇대에 부딪혔다」
「タンスの角に足をぶつけた:옷장의 모서리에 다리를 부딪혔다」 입니다.

B : ごめんなさい。

「ごめんなさい」 와 「ごめんください」 는 정확하게 구분을 해야 합니다. 「ごめんなさい」 는 「사과」를 할 때 사용하는 표현이지만, 「ごめんください」 는 가게나 다른 사람의 집에 가서 「아무도 안 계십니까?」 「실례합니다」 라는 의미로 사용됩니다. 이처럼 일본어는 뉘앙스의 정확한 구분이 중요하다는 것을 명심하세요.

A : いくら急いでいても、注意してください。

「いくら～ても」 는 「아무리～해도」 라는 뜻입니다. 두 개의 예문을 보겠습니다.
「いくら食べてもお腹がいっぱいにならない:아무리 먹어도 배가 부르지 않는다」
「いくら電話しても受けなかった:아무리 전화해도 받지 않았다」 입니다.

B : 本当にすみませんでした。どこか痛いところはありますか。

unit. 1   謝罪 (사죄)

「ところ」는 「장소」라는 의미도 있지만, 「부분, 곳, 쪽」이라는 의미도 있습니다. 두 개의 예문을 보겠습니다.
「玄関は右のところにあります:현관은 오른쪽에 있습니다」
「ここはどんなところですか:이곳은 어떤 곳입니까?」입니다.

A : あなたのひじが私の腕にぶつかったので少し痛いです。
다양한 신체부위가 나와 있습니다. 관련된 어휘를 공부해 보겠습니다. 「ひじ:팔꿈치」 「腕:팔」 「額:이마」 「腰:허리」 「お尻:엉덩이」 「背中:등」 「膝:무릎」입니다.

B : 大丈夫ですか。
부상의 정도에 대해서 묻는 것인데, 「괜찮습니까?」 「문제없습니까?」라는 뜻입니다.

A : 少し痛いだけなので、時間が経ったら大丈夫かと思います。
「時間が経つ」는 「시간이 흐르다」라는 의미입니다. 그리고 「だけ」는 「한정」을 나타내는 조사인데, 「だけでなく:뿐만 아니라」라는 단어도 같이 알아두세요. 예문을 보겠습니다. 「このゲームはストーリーだけでなく、音楽も最高だ:이 게임은 스토리뿐만 아니라 음악도 최고다」입니다.

B : 私の不注意で申し訳ありませんでした。
「不注意」는 「부주의」라는 뜻으로 「不(불)」이 접두어로 들어가는 단어를 알아보겠습니다. 「不可能:불가능」 「不平等:불평등」 「不必要:불필요」 「不一致:불일치」 「不景気:불경기」 「不満足:불만족」 「不器用:재주가 없음」 「不完全:불완전」입니다.

A : 今後は気をつけてください。
「今後」는 「앞으로」라는 의미로 「これから」와 같은 뜻입니다. 두 개의 예문을 보겠습니다. 「今後はこのようなことがないように注意いたします:앞으로는 이런 일이 없도록 주의하겠습니다」 「今後は充分注意いたします。申し訳ございませんでした: 앞으로는 충분히 주의하겠습니다. 죄송했습니다」입니다.

 응용표현

1. 路上を歩いていた女性にぶつかりました。
   → 노상을 걷고 있던 여성에게 부딪혔습니다.

2. いくら話しても、分かってくれない。
   → 아무리 이야기해도 알아주지 않는다.

3. 午前１０時にミーティングがあるので急いでいる。
   → 오전 10시에 미팅이 있으니 서두르고 있다.

4. この小さな看板だけなので、つい見落としてしまった。
   → 이 작은 간판뿐이어서 그만 놓쳐버렸다.

5. ドアに鍵をかけ忘れるなんて不注意でした。
   → 문에 열쇠를 채우는 것을 잊다니, 부주의했습니다.

어휘 표현

- 路上 노상　　歩く 걷다　　女性 여성　　ぶつかる 부딪히다
- いくら～ても 아무리～해도　　分かる 알다　　午前 오전　　急ぐ 서두르다
- 小さな 작은　　看板 간판　　つい 그만, 깜박　　見落とす 못 보고 놓치다, 간과하다
- 鍵 열쇠　　かけ忘れる 채우는 것을 잊다　　～なんて ～하다니　　不注意 부주의

謝罪 (사죄)

어휘연습

어휘	읽기	의미
急ぐ		
注意		
腕		
経つ		
玄関		
不平等		
充分		

작문연습

1. 아무리 배가 고파도 남의 것을 먹어서는 안 된다.

2. 서둘러 출발하면 전철시간에 맞습니다.

3. 자동차에 부딪힌 곳이 매우 아픕니다.

4. 시간이 지나면 아픈 곳도 낫겠죠.

문제풀이

어휘	읽기	의미
急ぐ	いそぐ	서두르다
注意	ちゅうい	주의
腕	うで	팔, 솜씨
経つ	たつ	경과하다
玄関	げんかん	현관
不平等	ふびょうどう	불평등
充分	じゅうぶん	충분

1. いくらお腹がすいても人の物を食べてはいけない。

2. 急いで出発したら電車の時間に間に合います。

3. 自動車にぶつかったところがとても痛いです。

4. 時間が経ったら痛いところも治るでしょう。

お龍(오료)-1

坂本龍馬(사카모토 료마)의 아내로서 알려져 있는 오료.

그녀는 료마와 결혼한 후, 교토의 여관·寺田屋(테라다야)에서 습격을 받은 그를 구하고, 일본 최초의 신혼여행을 갔다는 에피소드의 주인공이다. 그런 그녀는 어떤 인물일까?

오료의 본명은 楢崎龍(나라사키 료)이며, 아버지는 황족의 青蓮院(쇼렌인) 궁가가 고용한 주치의였다. 즉, 가계로서는 유복한 집안의 출신이었다. 미인이고 프라이드가 강한 여성이었던 것은 이런 집안의 배경이 있었을

▲ 오료 초상

지도 모른다. 그러나 다이로·井伊直弼(이이 나오스케)가 도쿠가와 요시노부를 14대 쇼군으로 하려고 하는 일파를 탄압한 安政の大獄(안세이노 다이고쿠)로 감옥에 들어가, 거기서 사망했다. 그렇기 때문에 가족 모두가 가난한 생활에 처해지게 된다. 그런 속에서 여동생들이 속아서 매춘부로 팔려가게 되었다. 이때, 오료는 칼을 들고 유녀방으로 쳐들어가, 여동생들을 구했다. 나중에 료마가 편지에 「죽을 각오로 칼을 가슴에 품고 싸움을 하고…」라고 썼을 정도로 기개가 강했던 것 같다.

이처럼 강경한 성격이었던 오료이지만, 다도랑 서예, 향도(香道-향을 피워 향내를 즐기는 예도) 등을 즐기고, 놀이랑 예술도 아주 좋아하는 여성이었다. 단, 가사는 서툴러서, 료마에게는 재미있는 여성이었더라도 「현모양처」같은 타입은 아니었던 같다.

寺田屋(테라다야)에서 대담한 행동

오료는 료마와 결혼하고, 교토의 여관·테라다야에서 일을 하기 시작했다. 이 테라다야는, 사쯔마번의 시마즈 히사미쯔의 지시로, 존왕양이파(천황을 중심으로, 외국인을 추방해야만 한다는 생각)의 번사들이, 같은 사쯔마 번사에 의해서 살해된「寺田屋(테라다야)소동」이 일어난다. 그 4년 후, 이번에는 엄청나게 사이가 나빴던 사쯔마번과 초슈번의 동맹을 중재했던 료마가 습격을 받는다. 이것이 세상에 알려진『寺田屋(테라다야)에서의 료마습격사건』이다..

처음에 이상한 낌새를 알아차린 것은 오료였다. 목욕을 하고 있었던 오료는 밖에서 수상한 소리가 들리자, 목욕탕의 창밖을 보니 창을 든 관리가 몇 명이나 대기하고 있었다. 오료는 목욕탕에서 벌거벗은 채로 계단을 뛰어올라가(료마는 2층에 있었음) 료마에게 급히 알렸다. 료마는 가지고 있던 총으로 몇 명의 관리들을 죽이지만, 그 숫자가 많았기에, 난투 끝에 양 손이 칼에 베인다. 료마는 오료를 데리고 데라다야를 빠져나와서 도움을 구하자, 사쯔마번사에게 도움을 받아, 사쯔마번의 저택으로 도망갈 수가 있었다.

▲ 오료 무덤이 있는 신교지

▲ 오료 무덤

unit. 2 感謝 (감사)

본문회화

A : もし体調が悪いようでしたら、こちらの席にお座りください。

B : どうもありがとうございます。

A : 大丈夫ですか。救急車を呼びましょうか。

B : お気遣いありがとうございます。少しこのままで休んでいます。

A : そうですか。お水でもお持ちしましょうか。

B : お願いします。

A : はい、お水です。少し気分は良くなりましたか。

B : はい。大分良くなりました。

A : それは良かったです。

B : この度は本当にお世話になりました。あなたのおかげで、とても助かりました。とても感謝しています。

어휘 표현

- 感謝(かんしゃ) 감사　□ 体調(たいちょう) 몸 상태　□ 席(せき) 좌석　□ 座る(すわる) 앉다
- 大丈夫(だいじょうぶ)だ 문제없다, 괜찮다　□ 救急車(きゅうきゅうしゃ) 구급차　□ 呼ぶ(よぶ) 부르다
- 気遣い(きづかい) 마음 씀씀이, 배려　□ 少し(すこし) 조금　□ 休む(やすむ) 쉬다　□ 水(みず) 물　□ 気分(きぶん) 기분, 상태
- 大分(だいぶ) 꽤, 상당히　□ この度(たび) 이번　□ 本当(ほんとう)に 정말로　□ お世話(せわ)になる 신세를 지다
- 助(たす)かる 도움이 되다

본문 해석

A : 혹시 컨디션이 나쁜 것 같으면 이쪽의 좌석에 앉으세요.
B : 대단히 감사합니다.
A : 괜찮습니까? 구급차를 부를까요?
B : 배려에 감사합니다. 조금 이대로 쉬고 있겠습니다.
A : 그렇습니까? 물이라도 가져다 드릴까요?
B : 부탁합니다.
A : 예, 물 여기 있습니다. 조금 상태는 좋아졌습니까?
B : 예. 상당히 좋아졌습니다.
A : 그건 다행이군요.
B : 이번에는 정말로 신세를 졌습니다. 당신 덕분에 매우 도움이 되었습니다. 정말로 감사드립니다.

본문 상세 설명

A : もし体調が悪いようでしたら、こちらの席にお座りください。

「もし+가정형」은「만일~라면」이라는 뜻입니다. 그리고「体調」는「몸 상태」라는 의미입니다. 각각의 예문을 보도록 하겠습니다.
「もし明日晴れたら散歩に行こう:만일 내일 맑으면 산책 가자」
「原因不明の体調不良に悩む女性が増えています:원인불명의 컨디션 불량으로 고민하는 여성이 늘고 있습니다」입니다.

B : どうもありがとうございます。

「どうも」는「매우」라는 의미도 있지만,「아무래도」라는 뜻도 있습니다. 예문을 보겠습니다.「どうもこの人の話し方が変だ:아무래도 이 사람의 말투가 이상하다」입니다.

A : 大丈夫ですか。救急車を呼びましょうか。

이 문장은 어려운 표현이 없으니 어휘공부를 해 보겠습니다.「救援:구원」「救助:구조」「特急:특급」「車線:차선」「停車:정차」입니다.

B : お気遣いありがとうございます。少しこのままで休んでいます。

「気遣い」는「마음 씀씀이, 배려」라는 의미입니다. 두 개의 예문을 보겠습니다.
「気遣いができる人を目指しましょう:배려를 할 수 있는 사람을 목표로 합시다」
「女性からモテる男性は意識しなくても女性への気遣いが自然にできる:여성에게

unit. 2 感謝 (감사)

인기가 있는 남성은 의식하지 않아도 여성에 대한 배려가 자연스럽게 생긴다」입니다.

A : そうですか。お水でもお持ちしましょうか。
「お+동사ます형+する」는 겸양표현 공식인데, 물을 들고 오는 사람이 말하는 사람 자신이기에 겸양공식을 사용한 것입니다.

B : お願いします。
상대방의 제안에 기꺼이 응하는 표현이므로 부탁한다는 문장을 사용하였습니다.

A : はい、お水です。少し気分は良くなりましたか。
「気分」은「기분」이라는 의미도 있지만,「몸 상태, 컨디션」이라는 뜻도 있습니다. 두 개의 예문을 보겠습니다.「少し休んだら気分がよくなった:조금 쉬었더니 몸 상태가 좋아졌다」「よく寝たので気分がいい:잘 잤기 때문에 컨디션이 좋다」입니다.

B : はい。大分良くなりました。
「大分」는「꽤, 상당히」라는 부사로서「かなり・とても」와 같은 의미입니다. 예문을 보겠습니다.「1月になって大分寒くなりました:1월이 되어 상당히 추워졌습니다」입니다.

A : それは良かったです。
몸 상태가 좋아졌다는 것에 대해서「그건 다행이다」고 하면서 염려를 했다는 것을 나타내는 문장입니다.

B : この度は本当にお世話になりました。あなたのおかげで、とても助かりました。とても感謝しています。
「この度」는「이번」이라는 의미이고「助かる」는「도움이 되다」는 의미입니다.
「この度は、ご親切に対応していただき、まことにありがとうございました:이번에는 친절하게 대응해 주셔서 진심으로 감사했습니다」
「あの人は本当に気がきいて、こちらがいちいち言わなくてもいいから助かる:저 사람은 정말로 눈치가 빨라서, 내가 일일이 말하지 않아도 되니 도움이 된다」입니다.

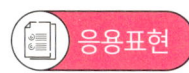 응용표현

1. もし興味があれば、申し込んでください。
    → 만일 흥미가 있으면 신청해 주세요.

2. 天気予報によると、明日はどうも雨らしい。
    → 일기예보에 의하면, 내일은 아무래도 비가 내릴 것 같다.

3. お気遣い感謝します。
    → 배려 감사합니다.

4. 風邪薬を飲んだので大分よくなりました。
    → 감기약을 먹어서 상당히 좋아졌습니다.

5. この度はお取引いただきありがとうございます。
    → 이번에는 거래해 주셔서 감사합니다.

어휘 표현

- もし 만일
- 興味(きょうみ) 흥미
- 申(もう)し込(こ)む 신청하다
- 天気予報(てんきよほう) 일기예보
- 〜によると 〜에 의하면
- どうも 아무래도
- 雨(あめ) 비
- 気遣(きづか)い 마음 씀씀이, 배려
- 感謝(かんしゃ) 감사
- 風邪薬(かぜぐすり)を飲(の)む 감기약을 먹다
- 大分(だいぶ) 꽤, 상당히
- この度(たび) 이번
- 取引(とりひき) 거래

unit. 2　感謝 (감사)

어휘연습

어휘	읽기	의미
座る		
救急車		
大分		
この度		
助かる		
意識		
対応		

작문연습

1. 만일 감기 걸렸다면 오늘은 쉬어도 좋습니다.

2. 구급차를 타고 병원에 갔습니다.

3. 이대로 평화로운 나날이 계속되었으면 좋겠습니다.

4. 교수님의 조언은 매우 도움이 되었습니다.

문제풀이

어휘	읽기	의미
座る	앉다	すわる
救急車	구급차	きゅうきゅうしゃ
大分	매우, 꽤	だいぶ
この度	이번	このたび
助かる	도움이 되다	たすかる
意識	의식	いしき
対応	대응	たいおう

1. もし風邪を引いたら今日は休んでもいいです。

2. 救急車に乗って病院に行きました。

3. このまま平和な日々が続くといいです。

4. 教授の助言はとても役に立ちました。

알고 보면 재밌는 메이지유신

お龍(오료)-2

료마의 상처를 치료하기 위해 온천으로…일본최초의 신혼여행

양손에 상처를 입은 료마는 西郷隆盛(사이고 타카모리)랑 小松帯刀(코마츠 타테와키) 등의 소개로 온천으로 부상을 치료하기 위해 오료와 함께 사쯔마에 가게 된다. 당시는 부부가 여행을 하는 것은 드문 시절이었다. 그래서, 이것이 일본최초의 신혼여행이라고 불린다. 료마와 오료는 사쯔마의 번선・三邦丸(산포마루)로 사쯔바번으로 향한다. 이 배는 군함으로, 이 무렵 여성이 배를 타는 것은 금지였지만, 오료는 특별히 승선을 허락받았다. 배가 들어온 현재의 가고시마시 天保山町(텐포잔 마을)에는, 현재「사카모토 료마의 신혼 여행비」라는 료마와 오료의 동상이 서 있다.

료마는 현재의 가고시마현 기리시마시에 있는 塩浸温泉(시오비타시 온천)에서 상처를 치료하고, 오료와 함께 高千穂峰(타카치호 봉)에 오른다. 이때 료마는, 小松帯刀(코마츠 타테와키)에게 받은 카스테라를 도시락으로 먹고, 정상에서는 거기에 꽂혀 있는 天の逆鉾(아마노사카호코- 쌍날이 달린 창을 거꾸로 세운 것)을 뺐다는 에피소드가 남아 있다.

◀ 시오비타시 온천

▲ 아마노사카호코

료마암살! 그 후의 오료의 인생

사카모토 료마는 교토의 近江屋(오미야)에서 中岡慎太郎(나카오카 신타로)와 함께 암살되는데, 오료는 그때 下関(시모노세키)에 있었다. 료마가 죽고 나서의 오료의 인생은 유랑으로 나날을 보낸다. 처음에는 초슈번사의 三吉慎蔵(미요시 신조)가 보살폈지만, 그 후는 도사의 료마의 집에서 생활했다.

▲ 오미야

お登勢(오토세)를 의지하며 교토, 勝海舟(카츠 카이슈), 西郷隆盛(사이고 타카모리)를 의지하며 도쿄, 여동생 남편의 소개로 카나가와, 이처럼, 사는 곳을 여러 곳으로 전전한다. 실은 오료의 평판은 료마 주변의 해원대 대원들에게는 좋지 않았다. 도사번사와 해원대 대원들이, 「해원대 대원들은 오료를 싫어했다. 건방지고 료마의 아내라는 것을 내세워 대원들을 얕봤다」「미인이지만 현명하고 기풍이 있는 여성은 아니었다. 좋은 점도 있지만 나쁜 점은 더욱 많다」고 증언했기에, 상당히 기승스러운 성격으로, 주변 사람은 애를 태운 것은 아닌가 라는 생각이 든다.

◀ 오료의 사진

◀ 오료회관

unit. 3 　接続 (접속)

본문회화

A : 到着時間がすぎたのに、電車がなかなか来ないですね。

B : そうですね。電車が来ないので、何か事故でもあったのでしょうか。

A : 向こうから駅員さんが歩いてきたので、聞いてみます。

B : お願いします。

A : 前の駅で気分の悪い人を下ろしていたので、少し電車が遅れたそうです。

B : では、あと少し待てば、電車が来ますね。

A : そうですね。

B : 電車を待ちながら、今後の予定について考えましょうか。

A : それは良い考えですね。

B : こんな時間でも、無駄にしないようにしましょう。

어휘 표현

□ 接続 접속　□ 到着 도착　□ すぎる 지나다　□ 電車 전철　□ なかなか 좀처럼
□ 事故 사고　□ 向こう 건너편　□ 駅員 역무원　□ 歩く 걷다　□ 前 앞　□ 駅 역
□ 気分 기분, 상태　□ 下ろす 내리게 하다　□ 遅れる 늦다　□ あと 앞으로
□ 今後 앞으로　□ 予定 예정　□ 考える 생각하다　□ 無駄 헛되다

본문 해석

A : 도착시간이 지났는데, 전철이 좀처럼 오지 않군요.
B : 맞아요. 전철이 오지 않는데 뭔가 사고라도 있었던 것일까요?
A : 맞은편에 역무원이 걸어오고 있으니 물어보겠습니다.
B : 부탁합니다.
A : 앞 역에서 상태가 안 좋은 사람을 내리게 했기 때문에 조금 전철이 늦는다고 합니다.
B : 그럼, 앞으로 조금 기다리면 전철이 오겠군요.
A : 맞아요.
B : 전철을 기다리면서 앞으로의 예정에 대해서 생각할까요?
A : 그건 좋은 생각이군요.
B : 이런 시간이라도 헛되이 하지 않도록 합시다.

본문 상세 설명

A : 到着時間がすぎたのに、電車がなかなか来ないですね。

「なかなか」는 긍정문에 사용할 때는 「매우」라는 의미이지만 「부정문」에 사용할 때는 「좀처럼」이라는 의미입니다. 예문을 통해서 알아볼게요.

「山田さんはなかなかいい人でした:야마다 씨는 상당히 좋은 사람이었습니다」
「電車がなかなか来ませんね:전철이 좀처럼 오지 않는군요」입니다.

B : そうですね。電車が来ないので、何か事故でもあったのでしょうか。

「何か」는 「뭔가」라는 것으로 「불특정한 것」을 나타냅니다. 두 개의 예문을 보겠습니다.
「何か気掛かりなことかあるのか、浮かない顔をしている:뭔가 마음에 걸리는 일이 있는지 떨떠름한 표정을 짓고 있다」
「何かあったのか父はすぱすぱたばこを吸っている:뭔가 있었는지 아버지는 뻐끔뻐끔 담배를 피우고 있다」입니다.

A : 向こうから駅員さんが歩いてきたので、聞いてみます。

「向こう」는 「건너편」이라는 의미도 있고, 「상대측」이라는 의미도 있습니다. 한 개의 예문을 보겠습니다.
「向こうに電話してみましょうか:상대방에게 전화해 볼까요?」입니다.

接続 (접속)

A : 前の駅で気分の悪い人を下ろしていたので、少し電車が遅れたそうです。
이 문장은 조금 어렵게 느껴질 수가 있습니다. 왜냐하면 「気分の悪い人」라는 문장 때문인데요. 「気分が悪い人」라고 하지 않는가 라고 의문을 가질 수가 있는데, 결론적으로 말하자면 둘 다 같은 의미이지만, 일반적인 일본인은 「気分の悪い人」라고 합니다. 왜냐하면, 「気分」가 「悪い」를 수식하고 「気分が悪い」는 「人」를 수식할 때는 조사 「が」를 대신해서 「の」를 사용할 수 있습니다. 다른 예를 들면, 「雨の降る日」인데, 「雨」가 「降る」를 수식하고 「雨が降る」가 「日」를 수식하므로 조사 「が」를 대신해서 「の」를 넣어 「雨の降る日」라고 하는 것입니다.

B : では、あと少し待てば、電車が来ますね。
「あと少し」는 「앞으로 조금」이라는 의미인데, 「あと+시간적인 개념의 어휘」라는 문장에서 「あと」는 「앞으로」라고 해석합니다. 예를 들면, 「あと1時間:앞으로 1시간」 「あと5分:앞으로 5분」 입니다.

B : 電車を待ちながら、今後の予定について考えましょうか。
「동사ます형+ながら」는 「~하면서」라는 의미입니다. 두 개의 예문을 보겠습니다.
「彼女はいらいらしながら夫の帰りを待っていた:그녀는 안절부절하면서 남편의 귀가를 기다리고 있었다」
「講師の話を受験生たちは何度もうなずきながら聞いていた:강사의 이야기를 수험생들은 몇 번이나 수긍하면서 듣고 있었다」

B : こんな時間でも、無駄にしないようにしましょう。
「無駄だ」는 「헛되다, 쓸데없다」라는 의미이며, 일상회화에서 자주 사용하는 표현이므로 정확하게 암기해 두세요. 두 개의 예문을 보겠습니다.
「そんなことをやるのは時間の無駄だ:그런 짓을 하는 것은 시간의 낭비다」
「無駄と知りつつ抵抗を試した:쓸데없다고 알면서도 저항을 시도했다」 입니다.

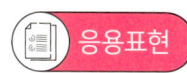 응용표현

1. 漢字がなかなか覚えられなくて、困っています。
    → 한자를 좀처럼 외우지 못해서 난처합니다.

2. 一人の男が山の向こうからやって来た。
    → 한 명의 남자가 산 건너편에서 왔다.

3. ６月も残すところあと少しになりました。
    → 6월도 남은 것이 앞으로 조금입니다.

4. 今後の計画について話してみましょう。
    → 앞으로의 계획에 대해서 이야기해 봅시다.

5. 人生を無駄にしないようにしてください。
    → 인생을 헛되이 하지 않도록 해 주세요.

어휘표현

- 漢字 한자
- なかなか 좀처럼
- 覚える 기억하다
- 困る 곤란하다
- 山 산
- 向こう 건너편
- 残す 남기다
- あと少し 앞으로 조금
- 今後 앞으로
- 計画 계획
- 人生 인생
- 無駄だ 헛되다

unit. 3 接続 (접속)

어휘연습

어휘	읽기	의미
事故		
駅員		
予定		
無駄だ		
夫		
講師		
抵抗		

작문연습

1. 비가 내리는데 우산을 들고 있지 않다.

2. 아들이 학교에서 돌아오지 않았다. 뭔가 사고라도 있으면 큰일이다.

3. 도로의 건너편에 맛있는 라면가게가 있다.

4. 버스를 기다리면서 내일의 계획에 대해서 생각했다.

 문제풀이

어휘	읽기	의미
事故	じこ	사고
駅員	えきいん	역무원
予定	よてい	예정
無駄だ	むだだ	쓸데없다
夫	おっと	남편
講師	こうし	강사
抵抗	ていこう	저항

1. 雨が降っているのに傘を持っていない。

2. 息子が学校から帰ってない。何か事故でもあったら大変だ。

3. 道路の向こうにおいしいラーメン屋がある。

4. バスを待ちながら、明日の計画について考えた。

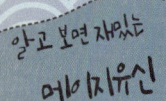

お龍(오료)-3

西村松兵衛(니시무라 마쯔베)와 재혼

오료는 메이지 8년에 니시무라라는 상인과 재혼한다. 그러나 부부관계는 안 좋았고, 별거하게 된다. 만년에는 알코올중독에 걸렸다. 술에 취하면 「나는 사카모토 료마의 아내다!」라고 말했다고 하며, 료마의 아내였다는 것에 프라이드를 가졌던 것 같다.

▲ 오료의무덤이 있는 신교지

이러한 일화를 보면, 자기과시욕이 강하며, 자신을 특별한 존재로 대우해 주기를 바라는 여성이었을 것으로 생각된다. 그런 오료이지만, 만년에는 여러 사람에게 도움을 받으면서 생활을 하고, 66세로 사망한다. 묘소는 가나가와 현 요코스카 시의 信楽寺(신교지)에 있다.

서로 형식에 얽매이지 않는 성격이었던 료마와 오료.

전례없는 두 사람의 성격은 일반적인 감각으로는 이해하기 어려운 점이 많다. 그러나 두 사람이야 말로 자신과 닮은 타입의 료마(오료)의 존재는 특별한 것이었을지도 모른다. 료마가 암살당하고 난 후의 오료의 인생은 결코 행복하지 않았다. 다만, 어쨌든 간에 주변의 도움이 받으면서 남은 여생을 보낼 수 있었던 것은, 료마를 잃은 오료의 슬픈 마음을 이해해 주는 사람이 많았다는 것을 의미할 것이다.

▲ 오료의 일터 다나카야

▲ 료마와 오료 동상

▲ 오료 기념품

▲ 료마와 오료 증기선 타고
시모노세키 도착

알고 보면 재밌는 메이지유신 | 285

unit.4 依頼-お願い (의뢰-부탁)

본문회화

A : 頼みたいことがあります。

B : 何でしょうか。

A : 以前に見せていただいた本を何冊かお借り出来ませんか。

B : いいですよ。何に使うのですか。

A : 今度の会議でプレゼンをするのですが、資料作りの参考にしようと考えています。

B : 分かりました。会議が終わり次第、すぐに返してください。

A : それから、どなたかビデオ撮影が出来る方を紹介いただけませんか。

B : もしかして会議の記録ですか。

A : そうです。

B : それでは知り合いに聞いてみます。

어휘 표현

- 依頼 의뢰
- お願い 부탁
- 頼む 부탁하다
- 以前 이전
- 何冊 몇 권
- 借りる 빌리다
- 使う 사용하다
- 今度 이번
- 会議 회의
- プレゼン 프레젠테이션
- 資料作り 자료 만들기
- 参考 참고
- 終わる 끝나다
- 동사ます형+次第 ~하는 대로
- 返す 돌려주다
- 撮影 촬영
- 方 분
- 紹介 소개
- 記録 기록
- 知り合い 아는 사람

본문 해석

A : 부탁하고 싶은 것이 있습니다.
B : 무엇입니까?
A : 이전에 보여주신 책을 몇 권 빌릴 수 없겠습니까?
B : 좋습니다. 무엇에 사용하는 것입니까?
A : 이번 회의에서 프레젠테이션을 합니다만, 자료 만들기의 참고로 하려고 생각하고 있습니다.
B : 알겠습니다. 회의가 끝나는 대로 바로 돌려주세요.
A : 그리고 누군가 비디오 촬영을 할 수 있는 분을 소개해 주실 수 없겠습니까?
B : 혹시 회의의 기록입니까?
A : 그렇습니다.
B : 그럼 아는 사람에게 물어보겠습니다.

본문 상세 설명

A : 頼みたいことがあります。
「頼む」는 「부탁하다」는 뜻인데, 「お願いしたいことがあります」라고 해도 같은 표현입니다. 다른 예문을 보겠습니다. 「頼むからもうこれ以上やらないでください:부탁이니 이제 이 이상 하지 말아 주세요」입니다.

B : 何でしょうか。상대방이 부탁을 하니, 그 내용이 무엇인지를 묻는 문장입니다.

A : 以前に見せていただいた本を何冊かお借り出来ませんか。
여기서 중요한 표현은 「借りる」라는 동사인데 「貸す」와 비교해서 암기하는 것이 좋습니다. 「貸す」는 「내가 다른 사람에게 돈을 빌려주는 것」이지만 「借りる」는 「내가 다른 사람에게 돈을 빌리는 것」입니다. 그런데 활용은 「貸す」라는 동사만 가능합니다. 즉, 「貸してください:빌려 주세요」 「貸してもらう:빌려 받다(=빌려 줘)」 「貸してあげる:빌려 주다」 등의 활용은 가능하지만, 「借りてください」 「借りてもらう」 등의 표현은 불가능합니다. 다만, 「借りてあげる」는 다른 사람에게 「빌려서 주다」라는 의미로 사용하는데, 유일하게 활용할 수 있는 표현입니다.

B : いいですよ。何に使うのですか。
상대방의 부탁이나 제안, 의뢰에 기꺼이 응할 때는 「いいですよ」라고 하며, 반드시 「よ」를 접속해야 합니다.

unit. 4 依頼-お願い (의뢰-부탁)

A : 今度の会議でプレゼンをするのですが、資料作りの参考にしようと考えています。

「동사의지형+と」는 「～하려고」라는 의미인데, 회화표현에서 자주 사용합니다. 두 개의 예문을 보겠습니다.
「私も彼と一緒に行こうと思っています:저도 그와 함께 가려고 생각하고 있습니다」
「これから昼食を食べようとしている:지금부터 점심을 먹으려고 하고 있다」입니다.

B : 分かりました。会議が終わり次第、すぐに返してください。

이 문장에서 배워야 할 표현은 「次第」입니다. 「동사ます형」에 접속하여 「～하는 대로」라는 의미를 가지고 있습니다. 다른 예문을 보면, 「友だちが着き次第、お電話させます:친구가 도착하는 대로 전화 시키겠습니다」입니다. 그리고 「次第」는 「명사」에 접속을 하여 「～에 달려있다」는 의미도 됩니다. 예문을 보면 「明日の試合は天気次第です:내일 시합은 날씨에 달려있습니다」입니다.

A : それから、どなたかビデオ撮影が出来る方を紹介いただけませんか。

「それから」는 「그리고 나서」라는 의미인데, 한 개의 예문을 보겠습니다.
「私は朝7時に起きました。それから、散歩に出かけました:나는 아침 7시에 일어났습니다. 그리고 나서 산책하러 나갔습니다」입니다.

B : もしかして会議の記録ですか。

「もしかして」는 앞에서 배운 것처럼 「혹시, 어쩌면」이라는 의미입니다. 한 개의 예문을 보겠습니다.
「もしかして彼も反対するかもしれない:어쩌면 그도 반대할지도 모른다」입니다.

A : そうです。 상대방의 질문에 「그렇다」고 대답하는 문장입니다.

B : それでは知り合いに聞いてみます。

「知り合い」는 「아는 사람」이라는 의미로 「知人:지인」과 같은 의미입니다. 한 개의 예문을 보겠습니다. 「たまたま日本で知り合いに会(あ)った:우연히 일본에서 아는 사람을 만났다」입니다.

 응용표현

1. 家事を誰かに頼みたい。
   → 가사를 누군가에게 부탁하고 싶다.

2. 定休日を以前に戻します。
   → 정규휴일을 이전으로 되돌리겠습니다.

3. 優れたデザインのサイトを参考にした。
   → 뛰어난 디자인의 사이트를 참고로 했다.

4. 在庫が無くなり次第終了となります。
   → 재고가 없어지는 대로 종료가 됩니다.

5. 取引先にメールを打ちます。それから、仕事に入ります。
   → 거래처에 메일을 보냅니다. 그리고 나서 일을 합니다.

어휘 표현

☐ 家事 가사　☐ 頼む 부탁하다　☐ 定休日 정기휴일　☐ 以前 이전　☐ 戻す 되돌리다
☐ 優れる 뛰어나다　☐ 参考 참고　☐ 在庫 재고　☐ 無くなる 없어지다
☐ 동사ます형+次第 ~하는 대로　☐ 終了 종료　☐ 取引先 거래처
☐ メールを打つ 메일을 보내다　☐ 仕事 일

unit. 4 依頼-お願い (의뢰-부탁)

어휘연습

어휘	읽기	의미
以前		
何冊		
借りる		
参考		
記録		
昼食		
反対		

작문연습

1. 이 숙제는 친구에게 부탁 받아서 하고 있는 것입니다.

2. 아는 사람에게 빌린 돈을 일주일만에 갚았다.

3. 공항에 도착하는 대로 연락하겠습니다.

4. 혹시 회의실이 3층으로 바뀌었습니까?

 문제풀이

어휘	읽기	의미
以前	いぜん	이전
何冊	なんさつ	몇 권
借りる	かりる	빌리다
参考	さんこう	참고
記録	きろく	기록
昼食	ちゅうしょく	중식, 점심
反対	はんたい	반대

1. この宿題は友だちに頼まれてやっているのです。

2. 知り合いに借りたお金を一週間ぶりに返した。

3. 空港に着き次第連絡します。

4. もしかして会議室が３階に変わりましたか。

マシュー・ペリー (메튜 페리)-1

　浦賀(우라가) 앞바다에 나타난 함대에 처음 접촉한 일본인은, 浦賀奉行所(우라가봉행소)의 中島三郎助(나카지마 사부로스케)와 네덜란드 통역사인 堀達之助(호리 타츠노스케)였다. 이들은 사스케하나호의 가장자리까지 작은 배로 접근하여, 갑판원과 교섭하여 승선했다. 그리고 내항의 목적이 국서를 쇼군에게 건네는 것인 것을 알자, 외교상의 사안은 나가사키에 회항해서 나가사카 봉행에 제출하도록 요구했다. 그러나 미국측은 이것을 거부하고, 끝까지 이곳에서 정부 고관에게 직접 건네는 것을 바라며, 그것을 관철되지 않으면 비상의 행동에 나서겠다는 것을 밝혔다. 그리고 호위 군함에서 보트를 내려 에도만의 측량을 개시, 격분한 연안경비의 무사들이 야단법석을 하는 등, 한 때는 에도만 안쪽의 하네다 앞바다까지 침입하여 막부에 압력을 가했다.

　하네다 앞바다1km까지 접근한 미시시피호는, 작렬탄을 발사할 수 있는 포를 10문 탑재하고 있었다. 이 포의 유효사정거리는 5km이상이고, 마음만 먹으면 에도성을 직접 공격하는 것도 가능했다. 어쩔 수 없이, 막부는 국서를 건네는 것을 승락하고, 봉행소관리・香山栄左衛門(카야마 에이자에몬)을 통해서 그 취지를 미국측에 전했다. 香山(카야마)는 미국의 환영을 받고, 함내에서 열린 연회에서 미국의 사관들과 친하게 교류했다. 『페리제독 일본원정기』에는 「일본인 관리는 매우 예의가 바르고 사교적이며, 또 세계의 지리랑 정세도 잘 알고 있다」라고 미국측이 감명을 받았다고 서술하고 있다.

▲ 메튜 페리 초상

이전에, 최고사령관 페리 자신은 국가로서의 위엄을 유지하는 목적도 있었는지, 일본측의 사람에게는 일절 모습을 비추지 않았다고 한다. 그리고 6월 9일, 마침내 페리는 浦賀(우라가)에 인접한 久里浜(쿠리하마)에 상륙했다. 해안에는 급조한 부두와 응접소가 마련되고, 미국 측의 장병은, 보트로 나누어 타 잇달아 상륙, 음악대와 함께 약 100명이 줄을 맞추어 행진했다. 일본측은, 浦賀(우라가) 봉행의 戸田氏栄(토다 우지히데)와 井戸弘道(이도 히로미치)가 대표로서 회견에 임하고, 페리가 지참한 미국대통령의 친서를 받았다.

친서의 내용은 「양국은 친목을 맺고, 무역을 시작하고 싶다. 합중국의 국민이 표류했을 때의 보호, 석탄・식량 등의 공급을 위해, 남쪽에 항구를 열어 주기를 바란다」였다. 페리는 이대로 일본으로부터 허가를 받고 싶어했지만, 일본측이 내년까지 기다려달라고 요청했기 때문에, 이것을 받아들여, 다음해 봄에 오기로 했다. 결국, 함대는 내항에서 10일 간의 에도만 체류 후, 6월 12일의 아침이 되어 겨우 浦賀(우라가)에서 퇴거했다.

▲ 메튜 페리 기념관

▲ 메튜 페리 기념비

알고 보면 재밌는 메이지유신

unit. 5 勧誘 (권유)

본문회화

A： 一度、我が社に来ていただけませんか。

B： ぜひ伺いたいです。

A： うちの社員たちに、あなたの韓国での体験を話してほしいです。

B： 私の話で良かったら、お話しさせていただきます。

A： 出来れば、来週に来社いただけるとありがたいです。

B： 来週ですね。詳しい日時はどうしますか。

A： 社内で日程を調整してから、連絡します。

B： 了解です。

A： なるべく早く連絡するようにします。

B： よろしくお願いします。

어휘 표현

- 勧誘(かんゆう) 권유
- 一度(いちど) 한번
- 我が社(わがしゃ) 우리 회사
- ぜひ 꼭
- 伺(うかが)う 「聞(き)く-묻다/訪(たず)ねる-방문하다」의 겸양어
- 社員(しゃいん) 사원
- 体験(たいけん) 체험
- 동사사역형+〜ていただく 겸양표현 (〜하겠다)
- 来週(らいしゅう) 다음주
- 来社(らいしゃ) 내사
- 詳(くわ)しい 상세하다
- 日時(にちじ) 일시
- 社内(しゃない) 사내
- 日程(にってい) 일정
- 調整(ちょうせい) 조정
- 連絡(れんらく) 연락
- 了解(りょうかい)する 알다, 이해하다
- なるべく 가능한 한
- 早(はや)く 빨리

 본문 해석

A : 한번, 저희 회사에 와 주실 수 없겠습니까?
B : 꼭 찾아 뵙고 싶습니다.
A : 우리 사원들에게 당신의 한국에서의 체험을 이야기해주기를 바랍니다.
B : 저의 이야기로 괜찮다면 말씀을 드리겠습니다.
A : 가능하면, 다음주에 내사해 주실 수 있다면 감사하겠습니다.
B : 다음주이군요. 상세한 일시는 어떻게 할까요?
A : 사내에서 일정을 조정하고 나서 연락하겠습니다.
B : 알겠습니다.
A : 가능한 한 빨리 연락하도록 하겠습니다.
B : 잘 부탁합니다.

 본문 상세 설명

A : 一度、我が社に来ていただけませんか。

「〜ていただけませんか」는「〜てくださいませんか」와 같은 표현입니다. 그래서「送る」라는 동사에 접속하여「送っていただけませんか」혹은「送ってくださいませんか」라고 표현할 수 있습니다. 만일 메일로 뭔가를 보내 달라고 정중하게 부탁할 때는「メールで〜を送っていただけませんか」「メールで〜を送ってくださいませんか」라고 할 수 있겠죠. 예를 들면,「メールで契約書を送っていただけませんか:메일로 계약서를 보내주실 수 없겠습니까?」입니다.

B : ぜひ伺いたいです。

「伺う」는 비즈니스 회의에서 아주 많이 사용하는 표현입니다. 다양한 장면에서 사용되므로 반드시 암기해 주세요.「伺う」는「聞く-묻다/訪ねる-방문하다」의 겸양어로서「여쭙다」「찾아 뵙다」라는 의미로 사용됩니다. 예문을 만들어보면,「先生、明日伺ってもよろしいでしょうか:선생님, 내일 찾아 뵈어도 괜찮겠습니까?」「部長、ちょっとお伺いしたいことがありますが:부장님, 잠시 여쭙고 싶은 것이 있습니다만」입니다.「겸양표현」이라고 하면, 자신을 낮추어서 상대방을 올리는 것을 의미합니다.「존경과 겸양표현」은 조금은 까다로울 수 있지만, 하나씩 공부해 나가다 보면, 아주 쉽게 느낄 수가 있습니다

A : うちの社員たちに、あなたの韓国での体験を話してほしいです。

「〜てほしい」는 상대방에게 뭔가를 해주기를 원할 때 사용하는 표현입니다. 예문으로 알아봅시다.「毎日部屋を掃除してほしいです:매일 방을 청소해 주기를 바랍니다」「図書館の中がうるさいです。静かにしてほしいです:도서관 안이 시끄럽습니다. 조용히 해주기

勧誘 (권유)

unit. 5

를 바랍니다」입니다.

B : 私の話で良かったら、お話しさせていただきます。
「동사사역형+〜ていただく」는 겸양표현으로서 「〜하겠다」라는 의미입니다. 이 표현은 비즈니스 회화에서 굉장히 많이 사용하는 표현이므로 반드시 암기해 두시기 바랍니다. 중요한 표현이기에 두 개의 예문을 통해서 공부해 보도록 하겠습니다.
「本日(ほんじつ)は私が説明(せつめい)させていただきます:오늘은 제가 설명하겠습니다」「皆様(みなさま)のご意見(いけん)を確認(かくにん)させていただきます:여러분의 의견을 확인하겠습니다」입니다.

A : 出来れば、来週に来社いただけるとありがたいです。
「来社(らいしゃ):내사」는 회사에 오는 것을 의미하고, 「退社(たいしゃ):퇴사, 퇴근」 「出社(しゅっしゃ):출근」이라는 단어도 같이 알아둡시다.

B : 来週ですね。詳しい日時はどうしますか。
「詳(くわ)しい」는 「상세하다」라는 의미이고, 명사로는 「詳細(しょうさい):상세」라고 하는데, 일본어에서는 「상세한 것」이라는 의미로도 사용됩니다. 그리고 「詳しくは」라고 해도 「상세한 것은」이라는 의미를 가집니다. 각각의 예문을 알아보겠습니다.
「詳細は追ってご報告(ほうこく)します:상세한 것은 추후에 보고하겠습니다」「詳しくはこちらをご覧(らん)ください:상세한 것은 이쪽을 봐 주세요」입니다.

A : 社内で日程を調整してから、連絡します。
「〜てから」는 「〜하고 나서」라는 의미로 여러 번 공부한 내용입니다. 두 개의 예문을 통해서 좀더 확실하게 학습하겠습니다.「結婚(けっこん)してから一度(いちど)もお酒(さけ)を飲(の)んだことがない:결혼하고 나서 한번도 술을 마신 적이 없다」「商品(しょうひん)を見てから判断(はんだん)します:상품을 보고 나서 판단하겠습니다」입니다.

B : 了解です。「了承(りょうしょう)」는「分(わ)かる-알다」의 겸양표현입니다.

A : なるべく早く連絡するようにします。
「なるべく」는「가능한 한」이라는 의미이고,「〜ように」는「〜하도록」이라는 뜻입니다. 그럼 각각의 예문을 보도록 하겠습니다.「なるべく早(はや)く出勤(しゅっきん)します:가능한 한 빨리 출근하겠습니다」「そういうことも含(ふく)めて聞いてみるようにします:그런 것도 포함해서 물어보도록 하겠습니다」입니다.

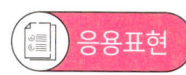 응용표현

1. 今日は、我が社の社長についてご紹介します。
   → 오늘은 우리 회사의 사장님에 대해서 소개하겠습니다.

2. 私で良かったら日本語を教えますよ。
   → 저로 괜찮다면 일본어를 가르쳐드리겠습니다.

3. 詳しい状況を調べています。
   → 상세한 상황을 살펴보고 있습니다.

4. 先にチケットを買ってから、お並びください。
   → 먼저 티켓을 사고 나서 줄서 주세요.

5. お問い合わせにはなるべく早急に対応しております。
   → 문의에는 가능한 한 즉시 대응하고 있습니다.

어휘 표현

- 我が社 우리 회사　□ 社長 사장　□ 紹介 소개　□ 教える 가르치다
- 詳しい 상세하다　□ 状況 상황　□ 調べる 조사하다, 알아보다　□ 先に 먼저
- ～てから ～하고 나서　□ 並ぶ 줄 서다　□ お問い合わせ 문의　□ なるべく 가능한 한
- 早急に 즉시　□ 対応 대응

unit. 5 勧誘 (권유)

어휘연습

어휘	읽기	의미
我が社		
体験		
詳しい		
契約書		
本日		
出勤		
含める		

작문연습

1. 당신의 경험을 모두에게 말해주기를 원합니다.

2. 가능하면 모두가 찬성할 수 있는 결론이 나왔으면 좋겠습니다.

3. 대학을 졸업하고 나서 바로 유학 갔습니다.

4. 의뢰메일을 보내도록 말해 두겠습니다.

 문제풀이

어휘	읽기	의미
我が社	わがしゃ	우리 회사
体験	たいけん	체험
詳しい	くわしい	상세하다, 자세하다
契約書	けいやくしょ	계약서
本日	ほんじつ	오늘
出勤	しゅっきん	출근
含める	ふくめる	포함하다

1. あなたの経験（けいけん）をみんなに話（はな）してほしいです。

2. 出来（でき）れば、みんなが賛成出来（さんせいでき）る結論（けつろん）が出（で）るといいです。

3. 大学（だいがく）を卒業（そつぎょう）してからすぐ留学（りゅうがく）に行（い）きました。

4. 依頼（いらい）メールを送（おく）るようにと言（い）っておきます。

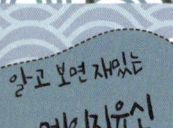

マシュー・ペリー(메튜 페리)-2

그 후 페리는, 미국에 돌아가지 않고, 홍콩에 대기하여, 嘉永-카에이 7년(1854년) 1월 16일에 지난 번의 국서에 대한 회답을 요구하며 재차, 浦賀(우라가)에 왔다. 이전에, 老中(로주)수장인 阿部正弘(아베 마사히로)는 미국으로부터의 개국요구를 받고, 이후의 외교방침에 대해서 각 다이묘를 비롯해, 신분 상하를 불문하고, 넓게 의견을 수집했지만, 이렇다 할 명안을 얻을 수가 없어, 오히려 이 때문에 모든 다이묘랑 조정으로부터 막부에 개입하는 계기를 줘 버렸다. 막부의 혼란은 바로 이때에 시작되었다.

▲ 기념관 안 내부

페리는, 이번에는 7척의 함선을 이끌고 왔다. 그리고 2월에 들어와 2척이 더해져, 9척의 대함대가 되었다. 부정적인 답을 허락하지 않는다는 페리의 강경자세를 알 수 있다. 해외사정에 어두운 여론은 양이론(외국세력을 쫓아내자)이 대세를 이루었지만, 막부는 미국과 정면으로 싸울 수 있는 군사력도 경제력도 없는 것을 자각하고 있었다. 일본측으로서는, 있는 힘을 다해 분쟁을 피하고, 우선은 개국요구를 받아들이는 이외의 선택지는 없었을 것이다.

嘉永-카에이 7년 3월3일, 神奈川横浜村(가나가와 요코하마 촌)에 응접소가 마련되고, 大学頭(대학두-장관)・林復斎(하야시 후쿠사이)는 페리와 한달 간의 교섭을 계속하여, 일미화친조약이 맺어졌다. 이 조약에 의해 일본은 下田(시모다)와 箱館(하코다테) 두 항구를 열고, 땔나무와 물・석탄・식량 등을 미국에 제공하는 것이 약속되었다. 페리는 3월13일에 가나가와를 떠나고, 막 개항된 下田(시모다)에 들어갔다.

　이 땅의 了仙寺(료센지)에서 화친조약의 세칙을 정하는 교섭이 계속해서 행해졌다. 이것은 특히 下田条約(시모다조약)으로도 불린다.

　※ 安政-안세이 원년(1854년) 3월27일 밤, 초슈번의 吉田松陰(요시다 쇼인)과 金子重輔(카네꼬 시게노스케)는 해외 밀항을 계획하고, 시모다 앞바다에 정박 중인 포하탄호에 나룻배를 이용해서 승선하여 교섭했지만, 미국측에 거부되어, 계획은 실패했다. 그 후 투옥되었다. 페리는 그 이야기를 듣고, 해외 사정의 견문을 위해 목숨을 걸고 행동한 용감한 일본인에게 감동하여, 막부에게 2명의 죄를 가볍게 해 주도록 의뢰했다.

　※ 화친조약에서는, 「조인일부터 18개월 경과한 후라면, 양국정부의 한 쪽이 필요하다고 인정되면, 미국은 시모다에 관리를 주재시킬 수가 있다」 라는 항목이 정해져, 이 항목에 근거하여, 安政-안세이3년(1856년) 7월에 타운젠드・해리스가 시모다에 도착하여, 미국영사로서 일미수호통상조약의 체결을 진행하게 된다. 페리는 嘉永-카에이7년(1854년) 6월1일에 시모다에서 물러나, 류큐에 들러, 琉球王国(류쿠왕국)과 통상조약을 맺은 뒤, 다음해 1855년에 미국으로 귀국. 귀국 후는 알코올중독이랑 류머티즘으로 고생했다.

unit.6 挨拶 (인사)

본문회화

こんにちは

A： こんにちは。

B： こんにちは。お久しぶりです。

A： 最近の調子はいかがですか。

B： まあまあです。そちらはどうですか。

A： 特に変わったことはないですよ。

B： そうですか。何もないことが何よりのしるしですね。

A： しばらくお会いしてなくても、いろいろと評判は聞いていました。

B： 確かに少しずつですが、会社の業績が上がってきました。

A： 良かったですね。

B： まだまだ気は抜けませんが、ひとまずほっとしています。

어휘 표현

- □ 挨拶 인사 □ お久しぶり 오랜만 □ 最近 최근 □ 調子 몸 상태
- □ まあまあ 그럭저럭 □ 特に 특히, 딱히 □ 変わる 바뀌다, 특별하다
- □ 何よりのしるし 무엇보다도 좋다는 표시 □ しばらく 잠시 □ 評判 평판
- □ 確かに 확실히 □ 会社 회사 □ 業績 업적 □ 上がる 오르다
- □ 気は抜けない 방심은 할 수 없다 □ ひとまず 우선 □ ほっとする 한숨 놓다

본문 해석

A : 안녕하세요.
B : 안녕하세요. 오랜만입니다.
A : 요즘 몸 상태는 어떻습니까?
B : 그럭저럭 괜찮습니다. 그쪽은 어때요?
A : 딱히 특별한 점은 없습니다.
B : 그렇습니까? 아무 일도 없는 것이 무엇보다도 좋다는 표시이군요.
A : 잠시동안 만나 뵙지 않았어도 여러 가지 평판은 듣고 있었습니다.
B : 확실히 조금씩이지만 회사의 업적이 올랐습니다.
A : 다행이군요.
B : 아직 방심은 할 수 없습니다만, 우선은 한숨이 놓입니다.

본문 상세 설명

B : こんにちは。お久しぶりです。
「お久しぶりです」는「しばらくです」와 같은 의미이고, 정중한 표현은「ご無沙汰しております」라고 합니다.

A : 最近の調子はいかがですか。
「調子」는「상태, 기세, 기색」등의 의미를 가지고 있습니다. 그리고「調子にのる」는「일이 순조롭게 진행되다, 신명이 나다, 우쭐하다」라는 의미인데, 반드시 암기해 주세요. 그럼 예문을 보겠습니다.
「飲みすぎてお腹の調子が悪い:과음해서 배의 상태가 나쁘다」
「すぐ調子にのってしまう性格で、いつも後で反省しています:바로 우쭐해 버리는 성격으로 항상 나중에 반성하고 있습니다」입니다.

B : まあまあです。そちらはどうですか。
일본어의「まあまあ」는「중간보다 좋은 상태」를 의미합니다. 예문을 보겠습니다.
「成績はまあまあよかった:성적은 그럭저럭 괜찮았다」입니다.

A : 特に変わったことはないですよ。
「特に:특히」라는 단어에 주목을 해 봅시다.「특히, 특별히, 딱히」라는 의미를 가지고 있어요. 더 다양한 예문을 볼까요?
「特に問題ありません:특별히 문제는 없습니다」「特にあなただけに教えます:특별히

unit.6 挨拶 (인사)

당신에게만 가르쳐드리겠습니다」 「特に用事はない:딱히 볼일은 없다」 등으로 사용할 수가 있어요. 비즈니스 회화에서 많이 사용하는 단어이니 꼭 암기해 두세요.

B : そうですか。何もないことが何よりのしるしですね。
「何よりのしるし」는 「무엇보다도 좋다는 표시」라는 의미인데, 「しるし」는 「표시」라는 의미를 가진 단어입니다. 다른 예문을 보도록 하겠습니다.
「何の連絡がないことが何よりのしるしです:아무런 연락이 없다는 것이 무엇보다도 좋다는 표시입니다」 입니다.

A : しばらくお会いしてなくても、いろいろと評判は聞いていました。
「評判」은 「평판」이라는 뜻입니다. 그런데 「評判です」는 직역을 하면, 「평판입니다」 이지만, 일본어에서는 「좋은 평판입니다」라는 의미를 가집니다. 두 개의 예문을 보겠습니다.
「温泉からの眺めが評判でした:온천에서의 전망이 좋다는 평판이었습니다」
「この店のラーメンは評判です:이 가게의 라면은 평판이 좋습니다」 입니다.

B : 確かに少しずつですが、会社の業績が上がってきました。
「確かに」는 「확실히」라는 의미입니다. 예문을 보도록 하겠습니다.
「私はそれを確かに受け取りました:저는 그것을 확실히 받았습니다」
「彼は確かにまじめです:그는 확실히 성실합니다」 입니다.

B : まだまだ気は抜けませんが、ひとまずほっとしています。
「気は抜けない」는 「방심은 할 수 없다」는 의미이고, 「ひとまず」는 「우선」, 「ほっとする」는 「한숨 놓다」는 뜻입니다. 제각각의 예문을 보도록 하겠습니다.
「一瞬たりとも気は抜けない:비록 한순간이라도 방심은 할 수 없다」
「ひとまず、このへんで仕事を終えましょう:우선 이쯤에서 일을 끝냅시다」
「無事だと聞いてほっとしました:무사하다고 듣고 한숨 놓았습니다」 입니다.

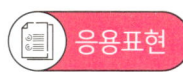 **응용표현**

1. 胃腸の調子が悪い時に適した食品は何ですか。
   → 위장의 상태가 나쁠 때에 적합한 상품은 무엇입니까?

2. あなたの周りに変わった人はいませんか。
   → 당신의 주변에 특이한 사람은 없습니까?

3. 価格も手ごろなのが何よりも魅力です。
   → 가격도 적당한 것이 무엇보다도 매력입니다.

4. 健康のためしばらく酒を飲んでいない。
   → 건강을 위해 잠시 술을 마시지 않는다.

5. 仕事が無事に終わってほっとした。
   → 일이 무사히 끝나서 안심했다.

어휘 표현
- 胃腸 위장　□ 調子 상태　□ 適する 적합하다　□ 食品 식품　□ 周り 주변
- 変わる 바뀌다, 특별하다　□ 価格 가격　□ 手ごろだ 적당하다　□ 何も 무엇보다도
- 魅力 매력　□ 健康 건강　□ しばらく 잠시　□ 仕事 일　□ 無事に 무사히
- 終わる 끝나다　□ ほっとする 안심하다

unit. 6 挨拶 (인사)

어휘연습

어휘	읽기	의미
評判		
確かに		
業績		
性格		
温泉		
一瞬		
成績		

작문연습

1. 최근의 회사의 업적은 어떻습니까?

2. 특별한 점은 없습니다만, 부장님이 회사를 그만두었습니다.

3. 회사가 흑자라는 것은 무엇보다도 좋다는 표시입니다.

4. 이익이 올라가고 있지만 방심은 할 수 없다.

문제풀이

어휘	읽기	의미
評判	ひょうばん	평판
確かに	たしかに	확실히
業績	ぎょうせき	업적
性格	せいかく	성격
温泉	おんせん	온천
一瞬	いっしゅん	한순간
成績	せいせき	성적

1. 最近の会社の業績はいかがですか。

2. 特別な点はありませんが、部長が会社を辞めました。

3. 会社が黒字だというのは何よりのしるしです。

4. 利益が上がっているが、気は抜けない。

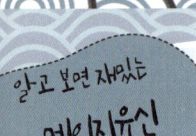
알고 보면 재밌는 메이지유신

大久保利通(오쿠보 도시미찌)-1

막부 타도까지

薩摩(사쯔마)번의 하급무사의 자식으로서 태어났다. 소꿉친구 3살 위의 西郷隆盛(사이고 타카모리)가 있다. 20세 때, 번의 내분에 휩쓸려 아버지와 함께 처분을 받지만, 용서를 받은 뒤에는 西郷와 함께 번주 島津斉彬(시마즈 나리아키라)에게 등용되어, 존왕양이를 주장하는 젊은 번사들을 리드하는 존재가 되었다. 斉彬가 죽고, 島津

▲ 오쿠보 도시미찌

久光(시마즈 히사미쯔)가 실권을 쥐자 利通는 31세의 젊은 나이로 久光의 측근으로서 公武合体(공무합체) 정책을 추진하는 번의 정치에 관여하게 되었다. 막부의 힘이 약해지자, 유배지인 奄美(아마미)에서 돌아온 西郷와 함께 薩長同盟(삿초동맹)의 체결 등, 번의 정치를 막부를 타도하도록 움직인다.

존왕양이 운동

1858년, 孝明天皇(코메이천황)의 허가를 받지 않고, 일미수호통상조약을 맺은 막부에 대한 비판이 고조되어, 천황을 떠받드는「존왕」론과, 외국세력을 쫓아내는「양이」론이 결부되어 활발한 존왕양이운동으로 발전해 간다, 개국에 반대하여, 井伊直弼(이이 나오스케)와 대립했던 水戸(미토)번주 徳川斉昭(도쿠가와 나리아키) 등은 근신처분을 받는다. 井伊直弼(이이 나오스케)가 개국에 반대했던 다이묘랑 公家(쿠게-조정에 출사한 관리)를 처벌한 것-安政の大獄(안세이노 다이고쿠)으로, 존왕양이운동이 고조되어, 直弼는 1860년3월3일에 에도성 桜田門外(사쿠라다몬가이)에서 암살당하는 桜田門外の変(사쿠라다몬가이노 헨)이 일어났다.

막부는, 조정과 함께 막부를 재건하는 대책 公武合体論(공무합체론)으로서, 14대 쇼군 德川家茂(도쿠가와 이에모치)와 孝明天皇의 여동생 和宮(카즈노미야)와의 결혼을 진행했다. 그러나, 공무합체론은 존왕양이파로부터 비판을 받아, 양이운동의 증가로 연결된다.

1862년, 에도에서 교토에 되돌아가는 島津久光(시마즈 히사미쯔)의 행렬을 가로지른 영국인을 生麦村(나마무기마을)에서 사쯔마 무사가 칼로 베는「生麦事件(나마무기 사건)」이 일어난다. 그 배상을 요구하여, 1863년7월, 영국과 薩摩(사쯔마)번과의 사이에서 薩英戦争(사쯔에이 전쟁)이 일어난다. 薩摩(사쯔마)번은 영국의 강함을 알고, 근대적인 군비의 증강에 힘을 쏟는다.

▶ 오쿠보 도시미찌 무덤

▲ 오쿠보 도시미찌 동상

오쿠보 도시미찌 코스프레 ▶

알고 보면 재밌는 메이지유신 | **309**

unit. 7 質問 (질문)

본문회화

A : つかぬことをお伺いしてもよろしいですか。

B : はい、いいですよ。

A : もうすぐ韓国に行かれると耳にしたのですが、本当ですか。

B : はい、本当です。でも短期出張なので、すぐに日本に戻ります。

A : もうひとつ伺ってもよろしいですか。

B : はい、何ですか。

A : 韓国では時間に余裕がありますか。

B : はい、あります。

A : それでは、ひとつだけお買い物をお願いできませんか。

B : いいですよ。

어휘 표현

□ 質問 질문 □ つかぬこと 거두절미하고 묻는 것
□ 伺う「聞く-묻다/訪ねる-방문하다」의 겸양어 □ 耳にする 듣다 □ 短期 단기
□ 出張 출장 □ 戻る 되돌아오다 □ 余裕 여유 □ 買い物 쇼핑

 본문 해석

A : 거두절미하고 여쭈어도 괜찮겠습니까?
B : 예, 좋습니다.
A : 이제 곧 한국에 가신다고 들었습니다만 정말입니까?
B : 예, 정말입니다. 하지만 단기 출장이어서 바로 일본으로 되돌아옵니다.
A : 한 개 더 여쭈어도 되겠습니까?
B : 예, 무엇입니까?
A : 한국에서는 시간에 여유가 있습니까?
B : 예, 있습니다.
A : 그럼, 하나만 쇼핑을 부탁할 수 있겠습니까?
B : 좋습니다.

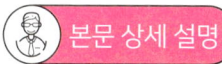 본문 상세 설명

A : つかぬことをお伺いしてもよろしいですか。

「つかぬこと」는 「갑작스럽게 묻는 것」 「거두절미하고 묻는 것」이라는 의미를 가지고 있습니다. 일반적으로 「つかぬことをうかがう」라는 형식으로 많이 사용됩니다.

B : はい、いいですよ。
상대방의 제안에 대해서 기꺼이 응하고 있으므로 「いいですよ」라고 대답을 한 것입니다.

A : もうすぐ韓国に行かれると耳にしたのですが、本当ですか。
「耳にする」는 「듣다」, 「目にする」는 「보다」, 「口にする」는 「먹다」는 의미입니다. 제각각의 예문을 보겠습니다.
「その噂は耳にしました:그 소문은 들었습니다」
「変な光景を目にした:이상한 광경을 보았다」
「朝から何も口にしていない:아침부터 아무 것도 먹지 않았다」입니다.

B : はい、本当です。でも短期出張なので、すぐに日本に戻ります。
「なので」와 「だから」는 조금의 뉘앙스 차이는 있지만 같은 의미입니다. 「명사와 な형용사」에 접속이 됩니다. 「なので」쪽이 조금더 정중한 표현이 됩니다. 예문을 통해서 알아볼게요.
「彼は日本語の先生なので漢字にくわしいです:그는 일본어 선생님이기 때문에 한자를

unit. 7 質問(질문)

잘 압니다」「今日は雨
きょう あめ
だから、写真
しゃしん
が上手
うま
く撮とれない:오늘은 비가 내리기 때문에 사진을 잘 찍을 수 없다」입니다.

A : もうひとつ伺
うかが
ってもよろしいですか。
「伺う」는 비즈니스 회회에서 아주 많이 사용하는 표현입니다. 다양한 장면에서 사용되므로 반드시 암기해 주세요. 「伺う」는 「聞
き
く-묻다/訪
たず
ねる-방문하다」의 겸양어로서 「여쭙다」「찾아 뵙다」라는 의미로 사용됩니다.

B : はい、何ですか。
여쭙고 싶은 것이 있다고 하니 그 내용이 무엇인가를 묻는 문장입니다.

A : 韓国では時間に余裕がありますか。
어려운 문장이 아니므로 충분히 해석을 할 수 있습니다. 그럼 「時間」가 관련된 어휘를 보도록 하겠습니다. 「時間をさく:시간을 내다」 「時間が経
た
つ:시간이 흐르다」 「秒
びょう
:초」 「正午
しょうご
:정오」 「腕時計
うでどけい
:손목시계」 「目覚
めざ
まし時計
どけい
:자명종시계」 입니다.

B : はい、あります。
한국에서 시간이 있는지 없는지에 대해서 대답한 것인데, 「あります」의 정중한 표현은 「ございます」입니다.

A : それでは、ひとつだけお買い物をお願いできませんか。
「それでは」는 「では」와 같은 의미로 「그럼」이라는 의미를 가지고 있습니다. 예문을 보겠습니다.
「それでは、みんな会議
かいぎ
に参加
さんか
することにします:그럼, 모두 회의에 참가하는 것으로 하겠습니다」 입니다

B : いいですよ。
이 문장 역시 상대방의 제안에 대해서 기꺼이 응하고 있으므로 「いいですよ」라고 대답을 한 것입니다.

312 | 10분으로 배우는 バリバリ 비즈니스 일본어

 **응용표현**

1. つかぬことをお伺いしますが、先月分の入金が確認できません。
   → 거두절미하고 묻겠습니다만, 지난달 분의 입금을 확인할 수 없습니다.

2. 友だちに関する不愉快なデマを耳にした。
   → 친구와 관한 불쾌한 헛소문을 들었다.

3. 多くの消費者が、すぐにその商品を好きになった。
   → 많은 소비자가 바로 그 상품을 좋아하게 되었다.

4. 精神的に余裕がないときは、周りにいる同僚に相談したほうがいい。
   → 정신적으로 여유가 없을 때는, 주변에 있는 동료에게 상담하는 편이 좋다.

5. 昨日食べた料理は世界に一つだけの味でした。
   → 어제 먹었던 요리는 세계에 하나뿐인 맛이었습니다.

어휘 표현

- □ つかぬこと 거두절미하고 묻는
- □ 伺う「聞く-묻다/訪ねる-방문하다」의 겸양어
- □ 先月分 지난달 분
- □ 入金 입금
- □ 確認 확인
- □ 関する 관하다
- □ 不愉快 불쾌
- □ デマ 헛소문
- □ 耳にする 듣다
- □ 消費者 소비자
- □ 商品 상품
- □ 精神的 정신적
- □ 余裕 여유
- □ 周り 주변
- □ 同僚 동료
- □ 相談 상담
- □ 料理 요리
- □ 世界 세계
- □ 味 맛

unit. 7 質問 (질문)

어휘연습

어휘	읽기	의미
短期		
出張		
戻る		
余裕		
噂		
光景		
漢字		

작문연습

1. 이제 곧 회사에서 아버지가 돌아온다.

2. 내일 태풍이 올라온다. 하지만, 학교에 가야 한다.

3. 시간에 조금의 여유가 있으면 바다에 가고 싶다.

4. 이거, 복사를 부탁할 수 없겠습니까?

문제풀이

어휘	읽기	의미
短期	たんき	단기
出張	しゅっちょう	출장
戻る	もどる	되돌아오다
余裕	よゆう	여유
噂	うわさ	소문
光景	こうけい	광경
漢字	かんじ	한자

1. もうすぐ会社から父が帰ってくる。

2. 明日台風が上がってくる。でも学校に行かなければならない。

3. 時間に少しの余裕があれば海に行きたい。

4. これ、コピーをお願いできませんか。

大久保利通(오쿠보 도시미찌)-2

1863년5월에 長州(쵸슈)번은 下関(시모노세키)해협에서 외국선을 포격했다. 이것에 대해서, 영국・미국・프랑스・네덜란드의 4국연합함대가 시모노세키를 포격했는데, 長州(쵸슈)번은 참패한다. 木戸孝允(키도 타카요시)랑 高杉晋作(타카스기 신사쿠)는, 양이는 곤란하고, 강력한 통일국가를 만들어야만 한다고 생각한다.

1863년, 존왕양이파의 단속과 교토의 치안유지를 위해「浪士組-로시구미」가 결성되고, 나중에 新撰組(신센구미)로 이름이 바뀐다. 近藤勇(콘도 이사미)랑 土方歳三(히지카타 토시조), 沖田総司(오키다 소지) 등이 있었다.

메이지유신정부에서의 활약

메이지정부에서는, 1871년, 41세 때, 岩倉使節団(이와쿠라 사절단)의 副使(부관)으로서 구미를 시찰한다. 서양의 뛰어난 기술이랑 문화를 보고 충격을 받았다. 독일의 수상 비스마르크로부터 국가를 통일한 이야기를 듣고, 일본도 서구를 따라갈 수 있다고 생각했다. 귀국 후는, 강한 권한을 가진 내무경으로서 富岡製糸場(토미오카세이시조)를 만드는 등, 식산흥업에 의한 일본의 근대화를 향해서 진력했다.

한편, 利通(도시미치)가 구미시찰 중에 메이지정부에서는, 西郷隆盛(사이고 타카모리) 등이 무력으로 한국을 개국시키려고 하는 정한론을 주장한다. 국내의 정책을 중시하는 利通(도시미치)등과 대립한 西郷(사이고)는 논쟁에 패해 정부를 떠난다. 利通(도시미치)는 신정부에 대한 불평토족의 난을 진압하는 측의 입장이었지만, 최대 그리고 최후의 반란은, 예전의 소꿉친구 西郷隆盛(사이고 타카모리)와 싸운 西南戦争(세이난 전쟁)이었다.

memo

unit. 8 拒絶 (거절)

본문회화

A： 来週の水曜日にお会いできませんか。

B： 来週の水曜日は、先約があって難しいです。

A： それでは木曜日はいかがですか。

B： 木曜日は、絶対に動かせない用事があって無理です。

A： いつでしたらお会いすることが可能ですか。

B： 最近はとても忙しいですが、明日の午後でしたら時間があります。

A： 明日の午後は、私が無理です。

B： それでしたら、来週の火曜日でいかがですか。

A： 午前中だったら大丈夫です。

B： では来週火曜日の午前１１時の約束にしましょう。

어휘 표현

- 拒絶 거절
- 来週 다음주
- 水曜日 수요일
- 先約 선약
- 難しい 어렵다
- 木曜日 목요일
- 絶対に 절대로
- 動かす 움직이게 하다
- 用事 볼일
- 無理 무리
- 可能 가능
- 最近 최근
- 忙しい 바쁘다
- 明日 내일
- 午後 오후
- 火曜日 화요일
- 午前中 오전 중
- 約束 약속

본문 해석

A : 다음주 수요일에 만날 수 없겠습니까?
B : 다음주 수요일은, 선약이 있어서 어렵습니다.
A : 그럼 목요일은 어떻습니까?
B : 목요일은 절대 취소할 수 없는 볼일이 있어서 무리입니다.
A : 언제라면 만나는 것이 가능합니까?
B : 요즘은 매우 바쁩니다만, 내일 오후라면 시간이 있습니다.
A : 내일 오후는 제가 무리입니다.
B : 그렇다면 다음주 화요일로 어떻습니까?
A : 오전 중이라면 괜찮습니다.
B : 그럼 다음주 화요일 오전 11시의 약속으로 합시다.

본문 상세 설명

A : 来週の水曜日にお会いできませんか。
「お+동사형+する」는 겸양표현 공식입니다. 그리고 「する」의 가능동사는 「できる」이므로 「お会いできませんか」은 겸양표현 공식이 됩니다. 다음주 수요일에 만나는 것은 나의 행위이므로 겸양표현을 사용한 것입니다.

B : 来週の水曜日は、先約があって難しいです。
「先約:선약」은 「이미 해 놓은 약속」을 의미하기에 이 문장은 거절을 하는 표현입니다. 그 외에 거절을 하는 표현을 공부해 봅시다. 「その日はちょっと:그 날은 좀」 「行きたい気持ちは山々なんですが:가고 싶은 마음은 굴뚝같습니다만」 「急用ができてごめんなさい:급한 볼일이 생겨서 죄송합니다」 등입니다.

A : それでは木曜日はいかがですか。
「いかがですか」는 「どうですか」의 정중한 표현. 「いかがでしょうか」 「どうでしょうか」라고 표현하는 것이 좀 더 정중한 표현. 그리고 「いかがでしたでしょうか」라고 표현하는 경우도 있는데. 상대방의 행동과 행위에 대해서 정중하게 물을 때 사용합니다.

B : 木曜日は、絶対に動かせない用事があって無理です。
「絶対に」는「절대로」라는 의미를 가진 부사입니다. 두 개의 예문을 보겠습니다. 「短気な人は株に手を出しては絶対に失敗してしまう:성격이 급한 사람은 주식에 손을 대어서는 무조건 실패해 버린다」 「あんなに遊んでばかりいると、絶対に試験に落ちてしまう:저렇게 놀기만 하면 절대 시험에 떨어져 버린다」 입니다.

unit. 8 　拒絶 (거절)

A ： いつでしたらお会いすることが可能ですか。
「可能(かのう)」은「가능」이라는 뜻입니다. 이 문장은 어려운 표현이 없으므로 어휘공부를 하도록 하겠습니다.「不可(ふか):불가」「許可(きょか):허가」「認可(にんか):인가」「能力(のうりょく):능력」「才能(さいのう):재능」「機能(きのう):기능」입니다.

B ： 最近はとても忙しいですが、明日の午後でしたら時間があります。
일본어의 「바쁘다」 와 관련된 관용어를 배워 보겠습니다.「手(て)が離(はな)せない:손을 뗄 수가 없다」「目(め)が回(まわ)るほど忙(いそが)しい:눈이 돌 정도로 바쁘다」「猫(ねこ)の手(て)も借(か)りたい:고양이 손이라도 빌리고 싶다」 입니다.

A ： 明日の午後は、私が無理です。
「無理(むり)」는「무리」라는 의미이지만,「無理やりに」는「억지로, 강제로」라는 의미입니다.「強引(ごういん)に」 와 같은 뜻입니다. 두 개의 예문을 보겠습니다.
「彼らは無理やりに彼にうそをつかせた:그들은 억지로 그에게 거짓말을 하게 했다」
「先輩(せんぱい)に無理やりにお酒(さけ)を飲(の)まされた:선배가 강제로 술을 마시게 했다」 입니다.

A ： 午前中だったら大丈夫です。
「中(중)」의 음독에 대해서 알아보겠습니다.「中(중)」의 음독은「ちゅう」 와「じゅう」 두 가지가 있는데,「ちゅう」 로 읽는 경우는, 1. 그 시간 중 2. 어떤 것의 안 3. 무언가를 하는 동안이고,「じゅう」 로 읽는 경우는, 1. 그 시기나 시간 전체 2. 그 지역 전체일 경우입니다. 예문을 통해서 알아볼게요.
「ちゅう」1. 그 시간 중을 나타내는 경우 午前中(ごぜんちゅう)(오전 중)
　　　　 2. 어떤 것의 안을 나타내는 경우 空気中(くうきちゅう)(공기 중) 大気中(たいきちゅう)(대기 중)
　　　　 3. 무언가를 하는 동안을 나타내는 경우 授業中(じゅぎょうちゅう)(수업 중) 仕事中(しごとちゅう)(업무 중) 입니다.

「ちゅう」1. 그 시기나 시간 전체를 나타내는 경우 一日中(いちにちじゅう)(하루 종일) 一年中(いちねんじゅう)(1년 내도록)
　　　　 2. 그 지역 전체일 경우 日本中(にほんじゅう)(일본 전체) 世界中(せかいじゅう)(세계 모든) 입니다.

B ： では来週火曜日の午前１１時の約束にしましょう。
「〜にする」는「〜으로 하다」는 의미입니다. 적극적인 행위를 나타낼 때 사용합니다. 예문을 보겠습니다.「私はコーヒーにします:나는 커피로 하겠습니다」
「しょうゆラーメンにします:간장라면으로 하겠습니다」 입니다.

 응용표현

1. 先約があって参加できないケースもあります。
    → 선약이 있어서 참가할 수 없는 경우도 있습니다.

2. 今度は絶対に邪魔しません。
    → 이번에는 절대 방해하지 않겠습니다.

3. 最近は暖かい日が続いていますね。
    → 최근에는 따뜻한 날이 계속되고 있군요.

4. 連帯保証人なしでは部屋を借りるのは無理ですか。
    → 연대보증인 없이는 방을 빌리는 것은 무리입니까?

5. 午前中は在宅の予定です。
    → 오전 중에는 집에 있을 예정입니다.

어휘 표현

□ 先約 선약 □ 参加 참가 □ 今度 이번 □ 絶対に 절대로 □ 邪魔 방해 □ 最近 최근
□ 暖かい 따뜻하다 □ 日 날 □ 続く 계속되다 □ 連帯 연대 □ 保証人 보증인
□ 部屋 방 □ 借りる 빌리다 □ 無理 무리 □ 午前中 오전 중 □ 在宅 재택
□ 予定 예정

unit.8 拒絶 (거절)

어휘연습

어휘	읽기	의미
先約		
可能		
午前中		
急用		
許可		
才能		
世界中		

작문연습

1. 선약이 있어서 먼저 실례하겠습니다.

2. 당신이 아무리 부탁해도 절대 하지 않습니다.

3. 내일은 바쁘지만 모레부터는 한가합니다.

4. 다음주 화요일 오후1시로 합시다.

 문제풀이

어휘	읽기	의미
先約	せんやく	선약
可能	かのう	가능
午前中	ごぜんちゅう	오전 중
急用	きゅうよう	급한 볼일
許可	きょか	허가
才能	さいのう	재능
世界中	せかいじゅう	세계 모든

1. 先約があってお先に失礼します。

2. あなたがいくら頼んでも絶対にしません。

3. 明日は忙しいですが、あさってからは暇です。

4. 来週の火曜日の午後１時にしましょう。

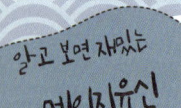

後藤象二郎(고토 쇼지로)-1

막부말기의 대정봉환을 이야기하는데 있어서, 坂本龍馬(사카모토 료마), 도사번주・山内容堂(야마우치 요도), 後藤象二郎(고토 쇼지로)는 뺄 수 없는 존재이다.

도사의 천재, 吉田東洋(요시다 도요)에 의해 키워지다

▲ 고토 쇼지로 초상

後藤象二郎(고토 쇼지로)는 天保(텐포9년-1838) 도사번 상급무사・後藤正晴(고토 마사하루)의 장남으로서 고치성 아래마을에서 태어났다. 그러나 쇼지로는 11세 때에 아버지를 여의고 삼촌인 吉田東洋(요시다 도요)에게 길러진다.

요시다 도요가 연 鶴田塾(쯔루다 숙)에서 학문을 배우고, 야나가와 번사인 大石種 昌(오이시 타네마사)에게 검술을 배웠으며, 17세 때에는 요시다 도요의 중매로 첫번째 아내를 맞이한다. 삼촌인 요시다 도요는 번주・山内容堂(야마우치 요도)의 절대적인 신임을 얻었고, 막부말기에 도사번을 웅번으로 견인한 도사의 천재라고 일컬어지는 인물이며, 사설학교인 鶴田塾(쯔루다 숙)에서는 고토 쇼지로 외에 메이지에서 활약한 板垣退助(이타가키 타이스 케), 福岡孝弟(후쿠오카 타카치카), 岩崎弥太郎(이와사키 야타로) 등을 베출하는 등, 마치 도사의 吉田松陰(요시다 쇼인)이라고 알 수 있다. 고토 쇼지로는 吉田東洋(요시다 도요)라는 뛰어난 삼촌의 덕분으로 영재교육을 받으며 자랐다.

吉田東洋(요시다 도요)가 암살되다

부국강병, 개국무역, 공무합체 등을 추진한 요시다 도요가 도사근왕당에게 암살되자 고토 쇼지로를 포함한 요시다 파는 실각했다. 직을 잃은 고토 쇼지로는 에도로 가서 막부의 개성소(현 도쿄대학)에서 영어와 항해술을 배운다.

번정복고와 도사근왕당의 숙청

安政の大獄(안세이노 다이고쿠)로 운둔생활을 한 번주・山内容堂(야마우치 요도)가 井伊直弼(이이 나오스케)의 암살을 계기로 은둔생활을 그만두고, 사실상 번정에 복귀하여 실권을 쥔다. 고토 쇼지로는 岩崎弥太郎(이와사키 야타로)와 번정에 관한 의견서를 번주・야마우치 요도에게 제출하여 신뢰를 획득, 대감찰에 발탁되어 도사근왕당의 탄압에 착수하여, 武市半平太(타케이치 한페이타)를 할복시키는 등, 도사근왕당을 숙청했다.

▲ 코토 쇼지로 탄생지

▲ 고토와 료마가 어릴 때 놀던 에이후쿠지

unit. 9 祝賀-お祝い (축하)

본문회화

A : この度は部長へのご栄転おめでとうございます。

B : どうもありがとう。

A : よかったですね。

B : 課長時代が長かったので、まだ実感がないです。

A : 頑張っていらっしゃったから、当然のことかと思いました。

B : きっと今年のコンテストで、うちの課の商品が受賞したことが大きかったと思います。

A : コンテストで何か賞をいただいたのですか。

B : じつは最近のことですが、優勝しました。

A : 知りませんでした。優勝おめでとうございます。

B : ありがとうございます。

A : ダブルでお祝いしなくてはいけないですね。

어휘 표현

- □ 祝賀 축하　□ お祝い 축하　□ この度 이번　□ 部長 부장　□ 栄転 영전, 승진
- □ 課長時代 과장시절　□ 長い 길다　□ 実感 실감　□ 頑張る 열심히 하다
- □ 当然 당연　□ きっと 틀림없이, 아마　□ 今年 올해　□ 商品 상품　□ 受賞 수상
- □ じつは 실은　□ 最近 최근　□ 優勝 우승

본문 해석

A : 이번에 부장으로의 승진을 축하드립니다.
B : 정말 고맙습니다.
A : 다행입니다.
B : 과장시절이 길어서 아직 실감이 안 납니다.
A : 열심히 하셨기 때문에 당연한 일이라고 생각합니다.
B : 아마 올해의 콘테스트에서 우리 과의 상품이 수상한 것이 컸다고 생각합니다.
A : 콘테스트에서 뭔가 상을 받았습니까?
B : 실은 최근의 일인데 우승했습니다.
A : 몰랐습니다. 우승 축하드립니다.
B : 고맙습니다.
A : 축하해야 할 일이 두 개나 있군요.

본문 상세 설명

A : この度は部長へのご栄転おめでとうございます。

「栄転(えいてん)」은「승진」의 존경표현으로「영전」이라고 합니다.「승진」은「昇進(しょうしん)」이라고 합니다. 예문을 보겠습니다.
「栄転が決(き)まると、社内の同僚(どうりょう)や上司(じょうし)などからお祝(いわ)いをいただくことがある:영전이 결정되면, 사내의 동료나 상사 등으로부터 축하를 받는 경우가 있다」입니다.

B : どうもありがとう。

영전에 대한 축하에 대해서 감사를 한 인사문입니다.

A : よかったですね。

승진에 대한 또 한 번의 축하입니다.

B : 課長時代が長かったので、まだ実感がないです。

「課長時代(かちょうじだい)」은「과장시절」이라고 하는데,「時代」는「시대」라고 읽지만, 일본어에서는「시절」이라는 의미로 사용됩니다. 다른 예문을 보겠습니다.
「学生(がくせい)時代は哲学書(てつがくしょ)に耽(ふ)けたものだ:학생 때는 철학서에 몰두했다」

A : 頑張っていらっしゃったから、当然のことかと思いました。

「いらっしゃる」는「いる-있다/行(い)く-가다/来(く)る-오다」의 존경어입니다.
「教室(きょうしつ)に先生はいらっしゃいますか:교실에 선생님은 계십니까?」

고급_第０９課　祝賀-お祝い（축하） | 327

unit. 9 祝賀-お祝い (축하)

「社長もあしたの会議にいらっしゃいますか:사장님도 내일 회의에 오십니까?」
「先輩も来週のセミナーにいらっしゃるそうです:선배님도 다음주 세미나에 가신다고 합니다」 입니다.

B : きっと今年のコンテストで、うちの課の商品が受賞したことが大きかったと思います。

「きっと」는 「틀림없이」 라고 해석을 하지만, 뉘앙스는 「아마도」 입니다. 또, 「かならず」 는 「틀림없이」 인데, 뉘앙스는 「무슨 일이 있더라도」 입니다.
「山田さんもきっと来るでしょう:야마다 씨도 틀림없이 오겠죠」
「借りたお金はかならず返してください:빌린 돈은 반드시 갚아주세요」

A : コンテストで何か賞をいただいたのですか。

「いただく」 는 「もらう:받다」 의 겸양표현입니다. 내가 다른 사람으로부터 뭔가를 받는 것이기 때문에 나의 동작이죠. 따라서 자신을 낮춘 겸양표현이 되는 것입니다.
「部長からプレゼントをいただきました:부장님으로부터 선물을 받았습니다」 입니다.

B : じつは最近のことですが、優勝しました。

「じつは」 는 「실은」 이라는 의미의 부사인데, 예문을 두 개 보겠습니다.
「じつは明日朝早いんです:실은, 내일 일찍 일이 있습니다」
「じつは、さっき取引先から見積書が届きました:실은 조금 전에 거래처로부터 견적서가 도달되었습니다」 입니다.

A : 知りませんでした。優勝おめでとうございます。
어려운 문장이 없습니다. 그럼 어휘공부를 해 보겠습니다. 「優秀:우수」 「優越:우월」 「優遇:우월대우」 「決勝:결승」 「勝利:승리」 「勝負:승부」 입니다.

A : ダブルでお祝いしなくてはいけないですね。

「〜なくてはいけない」 는 「〜않고서는 안 된다」 는 의미.
「約束は守らなくてはいけない:약속은 지키지 않고서는 안 된다」
「明日の試合は勝たなくてはいけない:내일 시합은 이기지 않고서는 안 된다」 입니다.

 응용표현

1. 新型コロナウイルス感染症への対応について考えましょう。
   → 신형 코로나 바이러스 감염증에 대한 대응에 대해서 생각합시다.

2. 身近な人が栄転となった場合は、メッセージや贈り物でお祝いしましょう。
   → 가까운 사람이 영전이 되었을 경우는 메시지와 선물로 축하합시다.

3. それは説明する必要もない当然のことです。
   → 그것은 설명할 필요도 없는 당연한 일입니다.

4. じつは私にはあまり知られていない秘密があります。
   → 실은 저에게는 별로 알려지지 않는 비밀이 있습니다.

5. すぐにお祝いの気持ちを伝えたいものです。
   → 바로 축하의 마음을 전하고 싶은 것입니다.

어휘 표현

- □ 新型(しんがた) 신형
- □ 感染症(かんせんしょう) 감염증
- □ 対応(たいおう) 대응
- □ 身近(みぢか)だ 가까이 있다
- □ 栄転(えいてん) 영전, 승진
- □ 場合(ばあい) 경우
- □ 贈(おく)り物(もの) 선물
- □ お祝(いわ)い 축하
- □ 説明(せつめい) 설명
- □ 必要(ひつよう) 필요
- □ 当然(とうぜん) 당연
- □ じつは 실은
- □ 知(し)られる 알려지다
- □ 秘密(ひみつ) 비밀
- □ 気持(きも)ち 기분, 마음
- □ 伝(つた)える 전하다

unit. 9 祝賀-お祝い (축하)

어휘연습

어휘	읽기	의미
栄転		
実感		
当然		
受賞		
優勝		
教室		
見積書		

작문연습

1. 우승을 했지만 실감이 나지 않습니다.

2. 틀림없이 그의 노력의 성과라고 생각합니다.

3. 실은 그의 죽음에 대해서 의문이 있습니다.

4. 사장님이 오시니 회의에 참가해야만 합니다.

 문제풀이

어휘	읽기	의미
栄転	えいてん	영전, 승진
実感	じっかん	실감
当然	とうぜん	당연
受賞	じゅしょう	수상
優勝	ゆうしょう	우승
教室	きょうしつ	교실
見積書	みつもりしょ	견적서

1. 優勝をしましたが、実感がないです。

2. きっと彼の努力の成果だと思います。

3. じつは彼の死について疑問があります。

4. 社長がいらっしゃるから会議に参加しなくてはいけないです。

알고 보면 재밌는 메이지유신

後藤象二郎(고토 쇼지로)-2

도사번참정으로서 번의 재정개혁을 추진하다

고토 쇼지로는 번주・山内容堂(야마우치 요도)의 신뢰를 확고히 받고 참정에 임명되었다. 吉田東洋(요시다 토요)에게 배우고 개성소에서 배운 지식과 경험을 살려서 경제정책을 추진해 나갔다. 산업, 무역을 힘을 쏟아, 칙산, 교육 등을 겸한 개성소를 설립, 상해시찰 등도 행했다. 그리고 岩崎弥太郎(이와사키 야타로)를 도사상회 주임 겸 留守居役(루수이역-직책 이름)으로 발탁해서 나가사키에 배치하여, 도사의 산물을 나가사키와 오사카에서 매매하고 인재의 육성이랑 기술의 도입을 도모하려고 했다.

坂本龍馬(사카모토 료마)와 의기투합

참정으로서 도사번의 재정개혁, 부국강병을 도모하는 것도 상당히 어려웠고, 비슷한 시기에 나가사키에서 亀山社中(카메야마 샤츄)를 만들어 활약하고 있는 전 도사번 사인 사카모토 료마를 알게 되어 접촉한다. 도사근왕당의 숙청 등, 여러 가지 일이 있었지만, 회담에서 의기투합하고 나서는, 자주 만나는 존재가 되어, 3개월 후에는 사카모토 료마의 탈번을 면책하고, 번의 기관으로서 해원대의 대장으로 사카모토 료마를 임명했다.

▲ 카메야마 사츄

선중팔책과 薩土(삿사-사쯔마와 도사) 동맹

고토 쇼지로는 번주・山内容堂(야마우치 요도)로부터 교토로 호출받아, 나가사키에서 도사번의 배 「夕顔丸(유가오마루)」로 출항, 함께 승선했던 사카모토 료마로부터 대정봉환론을 야마우치 요도에게 진언하기 위해, 정치강령(선중팔책)을 제시받는다. 번주・야마우치 요도는 이미 교토에서 귀향했기 때문에, 이 선중팔책을 가지고 교토에 있는 도사번 수뇌진에게 대정봉환론을 설명하고 찬동을 받는다. 사쯔마번의 西郷隆盛(사이고 타카모리), 小松帯刀(코마쯔 타테와키), 大久保利通(오쿠보 토시미치)와 회담하여 「薩土(삿사)동맹」을 체결했다.

薩土(삿사)동맹 해소로 독자노선으로 대정봉환론을 진행하다

고토 쇼지로는 도사에 돌아와 번주・山内容堂(야마우치 요도)에게 대정봉환론을 제언하고 찬동을 얻지만, 출병만은 난색을 표한 것과, 이카루스사건의 처리로 영국 공사 파크스와의 교섭에 시간을 빼앗긴 것으로, 의심을 사서 「薩土(삿사)동맹」은 해소되어 버린다. 그러나 동맹 해소 후도 고토 쇼지로는 독자적으로 움직여 번주・야마우치 요도의 설득에도 성공하고, 그와 함께 대정봉환 건의서를 막부에 제출했다. 이 건의를 받고 德川慶喜(도쿠가와 요시노부)는, 대정봉환을 행했다. 이 일련의 논공에 의해, 고토 쇼지로는 승진을 한다. 또 영국 공사 파크스의 암살을 막은 것에 의해. 빅토리아여왕으로부터 보검을 하사받는다.

後藤象二郎(고토 쇼지로)-2

메이지 우신 후, 신정부에서 수많은 요직에 들어가 활약

메이지 신정부로부터 고토 쇼지로는 메이지유신의 공적에 따라 상여금으로서 1000석을 받고, 참여(고문직)에 임명받았다. 오사카부 지사 등 요직을 몇 갠가 역임했지만, 정한론에서 패해 사의를 나타내고 사이고 타카모리, 이타가키 타이스케 등과 함께 하야한다. 그 후, 이타가키 타이스케 등과 함께 애국공민당을 조직, 민선의원설립 건의서를 제출하고, 대동단결운동을 제창했다. 당파를 넘어선 활약을 하는 정치가로 백작으로 선임되어, 체신상·농상·재상을 역임하지만, 뇌물사건의 책임을 지고 사직하고, 정치생명을 끝내게 된다. 만년에는 심장병으로 요양했지만, 메이지 30년(1897) 60세로 병사했다.

▲ 고토 쇼지로 초상

▲ 코토 쇼지로 무덤

memo

unit. 10 禁止 (금지)

본문회화

A : すみません。この映画館では食べ物と飲み物のお持ち込みは禁止となっております。

B : 映画館の中で食べたり飲んだりしてはダメなのですか。

A : いいえ、そういうわけではなくて、あちらの売店でご購入いただいた食べ物や飲み物でしたら、持ち込みが出来ます。

B : そうなのですね。

A : それから館内でのビデオ撮影も禁止となっております。

B : でも撮影をしないのであれば、携帯電話を館内に持ち込んでもいいのですよね。

A : はい。ただし電源を切るか、マナーモードにしてください。

B : わかりました。

A : いろいろ窮屈でご迷惑をおかけしますが、よろしくお願いします。

B : 仕方がないですね。

어휘 표현

□ 禁止 금지　□ 映画館 영화관　□ 食べ物 음식　□ 飲み物 마실 것
□ 持ち込み 반입　□ わけ 셈　□ 売店 매점　□ 購入 구입　□ 館内 관내
□ 撮影 촬영　□ 携帯電話 휴대전화　□ ただし 단　□ 電源を切る 전원을 끄다
□ マナーモード 진동　□ 窮屈だ 딱딱하다　□ 迷惑をかける 폐를 끼치다
□ 仕方がない 어쩔 수가 없다

본문 해석

A : 죄송합니다. 이 영화관에서는 음식과 마실 것의 반입은 금지입니다.
B : 영화관 안에서 먹거나 마시거나 하는 것은 안 됩니까?
A : 아뇨, 그런 것이 아니고, 저쪽의 매점에서 구입하신 음식이나 마실 거라면 반입이 가능합니다.
B : 그렇군요.
A : 그리고 관내에서의 비디오 촬영도 금지입니다.
B : 하지만 촬영하지 않는 거라면 휴대전화를 관내에 반입해도 되는 것이군요.
A : 예. 단 전원을 끄던가 진동으로 해 주세요.
B : 알겠습니다.
A : 여러 가지 딱딱하게 하고 민폐를 끼칩니다만, 잘 부탁합니다.
B : 어쩔 수가 없죠.

본문 상세 설명

A : すみません。この映画館では食べ物と飲み物のお持ち込みは禁止となっております。

「持ち込み」는 「반입」이라는 의미이고, 「持ち帰り」는 「들고 돌아감」 즉, 「테이크아웃」이라는 의미입니다. 두 개의 예문을 보겠습니다.
「機内持ち込みサイズを超えるものは持っていません:기내 반입사이즈를 넘는 것은 가지고 있지 않습니다」 「お持ち帰りメニューを紹介します:테이크아웃 메뉴를 소개하겠습니다」 입니다.

B : 映画館の中で食べたり飲んだりしてはダメなのですか。

「～たり～たり～する:～하기도 하고～하기도 한다」 는 표현을 알아둡시다. 「映画を見たり友だちに会ったりする:영화를 보거나 친구를 만나거나 한다」 「サッカーをしたり野球をしたりする:축구를 하거나 야구를 하거나 한다」 라고 말하기도 하죠. 여기서 중요한 것은 「～たり～たり」 는 반드시 「～たり～たり～する」 라는 식으로 「する」 로 마무리 지어야 합니다.

A : いいえ、そういう訳ではなくて、あちらの売店でご購入いただいた食べ物や飲み物でしたら、持ち込みが出来ます。

「そういう」 는 「そんな」 와 같은 의미입니다. 「こういう」 「ああいう」 「どうい

unit. 10　禁止 (금지)

う」는「こんな」「あんな」「どんな」와 같은 뜻입니다.

A : それから館内でのビデオ撮影も禁止となっております。
「~での」는「~에서의」라는 의미이고「~における」와 같은 뜻입니다. 두 개의 예문을 보도록 하겠습니다.「日本での英語教育は依然として、問題だらけだ:일본에서의 영어교육은 여전히 문제투성이다」「車内における携帯電話のご利用はご遠慮ください:차안에서의 휴대전화의 이용은 삼가해 주세요」입니다.

B : でも撮影をしないのであれば、携帯電話を館内に持ち込んでもいいのですよね。
「명사+であれば」는「~라면」이라는 의미인데, 두 개의 예문을 보겠습니다.
「配送前であればキャンセルは可能です:배송 전이라면 취소는 가능합니다」
「必要であれば差し上げます:필요하다면 드리겠습니다」입니다.

A : はい。ただし電源を切るか、マナーモードにしてください。
「ただし」는「단지, 다만」이라는 의미인데,「ただ」와 같은 의미입니다. 예문을 통해서 더 상세히 알아보겠습니다.「入場自由。ただし、子供はお断り:입장은 자유. 단, 아이는 불가」「明日の試合には出られる。ただし、無理は禁物だ:내일 시합에는 나갈 수 있다. 단, 무리는 금물이다」입니다.

A : いろいろ窮屈でご迷惑をおかけしますが、よろしくお願いします。
「窮屈だ」는「딱딱하다, 거북하다, 갑갑하다」라는 의미입니다. 예문을 보겠습니다.
「前の座席に膝があたってしまうので、窮屈でした:앞 좌석에 무릎이 닿아서 갑갑했습니다」「広くはないものの、窮屈さは感じませんでした:넓지는 않지만, 답답함은 느끼지 않았습니다」입니다.

B : 仕方がないですね。
여러 가지 제약이 많아서 죄송하다는 말에 대해서 어쩔 수 없다고 대답하는 문장입니다.

 응용표현

1. 機内持ち込み手荷物の許容サイズは決められている。
   → 기내 반입 수화물의 허용사이즈는 정해져 있다.

2. 学生時代、勉強ばかりしていたわけではない。
   → 학생시절, 공부만 했던 것은 아니다.

3. 電源を切る場合は、次の手順で操作してください。
   → 전원을 끊을 경우는, 다음의 수순으로 조작해 주세요.

4. マナーモードを設定する方法を教えてください。
   → 진동을 설정하는 방법을 가르쳐 주세요.

5. 前の座席に膝があたってしまうので、窮屈でした。
   → 앞 좌석에 무릎이 닿아서 비좁습니다.

어휘 표현

- ☐ 機内 기내 ☐ 持ち込み 반입 ☐ 手荷物 수화물 ☐ 許容 허용 ☐ 決める 정하다
- ☐ 学生時代 학생시절 ☐ 勉強 공부 ☐ わけ 셈 ☐ 電源を切る 전원을 끊다
- ☐ 場合 경우 ☐ 次 다음 ☐ 手順 수순 ☐ 操作 조작 ☐ マナーモード 진동
- ☐ 設定 설정 ☐ 方法 방법 ☐ 教える 가르치다 ☐ 座席 좌석 ☐ 膝 무릎
- ☐ あたる 닿다 ☐ 窮屈だ 비좁다

unit. 10 禁止 (금지)

어휘연습

어휘	읽기	의미
映画館		
持ち込み		
売店		
購入		
携帯		
遠慮		
座席		

작문연습

1. 박물관에서는 음식물의 반입은 금지입니다.

2. 아이가 항상 민폐를 끼쳐서 대단히 죄송합니다.

3. 주말에는 친구를 만나거나 영화를 보거나 합니다.

4. 전철에서는 휴대전화는 진동으로 해 주세요.

문제풀이

어휘	읽기	의미
映画館	えいがかん	영화관
持ち込み	もちこみ	반입
売店	ばいてん	매점
購入	こうにゅう	구입
携帯	けいたい	휴대
遠慮	えんりょ	삼가함
座席	ざせき	좌석

1. 博物館では食べ物の持ち込みは禁止となっております。

2. 子供がいつもご迷惑をおかけしまして大変申し訳ございません。

3. 週末には友だちに会ったり映画を見たりします。

4. 電車では携帯電話はマナーモードにしてください。

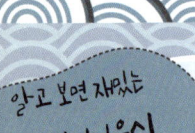
알고 보면 재있는 메이지유신

신센구미 1번대 대장・沖田総司(오키다 소지)-1

沖田総司(오키다 소지)는 미소년 천재 검사 ?

沖田総司(오키다 소지)는 소설이나 만화 등에서는 거의 100퍼센트 용모단정한 미검사로서 등장한다. 사진이 남아 있지 않고, 한번 그런 이미지가 세상에 정착되어 버리면 되돌릴 수가 없다. 짧은 청춘을 보내고 가련한 교토의 여성과의 비련의 사랑 이야기의 주인공이기도 하였다.

▲ 오키다 소지

신센구미 안에서 누구보다도 많은 사람을 벤 오키다. 비정한 일면이 있는 것도 사실이다. 그러나 그의 본분은 존경하는 스승・近藤勇(곤도 이사미)를 위해서 일하는 것이었다. 주어진 업무를 충실히 행하고, 더러운 역할을 솔선해서 행하는 외골수스러움이, 이 고독한 천재의 정당성을 지탱하고 있었을 지도 모른다.

인생의 스승・近藤勇(곤도 이사미)와의 만남

沖田総司(오키다 소지)는 텐포13년(1842년) 여름에 에도에서 태어났다(텐포 15년이라는 설도 있다). 원래의 이름은 沖田宗次郎(오키다 소지로). 寛政の改革(칸세이의 개혁)을 행한 松平定信(마쯔다이라 사다노부)로 유명한 白河(시라가와)번의 보병의 우두머리인・沖田勝次郎(오키다 카쯔지로)의 장남이다.

▲ 곤도이사미

따라서 본래라면 総司(소지)가 오키다가의 가독을 이어, 일가의 주인이 될 예정이었다. 그러나, 総司(소지)가 어릴 때, 부모가 타계했기 때문에, 総司(소지)의 가장 큰 누나・ミツ(미쯔)가 데릴사위를 얻어 오키다가를 잇게 되었다. 総司(소지)는 9세 때에 천연이심류의 도장인 試衛館(시에이칸)의 도제가 되었다. 가독을 잇는 것도 할 수 없고, 어릴 때부터 가족이 뿔뿔이 흩어진 소지에게 있어서, 유일한 위로는 검의 수행에 정진하는 것이었다. 원래 오키다는 검술에 천재적인 재능이 있었다.

12세 때에 白河(시라가와)번의 검술 사범에게 이겼다는 설도 남아 있을 정도다. 그런 재능을 나중에 試衛館(시에이칸)의 주인이 되는 近藤勇(곤도 이사미)가 혹독한 훈련을 시킨 끝에, 오키다의 솜씨는 점점 더 늘었다. 그리고 20세 때에 떳떳이 試衛館(시에이칸)의 숙장이 된다.

오키다의 검의 실력은 누구나 인정할 정도였다. 유명한 「3단 찌르기」는, 검을 세번 반복해서 찌르는 동작이 너무 빠르기 때문에, 한번밖에 찌르지 않은 듯이 보였다고 한다.「죽도를 들면, 土方(히지카타)도 藤堂(토도)도 어린아이 취급당했다. 진심으로 싸우면 스승인 近藤(곤도)도 당해내지 못한다」라고 永倉新八(나가쿠라 신파치)가 말했다고 한다. 물론, 오키다에게 있어서 近藤(곤도)는 특별한 존재이다. 가족의 사랑을 받지 못했던 오키다를 부모 대신 보살펴 주면서 매우 예뻐했다. 試衛館(시에이칸)은 도장이라기보다 오키다의 가정 그 자체였다.

unit. 11 許可 (허가)

본문회화

A : 大変恐れ入りますが、今、電話がかかってきたので、少しだけ通話してもよろしいですか。

B : はい、いいですよ。

A : ありがとうございます。（電話を受けて終わる）

B : 忙しそうですね。

A : 急に地方からのお客様が来社することになりました。大変申し訳ないのですが、少し早めに打ち合わせを終えてもよろしいですか。

B : 仕方がないですね。早く終わらせるようにします。

A : ありがとうございます。このお礼は必ず返すようにします。

B : 気にしなくていいですよ。忙しいときはお互いさまです。

A : そうおっしゃっていただけると、助かります。

B : では打ち合わせの本題に入りましょう。

어휘 표현

- □ 許可 허가 □ 大変 매우 □ 恐れ入る 죄송하다 □ 通話 통화 □ 受ける 받다
- □ 終わる 끝나다 □ 忙しい 바쁘다 □ 急に 갑자기 □ 地方 지방 □ お客様 손님
- □ 来社 내사 □ 申し訳ない 죄송하다 □ 早めに 조금 빨리 □ 打ち合わせ 회의
- □ 終える 끝내다 □ 仕方がない 어쩔 수가 없다 □ お礼 답례 □ 必ず 반드시
- □ 返す 갚다 □ 気にする 신경 쓰다 □ お互いさま 피차일반
- □ おっしゃる「言う-말하다」의 존경어 □ 助かる 도움이 되다 □ 本題 본 주제

본문 해석

A : 대단히 죄송합니다만, 지금 전화가 걸려와서 잠시만 통화해도 되겠습니까?
B : 예, 좋습니다.
A : 감사합니다. (전화를 받고 끝내다)
B : 바쁜 것 같군요.
A : 갑자기 지방에서 손님이 내사하기로 되었습니다. 대단히 죄송합니다만, 조금 빨리 회의를 끝내도 괜찮겠습니까?
B : 어쩔 수 없군요. 빨리 끝내도록 하겠습니다.
A : 감사합니다. 이번의 조치에 대한 인사는 반드시 갚도록 하겠습니다.
B : 신경 쓰지 않아도 괜찮습니다. 바쁠 때는 피차일반입니다.
A : 그렇게 말씀해 주시니 도움이 됩니다.
B : 그럼 회의의 본 주제로 들어갑시다.

본문 상세 설명

A : 大変恐れ入りますが、今、電話がかかってきたので、少しだけ通話してもよろしいですか。

「恐れ入る」는 문장에 따라서 「고맙다」「죄송하다」 두 가지의 의미로 사용합니다.
「恐れ入りますが、添付した資料を確認していただけますか: 죄송합니다만, 첨부한 자료를 확인해 주실 수 있겠습니까?」
「こちらからの要望に応えてくださり、恐れ入ります:저희 쪽의 요망에 부응해 주셔서 감사합니다」 입니다.

B : 忙しそうですね。

「い형용사어간+そうだ」는 「~인 것 같다」는 「양태표현」입니다. 참고로 「いい」는 「よさそうだ:좋은 것 같다」, 「ない」는 「なさそうだ:없는 것 같다」 라고 표현합니다.
「あの店はおいしそうだ:저 가게는 맛있을 것 같다」
「山田さんは優しそうだ:야마다 씨는 상냥할 것 같다」 입니다.

A : 急に地方からのお客様が来社することになりました。大変申し訳ないのですが、少し早めに打ち合わせを終えてもよろしいですか。

새로운 표현 「早めに」에 대해서 알아볼까요. 「早い」는 「빠르다」라는 い형용사입니다. 여기서 「い」를 뺀 형태를 「い형용사의 어간」이라고 합니다. 즉, 「い형용사어간」에 「めに」를 접속하면 「조금~한 듯이」라는 표현이 됩니다.

unit. 11 許可 (허가)

B : 仕方がないですね。早く終わらせるようにします。
「終わらせる」는「終わる:끝내다」의 사역표현입니다.「사역형」은「~하게 하다, ~하게 만들다」고 해석하면 됩니다. 두 개의 예문을 보겠습니다.
「先生は生徒に本を読ませた:선생님은 학생에게 책을 읽게 했다」
「兄は弟を泣かせた:형은 남동생을 울렸다」입니다.

A : ありがとうございます。このお礼は必ず返すようにします。
「必ず:반드시」는 긍정문에 접속이 되지만,「必ずしも:반드시」는 부정문에 접속이 됩니다. 긍정문과 부정문에 접속되는 예를 각각 하나씩 보겠습니다.
「明日は必ず資料を持ってきてください:내일은 반드시 자료를 들고와 주세요」
「毎日練習したからといって必ずしも上手になるわけではない:매일 연습했다고 해서 반드시 능숙하게 되는 것은 아니다」입니다.

B : 気にしなくていいですよ。忙しいときはお互いさまです。
「気になる」와「気にする」를 구분하도록 하죠. 이 표현은 헷갈릴 수가 있지만 동사 고유의 의미를 생각하면 돼요.「する」는「하다」이고,「なる」는「되다」이죠? 따라서「気にする」는「신경을 쓰다」는 의미가 되고「気になる」는「신경이 쓰이다」는 의미가 되는 것입니다.

A : そうおっしゃっていただけると、助かります。
「おっしゃる」는「言う-말하다」의 존경표현입니다. 겸양표현은「申し上げる」입니다.
「課長のおっしゃることに賛成です:과장님이 말씀하신 것에 찬성입니다」
「お客様がおっしゃいましたように:손님이 말씀하신 것처럼」입니다.

B : では打ち合わせの本題に入りましょう。
「打ち合わせ:협의」이라는 단어에 대해서도 세 개의 예문을 통해서 알아봅시다.
「会の進行について打ち合わせをしました:모임의 진행에 대해서 협의를 했습니다」
「いきなりオンライン打ち合わせが増えた:갑자기 온라인 협의가 늘어났다」
「本当に打ち合わせを行う必要があります:정말로 협의를 행할 필요가 있습니다」입니다.

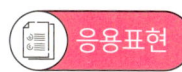 **응용표현**

1. 恐れ入りますが、少々お待ちいただきます。
    → 죄송합니다만, 잠시 기다려 주세요.

2. 少しだけ泣いてもいいですか。
    → 조금만 울어도 되겠습니까?

3. トラックは急に左へ曲がった。
    → 트럭은 갑자기 왼쪽으로 돌았다.

4. 必ず購入前に説明書を読んでください。
    → 반드시 구입 전에 설명서를 읽어 주세요.

5. お互い様の気持ちを忘れずに過ごしてほしい。
    → 피차일반의 마음을 잊지 말고 지내기를 바란다.

어휘 표현

- ☐ 恐れ入る 죄송하다 ☐ 少々 잠시 ☐ 待つ 기다리다 ☐ 少し 조금 ☐ 泣く 울다
- ☐ 急に 갑자기 ☐ 左 왼쪽 ☐ 曲がる 돌다 ☐ 必ず 반드시 ☐ 購入前 구입 전
- ☐ 説明書 설명서 ☐ お互いさま 피차일반 ☐ 忘れる 잊다 ☐ 過ごす 보내다, 지내다

unit. 11 許可 (허가)

어휘연습

어휘	읽기	의미
進行		
来社		
打ち合わせ		
必ず		
本題		
生徒		
泣く		

작문연습

1. 스기모토는 다른 전화를 받고 있습니다.

2. 갑자기 공장에 사장님이 방문하게 되었습니다.

3. 오늘은 시골에서 부모님이 오기에 수업을 조금 빨리 마치도록 하겠습니다.

4. 협의의 날짜를 조금 연기해 주실 수 없겠습니까?

문제풀이

어휘	읽기	의미
進行	しんこう	진행
来社	らいしゃ	본사
打ち合わせ	うちあわせ	협의
必ず	かならず	반드시
本題	ほんだい	본 주제
生徒	せいと	학생
泣く	なく	울다

1. 杉本は他の電話に出ております。

2. 急に工場に社長が訪問することになりました。

3. 今日は田舎から両親が来るので授業を少し早めに終わらせるようにします。

4. 打ち合わせの日にちを少し延期していただけませんか。

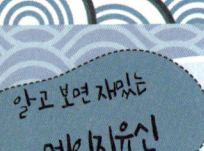

신센구미 1번대 대장・沖田総司(오키다 소지)-2

　막부가 모집한 浪士組(로시구미)의 일행에 近藤(곤도)가 참가할 것을 결정하자, 오키다도 곤도를 따라 교토로 갔다. 그리고 분열된 로시구미에서 신센구미가 탄생하자, 오키다는 1번대의 대장으로서 실행부대(행동부대)의 중심적인 역할을 짊어지게 되었다. 신센구미의 여러 개의 단이 있는 羽織(하오리-겉옷)의 산모양은 「베다」는 행위를 연상시킨다. 그 이미지를 구현화한 것 같이, 오키다의 검은 그 후, 양이파의 지사랑 불량 검객 등, 교토에서 행패를 부리는 「나쁜 녀석」의 피를 찾으러 교토와 伏見(후시미)의 이곳저곳을 바쁘게 뛰어다녔다.

　신센구미라고 하면 같은 편의 숙청으로도 유명하다. 오키다의 검은 동료의 목숨을 저 세상에 보내는 비정한 역할의 행사에도 종종 사용되었다.

　壬生浪士組(미부로시구미)시절에, 최고 국장이면서 품행이 좋지 못하고, 주색에 빠져 무모한 행동을 한 것에 의해 그룹의 품성을 떨어뜨린 芹沢鴨(세리자와 카모)의 암살에 가담하고, 또 후에는, 부대 안에서도 중요한 지위에 있고, 오키다와도 친했던 山南敬助(야마나미 케이스케)가 도망쳤을 때에, 데리고 와서 할복의 介錯(카이샤쿠-할복하는 사람의 목을 쳐주는 일)를 행하는 괴로운 일도 수행했다. 신센구미는 부대의 질서를 지키기 위해서 철저한 규칙을 내걸었고, 도망은 용서할 수 없는 대역죄였다.

▲ 신세구미 기념관

「교토의 사랑」

　업무수행을 위해서는, 개인 감정의 이입은 금물. 그러한 近藤(곤도)와 土方(히지카타) 등의 엄격한 철학에 더해, 오직 검의 한 길로 살아왔던 천재 오키다는 인생 그 자체가 항상 검으로 이루어져 있었다. 한편, 평소에 검을 사용하지 않을 때는, 동료에게 농담을 하는 것을 좋아하고, 병영 근처에서 아이들과 천진난만하게 장난치는 모습도 자주 볼 수 있었다고 한다. 그리고 오키다의 사랑. 신센구미의 병사의 대부분은 술집에서 여자와 노는 것을 좋아했지만, 오키다는 연애에 있어서도 한결 같은 점이 있었던 것 같다. 오키다는 시간이 지나도, 의사의 딸이었던 교토의 애인을 생각하면서 눈물을 흘렸다는 이야기가 전해지는데, 그에게는 서로 사랑하는 애인이 있었던 것은 확실한 것 같다.

　그러나 그 두 사람의 관계는, 近藤勇(곤도 이사미)의 고심 끝의 결단에 의해 헤어지게 되었다. 그 애인이 실제로 누구였는지, 그리고 왜 近藤(곤도)는 두 사람의 관계를 깼는가? 일설에 의하면 상대 여성은 곤도의 양녀이고, 마찬가지로 곤도가 양자로 삼은 谷周平(타니 슈헤이)와 결혼시킬 생각이었다고도 일컬어진다.

　또, 의사인 여성의 아버지가, 결핵을 앓고 있는 오키다와의 결혼에 반대했기 때문이라는 설도 있다. 여하튼 오키다는 스승인 곤도의 설득에 의해 어쩔 수 없이 사랑의 쟁취를 포기해야만 했다. 사정은 어쨌든 간에 그러한 수수께끼같은 비련의 사랑이야기도, 또 오키다의 한결 같은 삶의 모습에 매력을 더했을 것이다.

unit 12 出会い (만남)

본문회화

A : 田中さんでいらっしゃいますか。

B : はい、そうです。金さんでいらっしゃいますね。

A : はい。お忙しいところ貴重な時間をいただきまして、大変ありがとうございます。

B : とんでもないです。こちらこそ弊社までお越しいただき、感謝しております。

A : これは私の名刺です。よろしくお願いします。

B : ありがとうございます。これは私の名刺になります。

A : ありがとうございます。ずっとお会いしたいと思っていました。

B : 私もあなたのお噂はかねがね伺っておりました。

A : そうですか。

B : それではお話しに入りましょう。

어휘 표현

□ 出会い 만남　□ 忙しい 바쁘다　□ 貴重 귀중　□ とんでもない 당치않다
□ 弊社 저희 회사　□ 越す「行く-가다/来る-오다」의 존경어　□ 感謝 감사
□ 名刺 명함　□ 噂 소문　□ かねがね 진작에　□ 伺う「聞く-묻다, 듣다/訪ねる-방문하다」의 겸양어

본문 해석

A : 다나까 씨입니까?
B : 예, 그렇습니다. 김 상이죠.
A : 예. 바쁘신 중에 귀중한 시간을 주셔서 매우 감사합니다.
B : 당치않습니다. 저야 말로 저희 회사까지 와 주셔서 감사하고 있습니다.
A : 이것은 저의 명함입니다. 잘 부탁합니다.
B : 감사합니다. 이것은 저의 명함입니다.
A : 감사합니다, 계속 뵙고 싶다고 생각했습니다.
B : 저도 당신의 소문은 진작부터 들었습니다.
A : 그렇습니까?
B : 그럼, 이야기로 들어갑시다.

본문 상세 설명

A : 田中さんでいらっしゃいますか。

「〜でいらっしゃる」는 「です」의 「존경표현」입니다. 그런데 「いらっしゃる」는 「いる-있다/行く-가다/来る-오다」의 존경어이므로 주의하기 바랍니다.

B : はい、そうです。金さんでいらっしゃいますね。

상대방이 본인의 이름을 확인하자, 그렇다고 대답을 하고, 본인 역시 상대방의 이름을 확인하는 문장입니다.

A : はい。お忙しいところ貴重な時間をいただきまして、大変ありがとうございます。

「ところ」는 다양한 의미가 있는데, 이 문장에서는 「〜중에」라는 의미입니다. 그리고 반드시 알아야 할 「ところ」 표현이 있는데 알아보겠습니다.

「동사현재형+ところ:〜할 참, 〜하기 직전」

「동사 현재진행형+ところ:〜하고 있는 중」

「동사과거형+ところ:막〜함」 입니다. 각각의 예문을 보도록 하겠습니다.

「船が橋の下を通るところです:배가 다리 밑을 지날 참입니다」
「船が橋の下を通っているところです:배가 다리 밑을 지나고 있는 중입니다」
「船が橋の下を通ったところです:배가 다리 밑을 막 지났습니다」 입니다.

unit. 12 出会い (만남)

B : とんでもないです。こちらこそ弊社までお越しいただき、感謝しております。

「弊社」는 자신의 회사를 겸손하게 표현하는 단어입니다. 「상대방의 회사」에 대해서는 「貴社:귀사」라고 표현합니다. 비즈니스 회화에서 본인의 회사와 상대방의 회사에 대해서 지칭하는 단어이므로 반드시 암기해 주세요.

A : これは私の名刺です。よろしくお願いします。

「名刺」는 「명함」이라는 의미입니다. 이 문장은 어려운 표현이 없으므로 어휘공부를 해 보겠습니다. 「本名:본명」「名誉:명예」「名物:명물」「署名:서명」「刺激:자극」「刺客:자객」입니다.

B : ありがとうございます。これは私の名刺になります。

처음 만나서 서로 명함을 주고받는 자리에서는 이런 식으로 대화를 하며 주고받는 것이 가장 일반적입니다.

A : ありがとうございます。ずっとお会いしたいと思っていました。

「ずっと」는 「쭉, 훨씬」이라는 두 개의 의미를 가지고 있습니다. 예문을 볼게요.
「あなたのことがずっと好きだった:당신을 계속 좋아했었다」
「この店のほうがずっと安いです:이 가게 쪽이 훨씬 저렴합니다」입니다.

B : 私もあなたのお噂はかねがね伺っておりました。

「かねがね」「진작에」라는 의미로 「かねて」와 같은 뜻입니다. 두 개의 예문을 보겠습니다. 「お名前はかねがねうかがっています:성함은 진작에 들었습니다」「かねてより計画してまいりました:예전부터 계획해 왔습니다」입니다.

A : そうですか。나에 대해서 예전부터 알고 있었다는 이야기에 대한 대답입니다.

B : それではお話しに入りましょう。

비즈니스 장면에서 서로 간의 안부나, 인사를 묻고 난 후, 본래의 주제에 들어가자고 제안할 때 사용하는 표현입니다.

 응용표현

1. 健康ほど貴重なものはない。
   → 건강만큼 귀중한 것은 없다.

2. 弊社サービスご利用のお客様へお知らせします。
   → 저희 회사 서비스를 이용하시는 손님에게 알려드리겠습니다.

3. お忙しい中授業参観にお越しいただき、ありがとうございました。
   → 바쁘신 중에 수업 참관에 오셔서 감사했습니다.

4. ずっとあなたのことが好きだった。
   → 계속 당신을 좋아했었다.

5. お名前はかねがね伺っております。
   → 성함은 진작에 들었습니다.

어휘 표현

□ 健康 건강 □ 貴重 귀중 □ 弊社 저희 회사 □ 利用 이용 □ お客様 손님
□ 忙しい 바쁘다 □ 授業 수업 □ 参観 참관 □ 越す 「行く-가다/来る-오다」의 존경어
□ かねがね 진작에 □ 伺う 「聞く-묻다, 듣다/訪ねる-방문하다」의 겸양어

unit. 12 出会い (만남)

어휘연습

어휘	읽기	의미
貴重		
弊社		
名刺		
橋		
刺激		
本名		
名誉		

작문연습

1. 귀중한 작품을 보내 주셔서 감사합니다.

2. 내일 오전 중으로 와 주시기 바랍니다.

3. 저의 명함을 잊고 왔습니다. 죄송합니다.

4. 진작에 그의 대한 소문은 들었습니다.

문제풀이

어휘	읽기	의미
貴重	きちょう	귀중
弊社	へいしゃ	저희 회사
名刺	めいし	명함
橋	はし	다리
刺激	しげき	자극
本名	ほんみょう	본명
名誉	めいよ	명예

1. 貴重な作品をお送りいただきまして、ありがとうございます。

2. 明日の午前中にお越しください。

3. 私の名刺を忘れてきました。すみません。

4. かねがね彼に関しての噂は聞きました。

신센구미 1번대 대장・沖田総司(오키다 소지)-3

池田屋(이케다야)에서는 엄청난 활약을 했지만 각혈로 이탈

▲ 이케다야 사건

세상에 잘 알려진 池田屋(이케다야) 사건에서는, 양이파의 浪士(로시-낭인)들이 숨은 여관・池田屋(이케다야)에, 국장인 近藤勇(곤도 이사미) 이하, 藤堂平助(토도 헤이스케), 永倉新八(나가쿠라 신파치)와 함께, 불과 4명이 쳐들어갔다. 오키다는 검호의 모습을 유감없이 발휘하며, 낭인들을 잇달아 베어 나갔지만, 전투 도중에 각혈을 하여 쓰러졌다. 뛰어난 오키다도 많은 인원수를 상대로 한 장시간의 전투에서 체력을 상당히 소모했을 것이다. 이 때의 병은 결핵으로 보여지는데, 확실한 것은 모른다. 여하튼 오키다는 허무하게도 신센구미가 가장 그 이름을 떨쳤던 池田屋(이케다야)의 전투에서 도중에 탈출해야만 했다. 오키다는 마지막까지 싸울 수 없지만, 다행스럽게도 부상을 입지 않았고, 그 후 土方(히지카타)가 이끄는 부대의 지원도 받은 신센구미는 큰 승리를 거두었다. 池田屋(이케다야)에서의 공적이 있었기 때문에, 신센구미는 오늘날까지 그 존재가 길게 입에 오르내리고 있다고 해도 좋을 것이다.

짧았던 청춘의 마지막

池田屋(이케다야)사건 후도, 오키다는 신센구미를 위해서 계속 힘을 발휘했다. 그러나 메이지를 눈앞에 둔 케이오3년(1867년)무렵에 병이 악화되어, 鳥羽伏見(도바후시미)전투에서는 거의 싸우지 못하고 오사카로 보내졌고, 이윽고 전쟁에 패한 막부군과 함께 바닷길로 에도로 돌아왔다.

近藤(곤도)는 「甲陽鎮撫隊(코요친부타이)」라고 이름을 바꾼 신센구미를 이끌고 甲府(코후)로 향하고, 오키다도 같이 가려고 했지만, 이미 몸은 싸울 상태가 아니었다. 그 후, 幕臣(바쿠신-쇼군을 직속으로 모시는 무사)인 松本良順(마쯔모토 료준)의 조치로, 千駄ヶ谷(센다가야)의 정원수를 파는 가게에서 조용히 요양을 했지만, 병상태가 악화가 되어, 케이오 4년(1868년) 5월30일에 그 짧은 생을 마쳤다.

그것보다 전에, 스승인 近藤勇(곤도 이사미)는 下総(시모사)・流山(나가레야마)에서 체포되어, 참수되었지만(같은 해 4월25일), 오키다는 그것을 모르고, 「선생님은 어떻게 되었을까요? おたより(오타요리-소식)은 없어요?」라고 물었다, 이미 세상에 없는 스승을 염려하면서 마지막 날을 보냈다고 한다.

▲ 오키다 소지의 편지

unit. 13 別れ (이별)

본문회화

A : 出発の時間になりました。

B : もうそんな時間なのですね。

A : 今回の日本滞在では大変お世話になりました。

B : こちらこそ一緒に過ごせて楽しかったです。

A : ぜひ韓国にも遊びに来てください。

B : はい。いつかきっと遊びに行きます。

A : どうかお体に気を付けてお過ごしください。

B : ありがとう。時々韓国からご連絡ください。

A : はい。連絡するようにします。

B : これからは韓国と日本で情報交換ができるといいですね。

어휘 표현

□ 別れ 이별, 헤어짐　□ 出発 출발　□ 今回 이번　□ 滞在 체재, 체류
□ お世話になる 신세를 지다　□ 一緒に 함께　□ 過ごす 보내다　□ 楽しい 즐겁다
□ 遊ぶ 놀다　□ きっと 틀림없이　□ どうか 부디　□ 体 몸　□ 時々 때때로
□ 連絡 연락　□ 情報 정보　□ 交換 교환

본문 해석

A : 출발할 시간이 되었습니다.
B : 벌써 시간이 그렇게 되었군요.
A : 이번의 일본 체류에서는 매우 신세를 졌습니다.
B : 저야 말로 함께 보낼 수 있어서 즐거웠습니다.
A : 꼭 한국에도 놀러 와 주세요.
B : 예. 언젠가 꼭 놀러 가겠습니다.
A : 부디 몸 조심하면서 내시내세요.
B : 감사해요. 때때로 한국에서 연락해 주세요.
A : 예. 연락하도록 하겠습니다.
B : 앞으로는 한국과 일본에서 정보교환을 할 수 있으면 좋겠군요.

본문 상세 설명

A : 出発の時間になりました。

「なる」는 「되다」는 의미를 가지고 있는 동사인데, 품사별로 예문을 살펴보겠습니다.

명사 「もう春になりました : 벌써 봄이 되었습니다」
な형용사 「彼は有名になった : 그는 유명해졌다」
い형용사 「夏になって暑くなりました : 여름이 되어 더워졌습니다」
동사 「私も行くようになりました : 저도 가게 되었습니다」 가 됩니다.

B : もうそんな時間なのですね。

시간이 벌써 많이 지났다는 문장입니다. 「もう」는 「이미, 벌써」라는 뜻으로 「すでに」와 같은 뜻입니다. 두 개의 예문을 보겠습니다. 「もう授業は終わった : 이미 수업은 끝났다」 「試合はもう始まった : 시합은 이미 시작되었다」 입니다.

A : 今回の日本滞在では大変お世話になりました。

「お世話になる」는 「신세를 지다」는 의미입니다. 한 개의 표현을 더 공부해 보겠는데 바로 「お世話をする」라는 문장인데요. 「시중을 들다, 보살피다」는 의미입니다. 예문을 볼까요. 「故郷へ帰って両親のお世話をしました : 고향에 돌아가서 부모님의 시중을 들었습니다」

B : こちらこそ一緒に過ごせて楽しかったです。

「こちらこそ」는 「저야 말로, 이쪽이야 말로」라는 의미입니다. 「~こそ」는 「~야 말로」라는 의미입니다 「今こそ実行にうつすべきだ : 지금이야 말로 실행에 옮겨야만 한다」

unit. 13　別れ (이별)

「分からないからこそ聞いてみるべきだ:모르기 때문이야 말로 물어야만 한다」입니다.

A : ぜひ韓国にも遊びに来てください。

「ぜひ」는 앞에서 예문을 통해서 충분히 공부를 하였습니다. 「본인의 희망」을 나타내는 표현입니다. 한 개의 예문을 보도록 하겠습니다. 「古代文明の展示会なら私もぜひ行ってみたいです:고대문명의 전시회라면 저도 꼭 가보고 싶습니다」입니다.

B : はい。いつかきっと遊びに行きます。

「きっと」는 「아마」라는 의미로 추측을 나타냅니다. 「多分」「おそらく」와 같은 의미이고, 「~と思います:라고 생각합니다」라는 서술어와 잘 어울리는 단어입니다.

A : どうかお体に気を付けてお過ごしください。

「どうか」는 「부디」라는 의미로 「どうぞ」「何卒」와 같은 의미인데, 「何卒」는 「문장체」로 많이 사용됩니다. 두 개의 예문을 보겠습니다. 「どうかお許しください:부디 용서해 주세요」「どうかご了承ください:부디 양해해 주세요」입니다.

B : ありがとう。時々韓国からご連絡ください。

「ご+명사+ください」는 존경표현 공식입니다. 두 개의 예문을 보도록 하겠습니다. 「ネットでお気軽にご応募ください:인터넷으로 부담없이 응모해 주세요」 「お名前をこちらへご記入ください:성함을 이쪽에 기입해 주세요」입니다.

A : はい。連絡するようにします。

「~ように」는 문장에 따라 「~처럼, ~같이」라는 뜻도 있고, 「~하도록」이라는 의미도 있습니다. 이 문장에 나와 있는 「~하도록」이라는 의미를 가진 두 개의 예문을 보겠습니다. 「甘い物を食べないようにしています:단 것을 먹지 않도록 하고 있습니다」「寮のルールを守るようにしてください:기숙사의 룰을 지키도록 해 주세요」입니다.

B : これからは韓国と日本で情報交換ができるといいですね。

「これから」는 「지금부터」라는 의미입니다. 다른 예문도 알아보아요. 「これから会社へ行きます:이제부터 학교에 갑니다」「これから気をつけます:앞으로 주의하겠습니다」「人生はこれから:인생은 지금부터」「これから始まる日本ドラマ:앞으로 시작되는 일본드라마」등, 지금부터 미래에 일어나는 일이나 행동에 대해서 표현할 때 「これから」라는 표현을 사용합니다.

 응용표현

1. 長期滞在にうってつけのコンドミニアムがございます。
   → 장기체류에 딱 맞는 콘도가 있습니다.

2. 私はあなたと一緒に過ごせて幸せです。
   → 나는 당신과 함께 보낼 수 있어서 행복합니다.

3. いつかすべてが君の力になる。
   → 언젠가 모든 것이 너의 힘이 된다.

4. 明日は晴れ時々曇りです。
   → 내일은 맑고 때때로 흐립니다.

5. これからは女性の時代という言葉を目にすることがあります。
   → 앞으로는 여성의 시절이라는 말을 보는 경우가 있습니다.

어휘 표현
- □ 長期(ちょうき) 장기　□ 滞在(たいざい) 체재, 체류　□ うってつけ 딱 맞음　□ 一緒(いっしょ)に 함께
- □ 過(す)ごす 보내다　□ いつか 언젠가　□ すべて 모두　□ 力(ちから) 힘　□ 晴(は)れ 맑음
- □ 時々(ときどき) 때때로　□ 曇(くも)り 흐림　□ 女性(じょせい) 여성　□ 時代(じだい) 시대　□ 言葉(ことば) 말　□ 目(め)にする 보다

unit. 13 別れ (이별)

어휘연습

어휘	읽기	의미
滞在		
情報		
夏		
故郷		
古代		
文明		
展示会		

작문연습

1. 이제 슬슬 비행기가 도착할 시간입니다.

2. 일본체류 중에 당일치기로 온천에 갔다 왔다.

3. 제가 일본에 있는 동안 꼭 놀러 오세요.

4. 때때로 일본에 가서 다양한 역사 자료를 모읍니다.

문제풀이

어휘	읽기	의미
滞在	たいざい	체류, 체재
情報	じょうほう	정보
夏	なつ	여름
故郷	こきょう・ふるさと	고향
古代	こだい	고대
文明	ぶんめい	문명
展示会	てんじかい	전시회

1. もうそろそろ飛行機が到着する時間です。

2. 日本滞在中に日帰りで温泉に行ってきた。

3. 私が日本にいる間、ぜひ遊びに来てください。

4. 時々日本に行って様々な歴史の資料を集めます。

坂本竜馬(사카모토 료마)-1

삿쵸동맹, 선중팔책(메이지유신정부의 메니페스토-선언서가 된 정책강령), 그리고 대정봉환이라는 막부 말 역사에 남는 대업에 큰 공헌을 이룬 사카모토 료마는 天保(텐포)6년 11월 15 일 (1836년1월3일)에 태어났다.

才谷屋(사이타니야)라는 저당(전당포)·포목 등을 파는 거상이 있었다. 그 才谷屋 (사이타니야)의 삼대·直益(나오마스)는, 장남·直海(나오미)에게 郷士(향사-시골무사)의 신분을 취득하게 하여, 사카모토 가로서 분가시켰다. 才谷屋는 상인에서 사무라이의 신분(하급무사였지만)이 되었던 것이다. 그 사카모토 집안 3대 째인 直足(나오타리)가 료마의 아버지이다.

▲ 사카모토 료마 초상

거상의 분가였던 만큼, 사카모토 가는 매우 유복한 가정이었다. 료마가 에도에 검술수행에 나갈 수 있었던 것도 그 풍족한 재력이 있었기 때문이다. 료마가 봉건적인 주종관계랑 고정 관념에 얽메인 사무라이 사회에서 뛰쳐나와, 자유롭고 실리적인 활동의 장소를 추구한 것도 이러한 가정환경 속에서 성장했기 때문일 것이다. 특히 소년시절의 료마를 엄하게, 그리고 애정이 넘치게 키운 누나 乙女(오토메)의 존재는 컸다.

▲ 사카모토 료마 탄생지

▲ 치바 도장의 흔적

료마는, 嘉永-카에이6년(1853년) 3월에 고향을 벗어나서 에도를 향해, 北辰一刀流-千葉定吉(북진일도류-치바 사다키치) 도장에 입문한다. 이 에도 검술수행이 막부 말기의 지사 사카모토 료마의 활동의 원점이 되었다. 료마가 에도에 도착하고 얼마 되지 않아 페리가 이끄는 흑선이 내항하여, 막부 말기의 동란기가 시작되었다. 료마는 도사번의 일원으로서 海防警備 (해방경비)직에 들어갔다.「만일 외국과 전쟁이 일어나면 외국인의 목을 쳐서 고향에 돌아가겠습니다」라고 기록한 편지를 아버지에게 보냈다. 이 무렵은 많은 일본인이 배타적인 양이 사상을 가지고 있었던 것이다.

高知(고치)에 돌아온 료마는, 지역의 화가・河田小龍(카와다 쇼류)로부터, 일본이 나아가야 할 길은 양이(서양세력 배척)가 아니고, 더욱 더 외국의 문화・제도를 배워, 무역을 활발히 하고 국력을 키우는 것이라는 가르침을 받는다. 河田小龍(카와타 쇼류)는 이전에 미국에서 귀국한 ジョン万次郎(존 만지로)를 자택에 기숙시킨 적이 있어, 그의 외국 이야기를 듣고, 서양의 문물에 강하게 매료되어 있었다. 료마는 존 만지로, 河田小龍을 통해서「세계」를 엿본 것이다. 이 일은 료마의 인생에 아주 큰 영향을 미쳤다고 할 수 있을 것이다.

▲ 존만지로 기념비 (오키나와)

알고 보면 재밌는 메이지유신

unit. 14 確認 (확인)

본문회화

A: 雇用契約を結ぶ前に、最終確認をしますけど、よろしいでしょうか。

B: はい、どうぞ。

A: まず弊社への雇用期間です。

B: １年ですよね。

A: はい、そうです。それから土曜日、日曜日、祝日は、休日とします。よろしいですか。

B: はい。勤務時間は午前１０時から午後６時までですよね。

A: そうです。そして午後６時以降は残業扱いになります。

B: 了解しました。

A: 以上、何か質問はありますか。

B: 大丈夫です。よろしくお願いします。

어휘 표현

- □ 確認 확인
- □ 雇用 고용
- □ 契約 계약
- □ 結ぶ 맺다
- □ 最終 최종
- □ 弊社 저희 회사
- □ 期間 기간
- □ 祝日 경축일
- □ 休日 휴일
- □ 勤務 근무
- □ 以降 이후
- □ 残業 잔업
- □ 扱い 취급
- □ 了解する 알다, 이해하다
- □ 以上 이상
- □ 質問 질문

본문 해석

A : 고용계약을 맺기 전에 최종확인을 하겠습니다만, 괜찮겠습니까?
B : 예, 그렇게 하세요.
A : 우선 저희 회사에 대한 고용기간입니다.
B : 1년이죠?
A : 예, 그렇습니다. 그리고 토요일, 일요일, 경축일은 휴일로 하겠습니다. 괜찮겠습니까?
B : 예. 근무시간은 오전 10시부터 오후 6시까지이죠?
A : 그렇습니다. 그리고 오후 6시 이후는 잔업으로 처리합니다.
B : 알겠습니다.
A : 이상, 뭔가 질문은 있습니까?
B : 없습니다. 잘 부탁합니다.

본문 상세 설명

A : 雇用契約を結ぶ前に、最終確認をしますけど、よろしいでしょうか。

「結ぶ」는 「계약을 맺다」는 의미인데, 「계약을 깨다」는 「破る」라고 합니다. 각각의 예문을 보도록 하겠습니다.
「日本の会社とスポンサー契約を結びました:일본회사와 스폰서계약을 맺었습니다」
「契約を破って違約金を払った:계약을 깨서 위약금을 지불했다」입니다.

A : まず弊社への雇用期間です。

「まず」는 「우선, 제일 먼저」라는 의미인데, 두 개의 예문을 보겠습니다.
「まず説明書を読みましょう:우선 설명서를 읽읍시다」
「まずはじめに、社長のお話をお聞きします:우선 먼저 사장님의 이야기를 듣겠습니다」입니다.

A : はい、そうです。それから土曜日、日曜日、祝日は、休日とします。よろしいですか。

「쉬는 날」과 관련된 어휘를 잠시 알아보겠습니다. 「定休日:정기휴일」 「休日:휴일」 「祝日:경축일」 「振替休日:대체휴일」 「夏休み:여름휴가, 여름방학」 「冬休み:겨울휴가, 겨울방학」 입니다. 그리고 「주 5일제」는 「週休二日制」 「週五日制」라고 합니다.

unit. 14 確認 (확인)

B ： はい。勤務時間は午前１０時から午後６時までですよね。
이 문장은 어려운 표현이 없으니 어휘공부를 하도록 하겠습니다.「常勤:상근」「勤労:근로」
「通勤:통근」「事務:사무」「業務:업무」「任務:임무」입니다.

A ： そうです。そして午後６時以降は残業扱いになります。
「以降」는「이후」라는 의미로, 한국어에는 없는 어휘입니다. 그리고「以後」와 구분해서 이해를 해야 하는데,「以降」는「과거와 미래」시점 둘 다 표현하는데,「以後」는「지금부터 미래」만을 의미합니다. 그럼, 각각의 예문을 보겠습니다.
「１９６０年以降の日本の経済発展はめざましい:1960년 이후의 일본의 경제발전은 눈부시다」에서 과거부터 지금의 뉘앙스이고,
「来月以降の予定は、未定です:다음달 이후의 예정은 미정입니다」에서 지금부터 미래의 뉘앙스입니다.
「以後、気をつけます:앞으로 주의하겠습니다」에서 지금부터 미래의 뉘앙스입니다.

B ： 了解しました。
「了解する」는「わかる-알다」의 겸양표현으로 앞에서 충분히 공부를 하였습니다. 한 개의 예문을 보겠습니다.
「値段の変更につきましても了解しました:가격의 변경에 대해서도 이해했습니다」

A ： 以上、何か質問はありますか。
어려운 표현이 없으니 어휘공부를 하도록 하겠습니다.「以来:이래」「以下:이하」「上下:상하」「地上:지상」「上記:상기」입니다.

B ： 大丈夫です。よろしくお願いします。
상대방이 질문이 있는가 묻자, 괜찮다고 하며 앞으로 잘 부탁한다는 문장입니다.

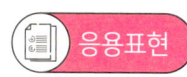 응용표현

1. 我が社は御社と契約を結びたいです。
   → 우리 회사는 귀사와 계약을 맺고 싶습니다.

2. まず体操をしてから朝ごはんを食べるようにしています。
   → 우선 체조를 하고 나서 아침밥을 먹도록 하고 있습니다.

3. 祝日には観光地や交通機関が混雑する。
   → 경축일에는 관광지와 교통기관이 혼잡하다.

4. 感染者が先月以降、急速に増えている。
   → 감염자가 지난달 이후, 급속하게 증가하고 있다.

5. ７５歳以上の方は無料で入場できます。
   → 75세 이상인 분은 무료로 입장할 수 있습니다.

어휘 표현
☐ 我が社 우리 회사 ☐ 御社 귀사 ☐ 契約 계약 ☐ 結ぶ 맺다 ☐ まず 우선 ☐ 体操 체조
☐ 祝日 경축일 ☐ 観光地 관광지 ☐ 交通 교통 ☐ 機関 기관 ☐ 混雑 혼잡
☐ 感染者 감염자 ☐ 先月 지난달 ☐ 以降 이후 ☐ 急速 급속 ☐ 増える 증가하다
☐ 以上 이상 ☐ 無料 무료 ☐ 入場 입장

unit. 14 確認 (확인)

어휘연습

어휘	읽기	의미
雇用		
結ぶ		
最終		
休日		
勤務		
残業		
値段		

작문연습

1. 일본회사와 계약을 맺고 다음달부터 일을 시작할 예정입니다.

2. 고용기간은 오늘부터 1년간입니다.

3. 경축일이 일요일인 경우, 그 다음날 쉽니다.

4. 뭔가 질문이 있는 분은 손을 들어주세요.

 문제풀이

어휘	읽기	의미
雇用	こよう	고용
結ぶ	むすぶ	맺다, 잇다, 묶다
最終	さいしゅう	최종
休日	きゅうじつ	휴일
勤務	きんむ	근무
残業	ざんぎょう	잔업
値段	ねだん	가격

1. 日本の会社と契約を結んで来月から仕事を始めるつもりです。

2. 雇用期間は今日から１年間です。

3. 祝日が日曜日の場合、その次の日に休みます。

4. 何か質問がある方は手を上げてください。

坂本竜馬(사카모토 료마)-2

알고 보면 재밌는 메이지유신

　安政-안세이 3년, 료마는 재차 에도에 들어가, 검술수행에 힘써 「北辰一刀流長刀兵法目録-북진일도류 장력병법목록」을 하사받는다.

　安政-안세이 7년(1860년) 3월에는, 桜田門外の変(사쿠라다몬가이의 변)에서 大老(대로-에도시대의 최고위직) 井伊直弼(이이 나오스케)가 암살당해, 시대의 큰 전환점을 맞이했다. 그 때까지 막부중심으로 움직였던 일본사회가 새로운 방향성을 추구하기 시작했던 시기라고 할 수 있다. 막부의 상대적지위가 저하하고, 大名(다이묘-영주)들은 제각각의 사상에 따라 독자의 행동을 취하게 된다. 막부체제에 대한 해이감이 심화되어, 많은 하급무사들이 스스로의 신념 하에, 국사에 분주하게 된다.

　그러한 기운 속에서, 료마의 먼 친척・武市半平太(타케치 한페이타)는, 도사번 전체를 존왕양이의 기치 하에 규합시키는 것을 목표로 하여, 도사근왕당을 결성했다. 료마도 文久-분큐 원년 9월에 가맹, 文久2년(1862년)에는 쵸슈(현 야마구치 현)의 松下村塾(쇼가손주쿠-사설학교)에서 같이 배운 高杉晋作(타카스기 신사쿠)의 쌍벽이라고 하는 久坂玄瑞(쿠사카 겐즈이)를 방문했다. 료마는 5살 아래인 久坂(쿠사카)로부터 큰 영향을 받았다. 久坂는 松陰(쇼인)의 가르침이기도 한 「草莽崛起(초망굴기-신분이나 입장에 상관없

▲ 타케치 한페이타 동상

이, 뜻이 있는 사람이 일어서야만 한다는 논리)」의 정신을 료마에게 말했다. 그리고 료마는 그 2개월 후에 도사번을 탈번했다(료마는 평생 2번 탈번했다). 그 당시 탈번은 사형에 처하는 중벌이었다.

도사를 나온 료마는 같은 탈번자인 沢村惣之丞(사와무라 소노죠)와 함께 초슈(지금의 야마구치 현)에 들어가, 그 후 사츠마(지금의 가고시마 현)방면으로 향하지 않았는가 라고 여겨지고 있다. 그 후 에도에 도착하여 재차 치바도장에 들어갔다. 그리고 文久-분 큐2년의 10월에는 勝海舟(카츠 카이슈)와 만나게 된다.

료마와 勝海舟가 만나는 경위는, 그것은 우선 치바도장의 千葉重太郎(치바 쥬타로-千葉定吉-치바 사다키치의 장남)이 검술지도로 다른 곳에 출장을 가 있는 동안에, 전 후쿠이번주이고 정사총재직의 松平春嶽(마쯔다이라 슌가쿠)로부터 인정을 받아, 그것이 계기로 료마도 슌가쿠에게 배알하는 계기가 생겨, 료마의 인간성에 감동한 슌가쿠가 勝海舟에게 소개장을 써 주었던 것이다.

일설에는, 료마와 치바 쥬타로가, 개국주의자인 勝海舟를 암살하기 위해 勝海舟의 집에 들어 갔지만, 반대로 설득을 당해 그 자리에서 勝海舟의 문하생이 되었다고도 한다. 그러나 이것은 나중에 勝海舟가 회고한, 책의 일부분이고, 료마가 남을 살해하는 기획을 했다는 것도 생각하기 어렵기 때문에, 勝海舟가 지은낸「이야기」일 가능성이 높다. 만남의 경위는 어쨌든 간에, 료마가 勝海舟와 만났던 것은, 나중에 해원대를 이끌며 번이 성장하는 힘을 키우고, 새로운 일본의 정치제도를 제안한다, 라는 막부 말기의 영웅, 사카모토 료마의 원형이 만들어졌다는 것이다.

▲ 료마의 부츠 상

unit. 15 伝聞 (전문)

본문회화

A： 明日の会議が延期になったそうですね。

B： そうです。急に海外から社長あてにお客様が来られることになったそうです。

A： 会議の日時はいつに変更になったか聞いていますか。

B： まだ決まっていないそうです。

A： そうですか。来週はイベントがあるので忙しそうですね。

B： はい。来週は難しいかと思います。

A： イベントが終わってからのほうが良さそうですね。

B： そうですね。会議については、後ほど連絡があるようです。

A： わかりました。

B： よろしくお願いします。

어휘 표현

□ 伝聞 전문　□ 明日 내일　□ 会議 회의　□ 延期 연기　□ 急に 갑자기
□ 海外 해외　□ 社長 사장　□ ～あてに ~앞으로　□ 日時 일시　□ 変更 변경
□ 決まる 정해지다　□ 難しい 어렵다　□ 後ほど 나중에　□ 連絡 연락

본문 해석

A : 내일 회의가 연기가 되었다고 합니다.
B : 그렇습니다. 갑자기 해외에서 사장님 앞으로 손님이 오시게 되었다고 합니다.
A : 회의의 일시는 언제로 변경되었는지 들었습니까?
B : 아직 정해지지 않았다고 합니다.
A : 그렇습니까? 다음주는 이벤트가 있어서 바쁠 것 같아요.
B : 예. 다음주는 어려울 거라고 생각합니다.
A : 이벤트가 끝나고 나서 하는 편이 좋을 것 같습니다.
B : 맞아요. 회의에 대해서는 나중에 연락이 있을 것 같습니다.
A : 알겠습니다.
B : 잘 부탁합니다.

본문 상세 설명

A : 明日の会議が延期になったそうですね。

이 문장에 사용된「そうです」는「전문표현」즉, 다른 사람에게 들은 것이나 책 등에서 읽은 것을 전할 때 사용하는 것입니다. 다른 예문을 보도록 하겠습니다.
「彼は今日も欠席するそうです:그는 오늘도 결석한다고 합니다」
「伝染病のため、空港が閉鎖したそうです:전염병 때문에 공항이 폐쇄되었다고 합니다」입니다.

B : そうです。急に海外から社長あてにお客様が来られることになったそうです。
「〜あてに」는「〜앞으로」라는 의미인데, 관련된 어휘를 보면「宛先:수신처」「宛名:수신인 명」입니다.

A : 会議の日時はいつに変更になったか聞いていますか。
어려운 표현이 없으니 어휘공부를 하도록 하겠습니다.「変換:변환」「変身:변신」「異変:이변」「更迭:경질」「更新:갱신」입니다.

B : まだ決まっていないそうです。
「決まる」는「정해지다」이고,「決める」는「정하다」입니다. 그럼, 각각의 예문을 보도

unit. 15 伝聞 (전문)

록 하겠습니다.
「送別会の場所は決まりましたか:송별회의 장소는 정해졌습니까?」
「うちの会社はすべてのことを社長一人で決める:우리 회사는 모든 것을 사장 혼자서 정한다」 입니다.

A : そうですか。来週はイベントがあるので忙しそうですね。
「ので」 와 「から」 는 조금의 뉘앙스 차이는 있지만 같은 의미입니다. 「동사와 い형용사」 에 접속이 됩니다. 「ので」 쪽이 조금 더 정중한 표현이 됩니다. 예문을 통해서 알아볼게요.
「今日は具合が悪いので、会社を休みます:오늘은 컨디션이 나쁘기 때문에 회사를 쉬겠습니다」
「危ないから触らないでください:위험하니 만지지 말아 주세요」 입니다.

B : はい。来週は難しいかと思います。
이 문장도 어려운 표현이 없으니, 문장에 있는 한자로 어휘공부를 해 보겠습니다. 「本来:본래」
「未来:미래」 「以来:이래」 「難関:난관」 「無難:무 난」 「至難:지극히 어려움」 입니다.

A : イベントが終わってからのほうが良さそうですね。
「~てから」 는 「~たあと」 와 같은 표현입니다. 「製品を見てから決めます:제품을 보고 나서 정하겠습니다」 라고 사용할 수가 있어요. 물론 「製品を見たあと決めます」 와 같은 의미입니다.

B : そうですね。会議については、後ほど連絡があるようです。
「~について」 와 「~に関して」 는 같은 의미입니다. 그리고 「~について」 가 명사와 접속을 할 때는 「~についての」 라고 하는데, 한 개의 예문을 공부해 보겠습니다.
「夏休みについてのお知らせがあります:여름휴가에 관한 알림이 있습니다」 입니다.

 응용표현

1. 試合は延期・中止になる可能性があります。
   → 시합은 연기・중지가 될 가능성이 있습니다.

2. 来年から、転勤でタイに住むことになりました。
   → 내년부터, 전근으로 태국에 살게 되었습니다.

3. パーティーの日時は、まだ決まっていない。
   → 파티의 일시는 아직 정해지지 않았다.

4. あなたの計画はとても良さそうです。
   → 당신의 계획은 매우 좋을 것 같습니다.

5. 入院一泊二日について五千円の保険金が付きます。
   → 입원 1박 2일에 대해서 5천 엔의 보험금이 붙습니다.

어휘 표현

□ 試合 시합 □ 延期 연기 □ 中止 중지 □ 可能性 가능성 □ 来年 내년 □ 転勤 전근
□ 住む 살다 □ 日時 일시 □ 決まる 정해지다 □ 計画 계획 □ 入院 입원
□ 一泊二日 1박 2일 □ 保険金 보증금 □ 付く 붙다

unit. 15 伝聞 (전문)

어휘연습

어휘	읽기	의미
延期		
海外		
後ほど		
欠席		
閉鎖		
宛先		
更迭		

작문연습

1. 악천후 때문에 소풍이 다음주로 연기되었다고 합니다.

2. 수신처가 불명한 편지가 배달되었다.

3. 스기모토 씨는 바쁠 것 같아서 연락을 하지 않았다.

4. 지금은 일이 바빠서 손을 뗄 수가 없으니 나중에 전화하겠습니다.

문제풀이

어휘	읽기	의미
延期	えんき	연기
海外	かいがい	해외
後ほど	のちほど	나중
欠席	けっせき	결석
閉鎖	へいさ	폐쇄
宛先	あてさき	수신처
更迭	こうてつ	경질

1. 悪天候のため、遠足が来週に延期になったそうです。

2. 宛先の不明な手紙が届いた。

3. 杉本さんは忙しいようなので連絡をしなかった。

4. 今は仕事が忙しくて手が離せないから後ほどお電話します。

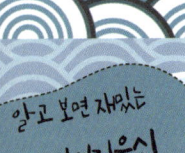

坂本竜馬(사카모토 료마)-3

文久-분큐3년 5월, 료마는 카츠 카이슈가 제의한 고베 해군조련소 설립의 원조를 얻기 위해 후쿠이번을 방문했다. 료마는 조련소의 설립에 앞서 개설한 고베해군학교(카츠 카이슈의 사설학교)에서 교장이 되어 해군술의 습득이랑 학생의 모집에 노력했다.

고베 해군조련소는 元治-겐지 원년(1864년) 2월에 겨우 완성. 이 전에 료마는 번에서 귀국해라는 명령에 따르지 않았기 때문에 2번 째의

▲ 고베 해군 조련소

탈번이 되었다. 또 2월에는 카츠 카이슈가 초슈의 양이행동을 둘러싼 중재를 위해 나가사키 출장을 명령 받아, 료마도 동행했다. 료마의 반려자가 되었던 お龍-오료(=楢崎龍:나라사키 료)와 만났던 것도 이 해의 여름의 일이다.

元治-겐지 원년 6월에는, 교토에서 이케다야 사건, 그리고 이것이 직접적인 원인이 된 금문의 변이 일어난다. 어느 것도 반 막부적인 초슈번이 주역이 된 사건으로, 이 일에 카츠 카이슈의 문하생이 관련되었다는 것으로, 카츠 카이슈는 軍艦奉行(군감부교)에서 해임당하고, 더 나아가 고베 해군조련소도 개설에서 불과 1년만에 폐쇄하게 되었다.

고베 해군조련소의 폐쇄에 의해, 있을 곳이 없어진 료마에게 원조의 손을 내민 것은 사츠마번이었다. 사츠에이(사츠마와 영국)전쟁의 패배 등으로 해군력 증강의 필요성을 통감했던 사츠마번에 있어서 해군이랑 조선에 관한 기술·지식을 가진 전문가집단은 반드시 포섭하고 싶었던 존재였던 것이었다.

▲ 카메야마사츄

慶応-케이오 원년(1865년) 윤 5월, 사츠마번의 원조에 의해 료마는 나가사키에 亀山社中(카메야마샤츄)를 설립했다. 무역상사이면서 해군으로서 활동하는 것을 목표로 한 단체이고, 나중의 해원대의 전신이다. 그러나 亀山社中의 경영은 결코 순조롭지는 않아, 다음 해에는 해산이 검토되기도 했다.

료마는 원래 상인 집안 출신이기는 했지만, 본인을 포함하여 亀山社中의 구성원은 국사로의 참가를 지향하여 탈번한 사람들로 채워져 있었기 때문에, 경영에 관한 지식도 정열도 부차적인 것이었을 것이다. 이러한 점은 료마와 동향이었던 岩崎弥太郎(이와사키 야타로:미쯔비시 그룹의 창시자)의 삶의 방식과는 근본적인 차이가 있다.

또 당시는 기상예측기술도 원시적이고, 항해술도 개발도상국 수준이었기 때문에, 악천후 등에 의한 해난사고의 리스크는 늘 가지고 있었다. 慶応-케이오 2년 5월에는 사츠마번에서 위탁을 받아 운용했던 영국배 Wild Wave(와일드 웨이브)호가 태풍으로 침몰하여, 료마의 동지·池内蔵太(이케쿠라타)를 잃었다. 해원대시절에는 선박끼리의 충돌로, 료마가 운항했던 「いろは丸:이로하마루」가 침몰했다(이 때는, 상대방인 기슈번과 합의교섭에서 배상금의 획득에 성공했다).

▲ 이와사키 야타로 초상

unit. 1 謝罪 (사죄)

본문회화

顧客　　：先日の不良品による事故だけど、どうしてくれるんだ。

販売会社：この度の不祥事を心よりお詫び申し上げます。

顧客　　：謝って済む問題じゃないだろ。危うく火事になるところだった。

販売会社：本当に申し訳ございません。

顧客　　：単なる不良品の交換では済む問題でないよ。

販売会社：これはほんの気持ちですが、賠償金として受け取ってください。

顧客　　：賠償金はありがたいけど、今後はこのような不良品が出ないようにしてください。大きな事故にならなかったのが、せめてもの救いだ。

販売会社：私どもも大変反省しております。今後はこのようなことがないように気を付けます。

어휘 표현

□ 謝罪 사죄　□ 顧客 고객　□ 先日 전날　□ 不良品 불량품　□ 事故 사고
□ 販売会社 판매회사　□ この度 이번　□ 不祥事 불상사　□ 詫びる 사과하다
□ 申し上げる「言う-말하다」의 겸양어　□ 謝る 사과하다　□ 済む 끝나다
□ 危うく 자칫하면　□ 火事 화재　□ 単なる 단순한　□ 交換 교환　□ ほんの〜 자그마한〜　□ 賠償金 배상금　□ 受け取る 수령하다　□ 今後 앞으로　□ せめてもの救い 그나마 유일한 위안　□ 私ども 저희들　□ 反省 반성　□ 気を付ける 주의하다

본문 해석

고객 : 전날의 불량품에 의한 사고인데, 어떻게 해줄 거야?
판매회사 : 이번의 불상사를 마음으로부터 사과말씀 드리겠습니다.
고객 : 사과해서 끝나는 문제가 아니잖아? 자칫하면 화재가 날 뻔했어.
판매회사 : 정말로 죄송합니다.
고객 : 단순히 불량품 교환으로는 해결될 문제가 아냐.
판매회사 : 이것은 불과 얼마 되지 않은 마음입니다만, 배상금으로서 받다 주세요.
고객 : 배상금은 고맙지만, 앞으로는 이러한 불량품이 나오지 않도록 해 주세요. 큰 사고가 일어나지 않은 것이 그나마 유일한 위안이야.
판매회사 : 저희들도 매우 반성하고 있습니다. 앞으로는 이러한 일이 없도록 주의하겠습니다.

본문 상세 설명

顧客 : 先日の不良品による事故だけど、どうしてくれるんだ。

「〜による」는 「〜에 의한」이라는 의미입니다. 두 개의 예문을 보겠습니다.
「新型コロナウイルスの感染拡大による需要の急増に対応した:신형 코로나바이러스의 감염확대에 의한 수요의 급증에 대응했다」
「書面によるお申し込みを希望します:서면에 의한 신청을 희망합니다」 입니다.

販売会社 : この度の不祥事を心よりお詫び申し上げます。

「この度」는 「이번」이라는 의미이고 「不祥事:불상사」는 어려운 단어이므로 반드시 암기하세요. 그럼 각각의 단어를 가지고 예문을 만들어 보겠습니다.
「この度の案は素晴らしい:이번의 안은 멋지다」
「どこの企業でも不祥事は発生する:어떤 기업이라도 불상사는 발생한다」 입니다.

顧客 : 謝って済む問題じゃないだろ。危うく火事になるところだった。

「済む」는 「끝나다」 라는 의미이고 「危うく」는 「자칫하면」이라는 의미입니다. 회화에서 굉장히 많이 사용되는 표현이므로 반드시 암기해 주시기 바랍니다. 각각의 예문을 보겠습니다.
「株主総会が無事に済んだ:주주총회사 무사히 끝났다」
「危うく車でひくところだった:자칫하면 자동차로 칠 뻔했다」 입니다.

unit. 1 謝罪 (사죄)

販売会社 : 本当に申し訳ございません。
상대방이 강하게 나의 잘못에 대해 질책을 하자 정중하게 사과하는 표현입니다.

顧客 : 単なる不良品の交換では済む問題でないよ。
「単なる」는 「단순한」이라는 의미를 가진 「부사」입니다. 한 개의 예문을 보겠습니다.
「単なる冗談ですから怒らないでください:단순한 농담이니 화를 내지 말아주세요」입니다.

販売会社 : これはほんの気持ちですが、賠償金として受け取ってください。
「ほんの～」는 「자그마한～」이라는 의미인데, 정확한 뜻을 파악하기 위해 한 개의 예문을 더 보도록 하겠습니다.
「ほんのお礼の気持ちですので、お受け取りください:작은 사례의 마음이니 받아주세요」입니다.

顧客 : 賠償金はありがたいけど、今後はこのような不良品が出ないようにしてください。大きな事故にならなかったのが、せめてもの救いだ。
「ありがたい」는 「고맙다」라는 「い형용사」인데, 활용을 하여 「ありがとうございます」라는 표현이 만들어집니다. 어려운 문법이기에 그대로 암기하는 것이 좋습니다. 그리고 「せめてもの救い」는 「그나마 유일한 위안」이라는 의미인데, 이 문장 역시 전체를 그대로 암기하는 것이 좋습니다.

販売会社 : 私どもも大変反省しております。今後はこのようなことがないように気を付けます。
「私ども」는 「저희들」이라는 표현으로 정중하게 자신을 표현할 때 사용합니다. 한 문장만 예문을 보겠습니다.
「この結果は私どもにとって大きな名誉です:이 결과는 저희들에게 있어서 큰 명예입니다」입니다.

 응용표현

1. 先日の大雨に関するご案内です。
   → 전날의 큰 비에 관한 안내입니다.

2. 不祥事を防ぐために必要な対策は何ですか。
   → 불상사를 막기 위해서 필요한 대책은 무엇입니까?

3. 少しお時間いただけませんか、5分で済みますから。
   → 잠시 시간을 줄 수 없겠습니까? 5분으로 끝나니까.

4. これは単なる検索技術ではない。
   → 이것은 단순한 검색기술이 아니다.

5. ほんのちょっとの贅沢を満喫した。
   → 아주 자그마한 사치를 만끽했다.

어휘 표현

- □ 先日 전날 □ 大雨 큰 비 □ 関する 관하다 □ 案内 안내 □ 不祥事 불상사
- □ 防ぐ 막다 □ 必要 필요 □ 対策 대책 □ 済む 끝나다 □ 単なる 단순한
- □ 検索 검색 □ 技術 기술 □ ほんの~ 자그마한~ □ 贅沢 사치 □ 満喫 만끽

unit. 1 謝罪 (사죄)

어휘연습

어휘	읽기	의미
不良品		
不祥事		
詫びる		
謝る		
危うく		
単なる		
交換		

작문연습

1. 부주의에 의한 사고가 잇달고 있다.

2. 자칫하면 자동차에 치일 뻔했다.

3. 그것은 단순한 소문에 지나지 않는다.

4. 큰 부상이 아닌 것이 그나마 유일한 위안이다.

 문제풀이

어휘	읽기	의미
不良品	ふりょうひん	불량품
不祥事	ふしょうじ	불상사
詫びる	わびる	사과하다
謝る	あやまる	사과하다
危うく	あやうく	자칫하면
単なる	たんなる	단순한
交換	こうかん	교환

1. 不注意による事故が相次いでいる。

2. 危うく車に引かれるところだった。

3. それは単なるうわさにすぎない。

4. 大した怪我ではないのがせめてもの救いだ。

坂本竜馬(사카모토 료마)-4

　慶応年間(케이오 시대)에 들어오자, 막부를 단념하고 막부토벌에 기울어 가던 사츠마번과, 막부와 계속 대적해 가던 초슈번을 결부시키려고 하는 움직임이 활발해졌다. 단, 두 번을 연합시키려면, 막부에 대항할 수 있는 유력한 세력이 될 거라고 누구라도 생각했지만, 문제는 이 두 번이 견원지간이었던 것이다. 사츠마번은 아이즈번과 힘을 합쳐 文久-분큐3 년「八 月十八일의 정변」에 의해 초슈번을 교토조정에서 몰아내고, 다음 해에는 잃어버린 지위회복을 목표로 교토로 출병한 초슈군을「금문의 변」으로 괴멸시켰다. 이 때문에 초슈 사람이 사츠마를 원망하는 기분은 매우 강했다. 현재도 이 두 지방 사람들은, 같은 자리에서 술도 안 마실 정도이다.

▲ 나카오까 신타로 초상

　료마와 그의 절친·中岡慎太郎(나카오까 신타로)는 사츠마와 절충을 거듭하여, 慶応-케이오 원년(1865년) 윤5월, 동맹을 위한 회담을 가진다는 것으로 사츠마의 西郷隆盛(사이고 타카모리)와 초슈의 桂小五郎(카츠라 코고로)의 합의를 이루었지만, 회견예정지인 시모노세키에 사이고가 나타나지 않아, 바람을 맞은 카츠라가 격노하는 사건이 발생하여, 이 때문에 동맹 이야기는 어쩔 수 없이 일시적인 정체를 맞았다. 그러나 료마와 신타로는 끈기 있게 주선을 계속하여, 慶応-케이오 원년 6월, 사이고는, 초슈번의 무기구입에 임해서, 사츠마의 명의를 사용하는 것을 승낙했다. 막부와 적대하고 있는 초슈는 외국에서 무기를 살 수 없기 때문에, 亀山社中가 사츠마의 명의를 사용해서 초슈를 위해 무기구입을 대행했다. 또 이 때, 대신 초슈 측으로부터는 사츠마에 군량미를 융통하는 교환의 약정이 있었다고 일컬어진다.

　료마 등은, 이러한 양 번의 서로 돕는 관계를 구축하면서 동맹의 기운을 높여, 다음 해 慶応-케이오 2년(1866년) 재차 회담이 교토에서 열리게 되었다. 그러나, 이 회담도 순조롭게 동맹체결이 되지 않았다. 桂小五郎(카츠라 코고로)는 1월8일에 京都薩摩藩邸(교토 사츠마번 저택)에 들어갔지만, 매일 극진히 접대할 뿐이고, 사츠마 측도 초슈 측도 자신 쪽에서 동맹의 이야기를 하려고는 하지 않았다 양쪽 다 다양한 생각이 있었음에 틀림이 없지만, 역시 번으로서의 체면의 요소가 컸을 것이다.

　료마는 악천후 때문에 시모노세키에 발이 묶여, 교토에 도착했던 것은 1월20일이었다고 한다. 즉시 桂小五郎(카츠라 코고로-후에 키도 타카요시로 개명)를 만났지만, 동맹의 이야기는 전혀 나아가지 않았다. 제 1차 초슈 정벌로 막부에 대해서 패자였던 초슈 쪽에서 이야기를 꺼내면, 사츠마에게 측은함을 구걸하는 것처럼 보이기에 결코 할 수 없다는 초슈의 입장을 토로한다.

　그것을 들은 료마는 「지금은 일본의 미래를 위해서 번의 체면에 얽매일 상황이 아니다」라고 심하게 분개하여, 사이고에게 자신의 마음을 전하며, 사츠마 쪽에서 이야기를 꺼내도록 강하게 부탁을 했다. 그리고 코마츠 키요카도 저택으로 장소를 옮겨 양자의 회담에서, 사이고로부터 동맹을 제안하고, 초슈가 그것을 받아들인다는 형식으로, 마침내 삿쵸동맹이 성립되었다(역사적 사실이 맞는지 어떤지는 모르겠지만, 본질적으로는 납득이 가는 전개이고, 널리 알려진 이야기이다).

▲ 삿쵸동맹 체결지

unit. 2 感謝 (감사)

본문회화

A : その節は大変お世話になりました。

B : そんな大したことはしていませんよ。

A : いえ、私どもにとっては本当に助かりました。つきまして、これはほんの気持ちです。

B : 謝礼金までご用意くださって、かえって気を遣わせてしまいましたね。

A : どうかお納めください。

B : そういうわけにはいきませんよ。

A : 次回もお世話になるかもしれないので、何かのたしにしてください。

B : そうですか。そこまでおっしゃるなら、ありがたく受け取らせていただきます。

A : 今後ともよろしくお願いします。

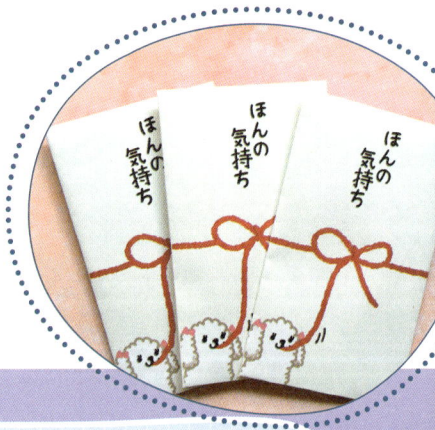

어휘 표현

- □ 感謝 감사　□ その節 그 때　□ お世話になる 신세를 지다　□ 大した 대단한
- □ ～にとって ～에 있어서는　□ 助かる 도움이 되다　□ つきまして 그리고
- □ ほんの～ 자그마한～　□ 気持ち 마음　□ 謝礼金 사례금　□ 用意 준비
- □ かえって 오히려　□ 気を遣う 마음을 쓰다　□ どうか 부디　□ 納める 거두다, 받다
- □ ～わけにはいかない ～수는 없다　□ 次回 다음 번　□ たし 보탬
- □ おっしゃる 「言う-말하다」의 존경어　□ 今後とも 앞으로도

A : 그 때는 매우 신세를 졌습니다.
B : 그렇게 대단한 것은 하지 않았습니다.
A : 아뇨, 저희들에게 있어서는 정말로 도움이 되었습니다. 그리고 이것은 작은 마음입니다.
B : 사례금까지 준비해 주셔서 오히려 신경을 쓰게 만들었군요.
A : 부디 받아주세요.
B : 그럴 수는 없습니다.
A : 다음번에도 신세를 질지도 모르니 뭔가의 보탬이 되어 주세요.
B : 그렇습니까? 그렇게 까지 말씀하시니 고맙게 받겠습니다.
A : 앞으로도 잘 부탁합니다.

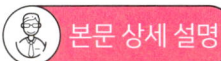

A : その節は大変お世話になりました。
「その節」는 「그 때」라는 의미로 정중한 표현입니다. 조금은 어려울 수 있으나, 비즈니스 회화에서 많이 사용되니 잘 알아두세요. 한 개의 예문을 보겠습니다.
「その節はご迷惑をおかけしました:그 때는 폐를 끼쳤습니다」입니다.

B : そんな大したことはしていませんよ。
「大した」는 「대단한, 큰」이라는 의미입니다. 한자를 보면 그 의미를 이해할 수가 있습니다. 한 개의 예문을 보겠습니다.
「幸いにも大した怪我はなかった:다행스럽게도 큰 부상은 없었다」입니다.

A : いえ、私どもにとっては本当に助かりました。つきまして、これはほんの気持ちです。
「～にとって」는 「～에 있어서」라는 의미로서 회화표현에서 자주 등장합니다.
「現代人にとって、スマホは生活の一部である:현대인에게 있어서, 스마트폰은 생활의 일부이다」「スポーツ選手にとって、健康管理はとても重要です:스포츠선수에게 있어서, 건강관리는 매우 중요합니다」입니다.

B : 謝礼金までご用意くださって、かえって気を遣わせてしまいましたね。
「かえって」는 「오히려」라는 의미를 가진 부사입니다. 그리고 「気を遣う」는 「마음을 쓰다」라는 의미로 직역을 해도 이해가 되는 문장입니다.

unit.2 感謝 (감사)

「先生の説明を聞いたら、かえってわからなくなった:선생님의 설명을 들었더니 오히려 몰라졌다」「とても安いだけにかえって心配になる:매우 싼 만큼 오히려 걱정이 된다」입니다.

A : どうかお納めください。
「納める」는「거두다, 받다」라는 의미로서, 사례금을 준비해 주신 것에 대한 인사를 하자, 정중하게 받아도 괜찮다고 설명하는 문장입니다.

B : そういうわけにはいきませんよ。
「〜わけにはいかない」는「〜수는 없다」라는 의미로 회화표현에서 자주 사용됩니다. 「一人で食べるわけにはいかない:혼자서 먹을 수는 없다」
「失敗の可能性は大きい。それでもやめるわけにはいかない:실패의 가능성은 크다. 그래도 그만둘 수는 없다」입니다.

A : 次回もお世話になるかもしれないので、何かのたしにしてください。
「次回」는「다음 번」이라는 의미이고「〜かもしれない」는「〜일지도 모른다」는 의미입니다. 그리고「たし」는「보탬」이라는 뜻을 가지고 있습니다. 예문을 보겠습니다.
「先生の都合で、次回の講座は木曜日になりました:선생님의 사정으로 다음 번의 강좌는 목요일로 되었습니다」「もしかするとこれから雪が降るかもしれない:어쩌면 앞으로 눈이 내릴지도 모른다」입니다.

B : そうですか。そこまでおっしゃるなら、ありがたく受け取らせていただきます。
「おっしゃる」는「言う-말하다」의 존경어이고,「동사사역형+〜ていただく」는 겸양 표현으로서「〜하겠다」라고 해석합니다. 예문을 보겠습니다.
「本日は私が説明させていただきます:오늘은 제가 설명하겠습니다」입니다.

A : 今後ともよろしくお願いします。
「今後とも」는「앞으로도」라는 의미입니다. 비즈니스 메일을 쓸 때는 일반적으로 처음과 끝에는 인사문을 씁니다.「今後とも」는「今後ともよろしくお願いいたします:앞으로도 잘 부탁합니다」처럼, 끝말로서 자주 사용됩니다. 비즈니스 장면에서「今後とも」는 정해진 문구이므로 반드시 알아두세요.

 응용표현

1. 外国人にとって、日本人の名前はかなり覚えにくいようだ。
   → 외국인에게 있어서 일본인의 이름은 상당히 기억하기 어려운 것 같다.

2. 近所にこのようなお店があり、大変助かりました。
   → 근처에 이러한 가게가 있어서 매우 도움이 되었습니다.

3. 彼のためと思ってやったのだがかえって迷惑をかけたようだ。
   → 그를 위해서 라고 생각해서 했던 것이었지만 오히려 민폐를 끼친 것 같다.

4. この本は人から借りたものなので、貸すわけにはいかないんです。
   → 이 책은 다른 사람에게 빌린 것이니 빌려줄 수는 없습니다.

5. 次回もぜひお越しください。
   → 다음 번에도 꼭 와 주세요.

어휘 표현

- ☐ 外国人 외국인 ☐ ～にとって ～에 있어서 ☐ かなり 상당히 ☐ 覚える 기억하다
- ☐ 近所 근처, 이웃 ☐ 大変 매우 ☐ 助かる 도움이 되다 ☐ かえって 오히려
- ☐ 迷惑をかける 민폐를 끼치다 ☐ 借りる 빌리다 ☐ 貸す 빌려주다
- ☐ ～わけにはいかない ～수는 없다 ☐ 次回 다음 번
- ☐ 越す 「行く-가다/来る-오다」의 존경어

unit. 2 感謝 (감사)

어휘연습

어휘	읽기	의미
謝礼金		
納める		
怪我		
現代人		
健康		
管理		
講座		

작문연습

1. 큰 일이 아니었기에 안심했다.

2. 아이에게 있어서는 어려운 문제였다.

3. 그런 말을 하면 오리려 실례가 된다.

4. 부장님의 부탁이니 안할 수는 없다.

문제풀이

어휘	읽기	의미
謝礼金	しゃれいきん	사례금
納める	おさめる	거두다, 받다
怪我	けが	부상
現代人	げんだいじん	현대인
健康	けんこう	건강
管理	かんり	관리
講座	こうざ	강좌

1. 大（たい）したことではなかったので安心（あんしん）した。

2. 子供（こども）にとっては難（むずか）しい問題（もんだい）だった。

3. そんなことを言（い）ったらかえって失礼（しつれい）になる。

4. 部長（ぶちょう）の頼（たの）みだからやらないわけにはいかない。

알고 보면 재밌는 메이지유신

坂本竜馬(さかもとりょうま) : 사카모토 료마-5

　카츠라는 회담 후에 양자 사이에서 결정한 항목을 6개조로 정리하여 료마에게 내용 증명을 의뢰했다. 료마는 그 증명서의 이서에, 카츠라가 기재한 내용이 바르다는 것을 보증하는 취지의 문언을 붉은 안료로 써서 기입했다, 료마가 사츠마에게 동맹을 재촉하여, 그 체결을 끝까지 지켜본 입회인이었던 것을 나타내는 제1급 막부 말기의 사료가 되었다.

　그런데 삿쵸동맹을 성립시킨 료마는, 그 직후 1월23일 심야, 늘 머물렀던 후시미·데라다야에서 후시미봉행소의 체포조에게 습격을 받아, 구사일생으로 살아났다. 이 때 2층의 연회석에서 長州藩士(초수번사)·三吉慎蔵(よししんぞう)(미요시 신조)와 함께 느긋하게 보내고 있었던 료마에게, 계단 아래에서 입욕 중인 료마의 아내·お龍(오료)가 위험을 알아채고, 벌거벗은 채로 계단을 뛰어올라가 급하게 상황을 전했다는 이야기는 유명하다. お龍는 밤길을 뛰어 후시미의 사츠마번 저택에 도움을 구했다.

▲ 사카모토 료마의 권총

　한편, 료마는 이전 高杉晋作(타카스기 신사쿠)로부터 선물로 받은 총을 사용하고, 또 三吉(미요시)는 특기인 창을 휘두르며 완강하게 저항했다. 그러나 수적으로 열세였던 료마는 손에 부상을 입고, 상황이 불리하게 되어, 겨우 테라다야에서 탈출한 두 사람은 근처의 목재가게로 피난하였고, 三吉가 사츠마번 저택에 뛰어들어가 구출을 의뢰, 바로 번 저택에서 원군이 와서 무사히 두 사람은 살았다. 사건 후, 사이고 타카모리의 계획으로 료마는 오료와 함께 사츠마로 향해, 잠깐 동안 휴양을 겸한「신혼여행」을 즐겼다.

　삿쵸 사이에 동맹이 맺어진 것에 의해 쵸슈번은 고성능 시니에총을 각 병사에게 주는 등, 군비는 비약적으로 발전되어, 반 막부적인 자세를 선명하게 할 수 있게 되었다. 이러한 상황을 알아챈, 막부는 慶応-케이오2년(1866년) 6월, 쵸슈에 대해서 개전,(제2차 쵸슈정벌)에 착수했다. 지난 번(제1차 쵸슈정벌)은, 막부와 쵸슈 간에 실제의 전투는 없고, 쵸슈가 순응하는 의지를 나타낸 것으로 정전이 되었지만, 이번에는 육지와 바다에서 양군이 격돌, 국소적인 반란사건을 제외하면, 막부와 반 막부의 세력 간에 발생한 大坂夏の陣(오사카 여름의 진) 이래의 대규모적인 전투가 되었다.

　쵸슈 측은 전술면에서 육군은 大村益次郎(오무라 마스지로), 해군은 高杉晋作(타카스기 신사쿠)가 총지휘를 했다. 료마는 타카스기의 요청을 받아, 小倉口-고쿠라 입구(関門海峡: 세키몬카이 해협)의 전투에 乙丑丸(ユニオン号: 유니온 호)를 이끌고 참가했다(일설에는 료마는 해전에 참가하지 않고 산의 정상에서 전투를 바라보았다고 한다). 제2차 쵸슈정벌은, 쇼군 家茂(이에모치)의 사거와 함께 막부군이 철수하여, 정전(막부군의 사실상의 패전)이 되었다. 그리고 시국은 드디어 막부 말기의 최종국면을 맞이한다.

▲ 세키몬카이 해협

　도쿠가와 막부의 마지막 해인 「慶応-케이오3년(1867년)」, 그것은 료마에게 있어서도 마지막 해가 되었다. 이 해 1월, 료마는 도사번 참정 後藤象二郎(고토 쇼지로)와 나가사키의 清風亭(청풍정)에서 회담을 했다. 이 회담은 도사번 쪽에서 료마에게 요청한 것이다. 당시의 상황을 감안하여, 도사번은, 무역이랑 해상과 관련된 일을 잘 아는 삿쵸와 깊은 관계를 가진 료마가 귀중한 인재인 것을 알아차리고, 亀山社中라고 하는 조직을 통째로 품고 싶어했던 것이다.

unit. 3 接続 (접속)

본문회화

A : 心からお悔やみ申し上げます。

B : 本日はお忙しい中、祖父の葬儀に来てくださって、ありがとうございます。

A : とんでもないです。本当に素敵なおじいさまなので、もっと長生きしていただきたかったです。

B : それを聞くと、心が痛いです。もっと祖父のために出来たことがあったのではと思って、たくさん後悔しています。

A : そうですね。私も心から故人のご冥福をお祈り申し上げると共に、ご家族のみなさまの健康も祈っております。

B : いろいろお気遣いいただき、ありがとうございます。

어휘 표현

- 接続(せつぞく) 접속
- お悔(く)やみ 애도
- 本日(ほんじつ) 오늘
- 忙(いそが)しい 바쁘다
- 祖父(そふ) 자기 쪽 할아버지
- 葬儀(そうぎ) 장례식
- とんでもない 당치않다
- 素敵(すてき)だ 멋지다
- おじいさま 다른 사람의 할아버지
- もっと 더욱
- 長生(ながい)き 장수
- 痛(いた)い 아프다
- 後悔(こうかい) 후회
- 故人(こじん) 고인
- 冥福(めいふく) 명복
- 祈(いの)る 기도하다, 기원하다
- ～と共(とも)に ～와 함께
- 家族(かぞく) 가족
- 健康(けんこう) 건강
- 気遣(きづか)い 마음 씀씀이

본문 해석

A : 마음으로부터 애도를 표합니다.
B : 오늘은 바쁘신 중에, 할아버지의 장례식에 와 주셔서 감사합니다.
A : 당치않습니다. 정말로 멋진 할아버지이기에, 더욱 장수해 주시기를 바랐습니다.
B : 그런 말을 들으면 마음이 아픕니다. 더욱 할아버지를 위해서 할 수 있었던 일이 있었던 것이 아닌다 생각하여, 많이 후회하고 있습니다.
A : 그렇군요. 저도 마음으로부터 고인의 명복을 기원드리는 것과 함께, 가족 여러분의 건강도 기원하고 있습니다.
B : 여러 가지 마음을 써 주셔서 감사합니다.

본문 상세 설명

A : 心からお悔やみ申し上げます。

「お悔やみ」는 「장례식」에서 사용하는 표현입니다. 일반적으로 장례식에서는 「心からお悔やみ申し上げます」라고 말합니다. 알아두면 실생활에서 도움이 됩니다.

B : 本日はお忙しい中、祖父の葬儀に来てくださって、ありがとうございます。

「葬儀:장례식」이라는 표현도 알아두어야 하며, 「~てくださる」는 「다른 사람이 나에게 뭔가를 해 주시다」라는 의미입니다. 그럼 「~てくださる」에 대한 예문 두 개를 보겠습니다.
「私の論文を見てくださるとありがたいです:저의 논문을 봐 주시면 감사하겠습니다」
「必要な書類を送ってくださいました:필요한 서류를 보내 주셨습니다」입니다.

A : とんでもないです。本当に素敵なおじいさまなので、もっと長生きしていただきたかったです。

「とんでもない」는 「당치않다」는 뜻이고 「もっと:더욱 더」라는 의미입니다. 예문을 통해서 단어를 익히는 것이 좋겠죠.
「もっと勉強してください:더욱 공부해 주세요」
「もっと暑くなりました:더욱 더워졌습니다」
「もっと便利になりました:더욱 편리해졌습니다」 등, 「もっと」는 정도나 상태가 더 강

接続 (접속)

unit. 3

해지는 것을 나타내는 단어입니다.

B : それを聞くと、心が痛いです。もっと祖父のために出来たことがあったのではと思って、たくさん後悔しています。

「〜のために」는 「〜을 위해서」 라는 의미입니다. 두 개의 예문을 보겠습니다.
「国のために頑張ってください:국가를 위해서 열심히 해 주세요」
「あなたのためにどんなことでもします:당신을 위해서 어떤 일이라도 하겠습니다」 입니다.

A : そうですね。私も心から故人のご冥福をお祈り申し上げると共に、ご家族のみなさまの健康も祈っております。

「冥福」 는 「명복」 이라는 의미로 돌아가신 분에 대해서 사용하는 표현입니다. 그리고 「〜と共に」 는 「〜와 함께」 라는 의미인데, 두 개의 예문을 보겠습니다.
「自然と共に生きていきたい:자연과 함께 살아가고 싶다」
「卒業は嬉しさと共に寂しさも感じる:졸업은 기쁨과 함께 쓸쓸함도 느낀다」 입니다.

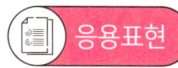

응용표현

1. 心からの感謝を込めて手紙を書きました。
   → 마음으로부터 감사를 담아 편지를 썼습니다.

2. 助けてくださって本当にありがとうございます。
   → 도와주셔서 정말로 감사합니다.

3. １２月になるともっと寒くなる。
   → 12월이 되면 더욱 추워진다.

4. 人間は過去を振り返って後悔することが多い。
   → 인간은 과거를 뒤돌아보고 후회하는 일이 많다.

5. 春が近づくと共に、少しずつ暖かくなってきた。
   → 봄이 다가오는 것에 따라 조금씩 따뜻해졌다.

어휘 표현

- □ 心 마음 □ 感謝 감사 □ ～を込めて ～을 담아 □ 手紙 편지 □ 助ける 돕다
- □ 本当に 정말로 □ もっと 더욱 □ 寒い 춥다 □ 人間 인간 □ 過去 과거
- □ 振り返る 뒤돌아보다 □ 後悔 후회 □ 春 봄 □ 近づく 다가오다
- □ ～と共に ～와 함께 □ 暖かい 따뜻하다

unit.3 接続 (접속)

어휘연습

어휘	읽기	의미
悔やみ		
葬儀		
後悔		
故人		
冥福		
祈る		
論文		

작문연습

1. 일부러 공항까지 와 주셔서 감사합니다.

2. 더욱 열심히 공부해 주기를 바랍니다.

3. 이제야 와서 후회해도 소용이 없다.

4. 당신이 시험에 합격하는 것을 기원하겠습니다.

 문제풀이

어휘	읽기	의미
悔やみ	くやみ	애도
葬儀	そうぎ	장례식
後悔	こうかい	후회
故人	こじん	고인
冥福	めいふく	명복
祈る	いのる	기원하다, 기도하다
論文	ろんぶん	논문

1. わざわざ空港まで来てくださって、ありがとうございます。

2. もっと一生懸命勉強してほしいです。

3. 今更後悔しても仕方がない。

4. あなたが試験に合格するのをお祈りします。

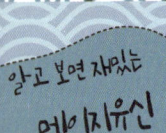

坂本竜馬(사카모토 료마)-6
さかもとりょうま

료마와 고토는, 吉田東洋(요시다 토요)의 암살사건이랑 도사근왕당의 탄압 등을 둘러싸고 원수라고 할 수 있는 관계였지만, 이 회담은 과거의 응어리를 극복하고, 미래지향적인 발상의 아래 서로 손을 잡았던 것이다.

이 결과, 亀山社中는 해원대로 개칭하고, 료마는 그 대장이 되어, 도사번의 외곽 단체로서 활동하게 되었다. 4월에는, 해원대가 운용하는 いろは丸(이로하마루)가 기슈번의 明光丸(메이코마루)와 충돌, 침몰하는 해난사고를 당했지만, 료마는 鞆の浦(토모노우라)에서 기슈번과 담판을 개시하여, 만국공법을 바탕으로 끈질기게 교섭을 계속한 결과, 기슈번으로부터 배상금 7만량을 획득하게 되었다.

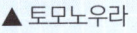

▲ 토모노우라

6월에는 고토와 함께 나가사키에서 夕顔丸(유가오마루)로 교토로 향하는 도중, 船中八策(선중팔책)을 고토에게 제시한다. 이것은 후쿠이번의 横井小楠(요코이 쇼난)이 작성한 「国是七条(국제칠조)」 등을 바탕으로 료마 나름대로 정리한 것으로, 대정봉환하고, 의회를 열어 공화정치를 목표로 하는 신시대의 정책요항이었다.

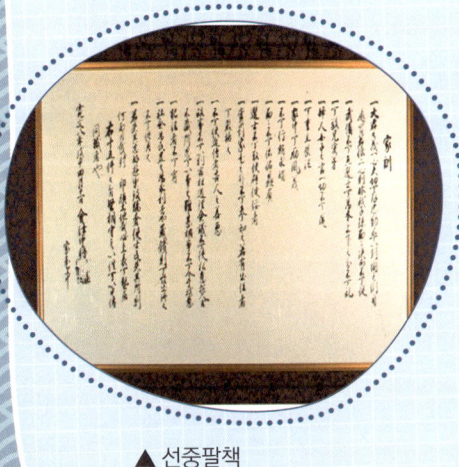

▲ 선중팔책

이 선중팔책을 바탕으로, 고토가 대정봉환 建白書(건백서, 건의서)를 山内容堂(야마우치 요도)에게 제출했다. 야마우치 요도는 고토가 진언한 대정봉환론을 현재의 난국을 해결하는 묘안으로서 환영하고, 막부에 건백서(건의서)를 제출, 쇼군 도쿠가와 요시노부은 이것을 받아들여, 慶応-케이오 3년 10월13일, 교토 니죠성에서 교토에 각 번 중신들에게 대정봉환을 자문(선언)하고, 다음 날 14일에 조정에 들어가, 이것을 헌상, 15일이 되어 조정이 「대정봉환」을 수리했다.

요시노부에게 있어서 정권을 조정에 돌려준다는 훌륭한 결단이기는 했지만, 비록 형식적으로는 정권을 잃어버려도 실질적으로는 도쿠가와 가의 지배 및 자기의 권력은 유지될 것이라는 계산이 있었던 것이다.

▲ 대정봉환

이러한 점은, 료마의 신정부구상과는 다른 이해였다. 료마의 船中八策-선중팔책(후의 「신정 부강령팔책」)중, 「대정봉환」만이 도쿠가와 요시노부에 의해서 실행되었던 것이다. 게다가 고토 쇼지로는 이 안의 출처가 도사의 시골무사출신인 사카모토 료마인 것을 말하지 않고, 자신이 제안자라고 했다.

따라서 이 시점에서는, 료마는 대정봉환의 숨은 조력자가 되는 것이다. 고토 쇼지로는 13일에 니조성에서 요시노부를 배알한 후, 대정봉환이 결정된 취지를 교토의 마을에서 대기하고 있던 료마에게 급히 전했다. 소식을 들은 료마는 「요시노부 공은 멋지게 결정해 주었다. 공을 위해서 라면 나의 목숨은 버릴 수 있다」라고 감격의 눈물을 흘렸다고 한다.

坂本竜馬(사카모토 료마)-6

　그리고 사카모토 료마는 대정봉환이 이루어진 다음 달, 慶応-케이오3년(1867년) 11월15일에 암살당한다. 그날 밤, 료마는 간장가게 近江屋(오미야)의 2층에서 中岡慎太郎(나카오까 신타로)와 대화를 하고 있던 중이었다. 갑자기 방문한 남자들은 十津川(토츠가와)시골무사를 들먹이며, 「才谷梅太郎(사이다니 우메타로)선생(료마의 바뀐 이름)을 만나고 싶다」고 말하며, 7명 정도 들어와, 그 중 실행범이 2층에 올라가 갑자기 료마와 나카오까를 칼로 베었다고 한다. 칼을 잡을 틈도 없이 머리에 치명상을 입은 료마는 거의 즉사, 나카오까도 중상을 입고 이틀 후에 죽었다.

　범인은 교토 미마와리구미의 佐々木只三郎(사사끼 타다사부로) 등이 아닌가 라고 말해지지만, 다양한 설이 주장되고 있어, 현재도 확실한 것은 모른다.

　대정봉환에 의해서 도쿠가와 무력토벌의 계기를 빼앗긴 사츠마에 의한 음모설, 혹은 「이로하마루 사건」으로 해원대에 7만량의 배상금을 지불한 기슈번에 의한 책모라는 설도 있다.

　사카모토 료마는, 지금도 수많은 막부 말기의 지사 중에서 최고의 인기를 뽐내고 있다. 각고면려해서 학문을 추구한 것도 아니고, 전쟁을 주도했거나 사람들의 선동이 특기인 것도 아니며, 이렇다 할 지위도 힘도 없는 극히 평범한, 어디에도 있을 법한 검술을 좋아하는 소년이 「새로운 일본을 만들고 싶다」는 순수한 마음과 넓은 세계에서 장사를 하고 싶다는 꿈을 가지고 다양한 사람을 인물을 만나, 드디어 사람을 움직여, 세상을 움직이는 힘을 익혔다는 성공 스토리가, 많은 사람들의 공감을 불렀을 것이다. 더 나아가 대업을 이룬 후에 무상하고 무념의 죽음을 맞이한 것도, 수수께끼같은 사건으로의 흥미를 가져오게 하여, 사람을 끌어 당기는 요소를 배가시킨 것처럼 생각된다.

▲ 오미야

▲ 료마의 본가(사이타니야)

▲ 료마와 나카오카 신타로 동상

▲ 교토 해원대본부

알고 보면 재밌는 메이지유신 | 411

unit. 4 依頼-お願い (의뢰-부탁)

본문회화

A : 折り入ってお願いしたいことがあるのですが、お話ししてもよろしいでしょうか。

B : どうぞ。改まって何のお願いですか。

A : 実は来週の会議で司会をすることになっているんだけど、急用が出来て、会議に出られなくなってしまったんです。

B : それは困りましたね。

A : 来週の会議には参加されますよね。

B : はい。その予定です。

A : そこで、私の代わりに、来週の会議で司会をしていただきたいのですが、お願いできますか。

B : あまり司会は経験がないので、自信がないです。

A : 他に頼める人がいないので、何とかお願いできませんか。

B : 了解しました。やってみます。

어휘 표현

- 依頼(いらい) 의뢰
- お願(ねが)い 부탁
- 折(お)り入(い)って 긴히
- 改(あらた)まって 격식을 차리고
- 実(じつ)は 실은
- 来週(らいしゅう) 다음주
- 会議(かいぎ) 회의
- 司会(しかい) 사회
- 急用(きゅうよう) 급한 볼일
- 困(こま)る 곤란하다
- 参加(さんか) 참가
- 予定(よてい) 예정
- 〜の代(か)わりに 〜의 대신에
- 経験(けいけん) 경험
- 自信(じしん) 자신
- 他(ほか)に 외에
- 頼(たの)む 부탁하다
- 何(なん)とか 어떻게든
- 了解(りょうかい)する 알다, 이해하다

본문 해석

A : 긴히 부탁하고 싶은 것이 있습니다만, 이야기해도 괜찮겠습니까?
B : 하세요. 격식을 차리고 무슨 부탁입니까?
A : 실은, 다음주 회의에서 사회를 하기로 되어 있는데, 급한 일이 생겨서 회의에 나갈 수 없게 되었습니다.
B : 그것은 난처하겠군요.
A : 다음주 회의에는 참가하시죠.
B : 예, 그럴 예정입니다.
A : 그래서, 저 대신에 다음주 회의에서 사회를 해 주시기를 바랍니다만, 부탁할 수 있을까요?
B : 그다지 사회는 경험이 없기 때문에 자신이 없습니다.
A : 그 외에 부탁할 수 있는 사람이 없으니, 어떻게 부탁할 수 없겠습니까?
B : 알겠습니다. 해 보겠습니다.

본문 상세 설명

A : 折り入ってお願いしたいことがあるのですが、お話ししてもよろしいでしょうか。

「折り入って」는 상대방을 신뢰하여 특별한 부탁이나 상담을 할 때 사용하는 단어로서 「특별히, 긴히」라는 의미를 가지고 있습니다. 두 개의 예문을 보도록 하겠습니다.
「折り入ってお願いがございます:긴히 부탁이 있습니다」
「みんなの信望が厚いあなたに折り入って相談があるんだ:모두의 신망이 두터운 당신에게 긴히 상담이 있어」입니다.

B : どうぞ。改まって何のお願いですか。

「改まって」는「격식을 차리고」라는 의미인데,「改まる:정색을 하다, 격식을 갖추다」라는 동사에서 나온 단어입니다. 다른 예문을 들면「改まって手紙を書くのは初めてです:격식을 차려서 편지를 쓰는 것은 처음입니다」입니다.

A : 実は来週の会議で司会をすることになっているんだけど、急用が出来て、会議に出られなくなってしまったんです。

「〜ことになる」는「〜하게 되다」라는 의미입니다. 두 개의 예문을 보겠습니다.
「彼女と付き合うことになって嬉しい:그녀와 사귀게 되어 기쁘다」
「明日突然出社することになった:내일 갑자기 출근하게 되었다」입니다.

B : それは困りましたね。

본인의 사정으로 회의에 출석할 수 없게 되었다고 하자 난처한 입장을 말하는 표현입니다.

unit.4 依頼-お願い (의뢰-부탁)

A : 来週の会議には参加されますよね。
「される」는 「する」의 「수동형」으로서 각 동사의 「수동형」은 「존경표현」이 될 수 있습니다. 그럼 「수동형」이 「존경표현」으로 사용된 예문 두 개를 보도록 하겠습니다.
「先生はもう帰られました:선생님은 이미 돌아가셨습니다」
「課長は朝ご飯を食べられましたか:과장님은 아침밥을 드셨습니까?」 입니다.

A : そこで、私の代わりに、来週の会議で司会をしていただきたいのですが、お願いできますか。
「〜の代わりに:〜의 대신에」 라는 표현도 알아둘 필요가 있습니다. 다른 예문을 보면
「私の代わりに:내 대신에」 「社長の代わりに:사장님 대신에」 「あなたの代わりに:당신 대신에」 입니다.

B : あまり司会は経験がないので、自信がないです。
「あまり」는 「그다지, 별로」 라는 의미이고, 「あまりにも」는 「정도가 심함을 나타내는 단어」 로서 「너무」 라는 의미입니다. 두 개의 예문을 보도록 하겠습니다.
「今日はあまり寒くないです:오늘은 별로 춥지 않습니다」
「大統領の発言はあまりにもひどくて腹が立った:대통령의 발언은 너무 심해서 화가 났다」 입니다.

A : 他に頼める人がいないので、何とかお願いできませんか。
「何とか」 는 「어떻게든」 이라는 의미입니다. 두 개의 예문을 보겠습니다.
「何とか締め切りの日を延ばしてもらえないでしょうか:어떻게든 마감날을 연장해 줄 수 없을까요?」
「大変です。何とかしてください:큰일입니다. 어떻게든 해 주세요」 입니다.

B : 了解しました。やってみます。
「了解する」 는 「分かる-알다」 의 겸양표현입니다. 「了承する」 「承知する」 도 같은 의미입니다. 두 개의 예문을 살펴봅시다.
「値段の変更につきましても了解しました: 가격의 변경에 대해서도 이해했습니다」
「次回の会議についてのお話、了解しました: 다음 번의 회의에 대한 이야기, 이해했습니다」 입니다.

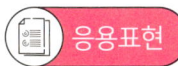 응용표현

1. 折り入ってご相談がございます。
   → 긴히 상담이 있습니다.

2. 改まって言うのは恥ずかしい。
   → 격식을 차려서 말하는 것은 부끄럽다.

3. 急用ができましたので午前中はお休みします。
   → 급한 일이 생겨서 오전 중에는 쉬겠습니다.

4. 今の仕事は給料が高い代わりに残業が多い。
   → 지금의 일은 급료가 높은 대신에 잔업이 많다.

5. 他にどんな影響がありますか。
   → 그 외에 어떤 영향이 있습니까?

어휘 표현

- □ 折り入って 긴히 □ 相談 상담 □ 改まって言う 격식을 차려서 말하다
- □ 恥ずかしい 부끄럽다 □ 急用 급한 볼일 □ 午前中 오전 중 □ 給料 급료
- □ ~代わりに ~대신에 □ 残業 잔업 □ 他に 외에 □ 影響 영향

unit. 4 依頼-お願い (의뢰-부탁)

어휘연습

어휘	읽기	의미
折り入って		
改まる		
司会		
経験		
突然		
困る		
大統領		

작문연습

1. 긴히 상담하고 싶은 것이 있습니다만.

2. 격식을 갖춘 비즈니스 편지를 쓰는 것은 처음이다.

3. 급한 볼일이 생겨서 그와의 약속을 지킬 수 없었다.

4. 부장님 대신에 오사카에 출장갔다.

 문제풀이

어휘	읽기	의미
折り入って	おりいって	긴히
改まる	あらたまる	격식을 차리다
司会	しかい	사회
経験	けいけん	경험
突然	とつぜん	돌연
困る	こまる	곤란하다
大統領	だいとうりょう	대통령

1. 折り入って相談したいことがありますが。

2. 改まったビジネス手紙を書くのは初めてだ。

3. 急用が出来て、彼との約束を守れなかった。

4. 部長の代わりに大阪へ出張に行った。

中岡慎太郎(나카오카 신타로)

나카오카 신타로는, 武市半平太(타케치 한페이타)의 토사근왕당에 참가. 1863년 8월 18일의 정변이 일어나, 도사번에서 근왕당으로의 탄압이 시작되자, 바로 탈번하여, 초슈번에 망명했다. 초슈번이 교토에서 일으킨 禁門の変(금문의 변)이랑 4개국 연합함대와의 시모노세키 전쟁에 초슈번의 일원으로서 참가. 막부를 토벌하지 않고는 일본의 미래는 없다는 신념 하에, 동분서주하여, 동지·유력자와 연락을 취하고, 막부토벌의 흐름을 만들기 위해 분골쇄신했다.

▲ 나카오카 신타로 초상

1866년 3월 7일에 교토 사츠마번 저택에서 삿쵸동맹을 성립시키고, 막부토벌을 향한 큰 진전을 실현시켰다. 삿쵸동맹이라고 하면 사카모토 료마 쪽이 주역으로서 유명하지만, 거기에 이르는 길을 연 것은 나카오카 신타로의 공적이 매우 크다. 교토의 간장가게 오미야에 사카모토 료마를 찾아갔을 때, 자객에게 습격을 당해, 료마는 그 자리에서 절명하고, 나카오카 신타로는 중상을 입고, 이틀 후인 11월 17일에 사망했다. 향연 30세.

▲ 나카오카 신타로 기념관

memo

unit.5 勧誘 (권유)

본문회화

A：実はうちの社で、韓国担当の責任者が急にやめてしまって、困っています。

B：あの優秀な責任者が辞められてしまったのですね。

A：そうなんです。そこで、あなたのことが思い浮かんで、今日呼び出した次第です。

B：ということは、もしかして…。

A：そうです。ぜひうちの社に来てもらえないでしょうか。

B：驚きました。でも、悪くない話ですね。いわゆる「ヘッドハンティング」ですね。

A：「引き抜き」とも言いますね。どうです、ちょっと考えてもらえないですか。

B：了解です。今の仕事を辞めるにしても、会社の状況や担当するプロジェクトのことなど、いろいろ整理しなくてはならないことも多いので、少し考えさせてください。

A：ＯＫ。良い返事を待っていますよ。

어휘 표현

- □ 勧誘 권유 □ 実は 실은 □ うちの社 우리 회사 □ 担当 담당
- □ 責任者 책임자 □ 急に 갑자기 □ 辞める 그만두다 □ 困る 곤란하다
- □ 優秀 우수 □ 思い浮かぶ 떠오르다 □ 呼び出す 호출하다 □ ～次第 ～하는 바
- □ もしかして 혹시 □ 驚く 놀라다 □ いわゆる 이른바 □ 引き抜き 스카우트
- □ 了解する 알다, 이해하다 □ 仕事 일 □ 状況 상황 □ 整理 정리 □ 返事 답변

본문 해석

A : 실은 우리 회사에서, 한국담당 책임자가 갑자기 그만두어서 난처해하고 있습니다.
B : 그렇게 우수한 책임자가 그만두신 것이군요.
A : 그렇습니다. 그래서 당신이 떠올라 오늘 불렀던 바입니다.
B : 라는 것은 혹시….
A : 그렇습니다. 꼭 우리 회사에 와 줄 수 없을까요?
B : 놀랐습니다. 하지만 나쁘지 않은 이야기이군요. 이른바「헤드헌팅」이군요.
A :「스카우트」라고도 합니다. 어떻습니까? 좀 생각해 줄 수 없겠습니까?
B : 알겠습니다 지금의 일을 그만둔다고 해도, 회사의 상황이랑 담당하는 프로젝트의 일 등, 여러 가지 정리해야 하는 일도 많으니 잠시 생각하게 해 주세요.
A : 좋습니다. 좋은 답변을 기다리고 있겠습니다.

본문 상세 설명

A : 実はうちの社で、韓国担当の責任者が急にやめてしまって、困っています。

「実は」는「실은」이라는 의미인데, 회화 표현에서 많이 사용합니다.
「実は、アメリカから大人の服に関してのお問い合わせがありました:실은, 미국에서 어른의 옷에 관한 문의가 있었습니다」「実は、さっき取引先から見積書が届きました:실은 조금 전에 거래처로부터 견적서가 도달되었습니다」입니다.

B : あの優秀な責任者が辞められてしまったのですね。
이 문장에서 사용된「수동형」은「피해의식」과 관련된 문법입니다.
「友だちにラジオを壊された:친구가 라디오를 부셨다」
「朝から雨に降られた:아침부터 비를 맞았다」입니다.

A : そうなんです。そこで、あなたのことが思い浮かんで、今日呼び出した次第です。
「~次第」는 문장의 끝에 사용하면「~하는 바」라는 의미이고,「동사ます형」에 접속하면「~하는 대로」,「명사」에 접속하면「~에 달려있다」라는 의미입니다.
「仕事の都合でスケジュールをこのように調整した次第です:일의 사정으로 스케줄을 이처럼 조정했던 바입니다」
「分かり次第ご連絡させていただきます:아는 대로 연락드리겠습니다」
「信じるか信じないかはあなた次第です:믿을지 안 믿을지는 당신에게 달려있습니다」

unit. 5 勧誘 (권유)

B : ということは、もしかして…。
「もしかして」는「혹시, 어쩌면」이라는 의미를 가진 부사입니다. 「あなたはもしかして未成年ですか?:당신은 혹시 미성년입니까?」「もしかして彼は私との約束を忘れているかもしれない:어쩌면 그는 나와의 약속을 잊고 있을지도 모른다」입니다.

A : そうです。ぜひうちの社に来てもらえないでしょうか。
「〜てもらう」는「상대방에게 뭔가를 해 받다」즉,「상대방이 나에게 뭔가를 해 주다」라는 의미입니다. 「これはあなたに買ってもらったセーターです:이것은 당신이 사 준 스웨터입니다」「友だちにお金を貸してもらった:친구에게 돈을 빌려 받았다」입니다.

B : 驚きました。でも、悪くない話ですね。いわゆる「ヘッドハンティング」ですね。
「いわゆる」는「이른바」라는 의미로「いわば」와 같은 뜻입니다. 예문을 보겠습니다. 「両親を早くに亡くした彼にとって、姉の存在はいわゆる母親のようなものだった:부모님을 일찍 여읜 그에게 있어서, 누나의 존재는 이른바 어머니와 같은 것이었다」입니다.

A : 「引き抜き」とも言いますね。どうです、ちょっと考えてもらえないですか。
「引き抜き」는「스카우트」라는 의미로서 어려운 어휘입니다. 반드시 암기해 주세요.

B : 了解です。今の仕事を辞めるにしても、会社の状況や担当するプロジェクトのことなど、いろいろ整理しなくてはならないことも多いので、少し考えさせてください。
「〜にしても」는「〜라고 해도」라는 뜻인데, 고급수준의 표현방법입니다. 「賛成するにしても反対するにしても、ちゃんと理由を言ってください:찬성을 하던 반대를 하던 반드시 이유를 말해 주세요」
「飲み会に参加するとしても、残業があるから少し遅れてしまいます:술자리에 참가한다고 해도 잔업이 있기 때문에 조금 늦겠습니다」입니다.

A : OK。良い返事を待っていますよ。
「返事」는「답변, 대답」이라는 뜻입니다. 상대방으로부터의 좋은 소식을 기다리겠다는 문장입니다.

 **응용표현**

1. 挨拶に伺った次第です。
   → 인사하러 찾아 뵈었던 바입니다.

2. これがいわゆる「天ぷら」というものです。
   → 이것이 이른바 튀김이라는 것입니다.

3. 食べ方一つにしてもマナーがとても良いと感じた。
   → 먹는 방법 하나에서도 매너가 매우 좋다고 느꼈다.

4. 食事の後で、この薬を食まなくてはいけません。
   → 식사 후에, 이 약을 먹어야만 합니다.

5. 木曜日にお返事を発送いたしました。
   → 목요일에 답장을 발송하겠습니다.

어휘 표현

- 挨拶 인사
- 伺う 「聞く-묻다/訪ねる-방문하다」의 겸양어
- ～次第 ～하는 바
- いわゆる 이른바
- 天ぷら 튀김
- 食べ方 먹는 방법
- ～にしても ～로 해도
- 感じる 느끼다
- 食事 식사
- 返事 답변
- 発送 발송

勧誘 (권유)

어휘연습

어휘	읽기	의미
担当		
責任者		
状況		
整理		
引き抜き		
調整		
届く		

작문연습

1. 우산도 없는데 갑자기 비가 내려 난처해하고 있습니다.

2. 이번에 메일을 드렸던 바입니다.

3. 꼭 당신과 함께 프로젝트를 하고 싶습니다.

4. 거래를 취소한다고 해도 지금 당장은 무리입니다.

문제풀이

어휘	읽기	의미
担当	たんとう	담당
責任者	せきにんしゃ	책임자
状況	じょうきょう	상황
整理	せいり	정리
引き抜き	ひきぬき	스카우트
調整	ちょうせい	조정
届く	とどく	배달되다, 도달되다

1. 傘もないのに急に雨に降られて困っています。

2. このたびメールを差し上げた次第です。

3. ぜひあなたと一緒にプロジェクトをしたいです。

4. 取引を取り削すにしても今すぐは無理です。

岩崎弥太郎(이와사키 야타로)

1835년 1월 9일 ~ 1885년 2월 7일

미쯔비시재벌의 창업자인 실업가. 메이지의 동란기에 정부의 상인으로서 막대한 이익을 손에 넣은 인물로서 유명하다.

도사국(현 고치현 아키시)에서 태어났다. 어릴 때부터 문학작품에 뛰어난 실력을 발휘하여, 14세 무렵에는 당시의 번주 山内豊照(야마우치 토요테루)에게도 한시를 피로하는 등 재능을 인정받을 정도였다.

▲ 이와사키 야타로 초상

21세에 에도로 유학. 1856년에 아버지가 투옥된 것을 알고 귀성. 아버지의 면죄를 호소한 것 때문에 자신도 투옥되었다. 그 후, 吉田東洋(요시다 토요)가 연 소림숙(사설학교)에 들어간다. 이 때 고토 쇼지로 등과 학문 등의 교류를 한다. 1867년, 고토 쇼지로에 의해 도사상회 주임, 나가사키에서 공적인 자리에 발탁되어, 번의 무역에 종사한다. 사카모토 료마가 탈번의 죄를 용서받고, 해원대가 도사번의 외곽기관이 되었을 때에는, 번의 명령에 의해 해원대의 경리담당이 되었다. 그 후 도사상회를 九十九商会(츠쿠모 상회)로 개칭한 미츠비시 상회를 설립. 이 때에 도사번주 야마다 가의 三葉柏紋(떡갈나무 석 장의 문안)과 이와사키 가의 三階菱(세 겹으로 된, 마름모 꼴을 엽에서 본 문안)을 합친 미츠비시마크가 만들어졌다.

日本

▲ 이와사키 야타로 생가

▲ 이와사키 야타로 동상

▲ 마당에 있는 일본지도모양의 돌

▲ 미쯔비시 설립자 이와사키 야타로 가족 초상화

unit. 6 挨拶 (인사)

본문회화

金 ： 今日から、この会社で韓国担当をすることになりました金と申します。よろしくお願いします。

島津 ： よろしくお願いします。

金 ： 貿易関係の業務で、６年間、韓国担当をしてきました。

島津 ： そうなのですね。日本にはどれくらい住んでいるのですか。

金 ： 大学生の時からなので、かれこれ１０年近くになります。

島津 ： それで日本語が上手なんですね。

金 ： それほどでもないです。でも仕事を通じてたくさん日本語の勉強ができました。

島津 ： この会社でもいろんなことがあるとは思いますが、分からないことがあったら聞いてください。

어휘 표현

☐ 挨拶 인사 ☐ 今日 오늘 ☐ 担当 담당 ☐ 貿易 무역 ☐ 関係 관계 ☐ 業務 업무
☐ ～年間 ～년간 ☐ 住む 거주하다 ☐ 大学生 대학생 ☐ かれこれ 이래저래
☐ 仕事 일 ☐ ～を通じて ～을 통해서

 본문 해석

김	:	오늘부터 이 회사에서 한국담당을 하게 된 김이라고 합니다. 잘 부탁합니다.
시마즈	:	잘 부탁합니다.
김	:	무역관계의 업무로 6년 간 한국담당을 해 왔습니다.
시마즈	:	그렇군요. 일본에는 어느 정도 살았습니까?
김	:	대학생 때부터 이니 이래저래 10년 가까이 됩니다.
시마즈	:	그래서 일본어를 잘하는군요.
김	:	그 정도는 아닙니다. 하지만 일을 통해서 많이 일본어 공부를 할 수 있었습니다.
시마즈	:	이 회사에서도 여러 일이 있을 거라고 생각합니다만, 모르는 것이 있으면 물어주세요.

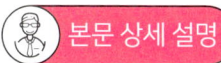 본문 상세 설명

金 : 今日から、この会社で韓国担当をすることになりました金と申します。よろしくお願いします。

「おっしゃる」는 「言う-말하다」의 존경표현이고, 겸양표현은 「申し上げる」「申す」입니다. 두 개의 예문을 보도록 할게요.

「課長のおっしゃることに賛成です:과장님이 말씀하신 것에 찬성입니다」
「お客様がおっしゃいましたように:손님이 말씀하신 것처럼」입니다.

金 : 貿易関係の業務で、6年間、韓国担当をしてきました。

「~てくる」는 「과거부터 현재까지」 쭉 그렇게 해 왔다는 의미입니다. 「현재부터 미래까지」 쭉 그렇게 해 가는 것은 「~ていく」 라고 합니다. 각각의 예문을 보겠습니다.
「子供たちを、今まで7年間も教えてきた:아이들을 지금까지 7년 간이나 가르쳐 왔다」
「これからも、ずっと教えていくつもりだ:앞으로도 쭉 가르쳐 나갈 생각이다」 입니다.

島津 : そうなのですね。日本にはどれくらい住んでいるのですか。
「住む」「暮らす」「生きる」를 비교해서 알아봅시다.
「住む」는 「거주하다」, 「暮らす」는 「생활하다」, 「生きる」는 「목숨이 붙어있다」
라는 뉘앙스입니다. 세 개의 예문을 보도록 하겠습니다.
「1年前から東京に住んでいます:1년 전부터 도쿄에서 살고 있습니다」
「実家で両親と暮らしています:본가에서 부모님과 생활하고 있습니다」

unit. 6 挨拶 (인사)

「祖母(そぼ)は今年(ことし)９０歳(さい)だが、まだ生きている:할머니는 올해 90세이지만 아직 살아 있다」

金 : 大学生の時からなので、かれこれ１０年近くになります。

「かれこれ」는 「이래저래, 이러쿵저러쿵, 그럭저럭, 대략」이라는 의미를 가지고 있습니다. 다양한 의미가 있기에 세 개의 예문을 통해서 그 쓰임을 알아보겠습니다.

「もうかれこれ一時間になるが、どこまで進(すす)んでも暗(くら)い海(うみ)ばかりだ:벌써 그럭저럭 1시간이 되지만, 어디까지 나아가도 검은 바다뿐이다」

「腹(はら)を立(た)ててかれこれ言ってみたところで、どうしようもない:화를 내며 이러쿵저러쿵 말해 보았자, 어떻게 할 방법도 없다」

「親(おや)が亡(な)くなったのはかれこれ四年ほど前(まえ)だ:부모가 죽은 것은 이래저래 4년 정도 전이다」입니다.

島津 : それで日本語が上手なんですね。

「上手(じょうず)だ:능숙하다」와 「下手(へた)だ:서툴다」는 본인 자신에게는 사용할 수 없습니다. 즉, 「私は日本語が上手です」 「私は日本語が下手です」는 틀린 표현이며, 자신에 대해서는 「得意(とくい)だ:잘하다」 「苦手(にがて)だ」라고 사용합니다. 따라서 이 문장은 「私は日本語が得意です」 「私は日本語が苦手です」라고 말하는 것이 바람직합니다.

金 : それほどでもないです。でも仕事を通じてたくさん日本語の勉強ができました。

「〜を通(つう)じて」는 「〜을 통해서」라는 의미이고 「〜を通(とお)して」와 같은 의미입니다.

「親(おや)は子供(こども)を通じて人生(じんせい)の多(おお)くを学(まな)ぶ:부모님은 아이를 통해서 인생의 많은 것을 배운다」

「ボランティア活動(かつどう)を通して現地(げんち)の人々とつながることができた:자원봉사활동을 통해서 현지 사람들과 연결할 수가 있었다」입니다.

島津 : この会社でもいろんなことがあるとは思いますが、分からないことがあったら聞いてください。

이 문장에서는 어려운 표현이 없습니다. 그래서 어휘공부를 해 보겠습니다. 「機会(きかい):기회」 「会談(かいだん):회담」 「会計(かいけい):계산」 「貴社(きしゃ):귀사」 「当社(とうしゃ):당사」 「支社(ししゃ):지사」 입니다.

 응용표현

1. 先日家族でお寺を見てきました。
   → 전날 가족끼리 절을 보고 왔습니다.

2. 東京出身で小さい頃からずっと住んでいる。
   → 도쿄출신으로 어릴 때부터 계속 살고 있다.

3. かれこれ半年ほど髪を切っていない。
   → 이래저래 반년정도 머리를 자르지 않았다.

4. 秘書を通じて社長に連絡してください。
   → 비서를 통해서 사장님에게 연락해 주세요.

5. 仕事が大変そうですが、それほどでもないです。
   → 일이 힘들 것 같습니다만, 그 정도는 아닙니다.

어휘 표현

□ 先日 전날 □ 家族 가족 □ お寺 절 □ 出身 출신 □ 小さい頃 어릴 때
□ ずっと 계속 □ 住む 거주하다 □ かれこれ 이래저래 □ 半年 반년
□ 髪を切る 머리를 자르다 □ 秘書 비서 □ ~を通じて ~을 통해서 □ 社長 사장
□ 連絡 연락 □ 仕事 일 □ 大変だ 힘들다

unit. 6　挨拶 (인사)

어휘연습

어휘	읽기	의미
貿易		
業務		
苦手だ		
得意だ		
学ぶ		
活動		
現地		

작문연습

1. 무역과 관련된 일을 쭉 해 왔습니다.

2. 올해로 일본에 산지 10년이 됩니다.

3. 그를 통해서 여러 분을 소개받았습니다.

4. 모르는 것이 있으면 언제든지 물어주세요.

 문제풀이

어휘	읽기	의미
貿易	ぼうえき	무역
業務	ぎょうむ	업무
苦手だ	にがてだ	서툴다
得意だ	とくいだ	잘하다
学ぶ	まなぶ	배우다
活動	かつどう	활동
現地	げんち	현지

1. 貿易と関連した仕事をずっとしてきました。

2. 今年で日本に住んでから１０年になります。

3. 彼を通じていろんな方を紹介してもらいました。

4. 分からないことがあったらいつでも聞いてください。

近藤長次郎 (콘도 초지로)
こんどうちょうじろう

성 아래마을에서 만두를 팔고 돌아다녀서, 만두집 초지로라고 불렸다. 학문에 대한 정열이 강해서, 고향에서는 河田小龍(카와다 쇼류)에게 배우고, 에도에 나와서는 安積艮斎(아사카 곤사이)의 문하생이 되었다. 사카모토 료마에 앞서 勝海舟(카츠 카이슈)의 문하생이 되었다는 설도 있다. 재능이 뛰어난 쵸지로는 文久-분큐3년에 무사의 신분이 허락되어, 도사번 무사가 되었다. 소년시절부터 료마와 친해서 고베 해운조련소에 들어가고 亀山社中에도 참가. 초수번으로의 무기판매 등으로 활약한다. 외국문화를 어떻게 해서라도 자신의 눈으로 보고, 배우고 싶었던 초지로는, 亀山社中의 자금을 부정하게 처리해서, 그 돈으로 영국으로의 밀항을 계획했다. 그러나, 실현되기 전에 계획이 탄로되어, 社中의 병사들로 부터 할복을 명령 받아, 慶応-케이오2년 1월14일(1866년 2월28일)에 사거. 향년 29세. 그 때 료마는 교토에 있어서, 초지로의 구명이 불가능했다.

▲ 콘도 초지로 초상

▲ 콘도 초지로 무덤

memo

unit. 7 質問 (질문)

본문회화

金 : すみません、お尋ねしたいことがあるのですが、伺ってもよろしいでしょうか。

島津 : はい、どうぞ。何でしょうか。

金 : この会社では、夏休みはどのようになっているのでしょうか。

島津 : 夏休みは5日間で、有休扱いになります。そして、夏の期間であれば、各自が日程を自由に決めることができます。

金 : それは知っています。私が知りたいのは、いつからいつまでの間で、夏休みをとれるかです。

島津 : それでしたら人によって違います。何かご計画があるのですか。

金 : 実は韓国に帰省しようと考えています。出来れば、韓国のお盆に合わせて夏休みをとりたいと考えています。

島津 :　それは良いですね。ぜひ上司に相談してみてください。

어휘 표현

☐ 質問 질문　☐ 尋ねる 질문하다　☐ 伺う「聞く-묻다/訪ねる-방문하다」의 겸양어
☐ 夏休み 여름휴가　☐ 有休 유급　☐ 扱い 취급　☐ 期間 기간　☐ 各自 각자
☐ 日程 일정　☐ 自由 자유　☐ 決める 정하다　☐ 間 사이　☐ ～によって ～에 따라
☐ 違う 다르다　☐ 計画 계획　☐ 帰省 귀성　☐ お盆 추석　☐ 合わせる 맞추다
☐ 上司 상사　☐ 相談 상담

 본문 해석

김 : 죄송합니다, 묻고 싶은 것이 있는데, 여쭈어도 괜찮겠습니까?
시마즈 : 예, 하세요. 무엇입니까?
김 : 이 회사에서는 여름휴가는 어떻게 되어 있습니까?
시마즈 : 여름휴가는 5일 간으로 유급휴가입니다. 그리고 여름 기간이면 각자가 일정을 자유롭게 정할 수가 있습니다.
김 : 그것은 알고 있습니다. 제가 알고 싶은 것은 언제부터 언제까지 기간에, 여름휴가를 받을 수 있는가 입니다.
시마즈 : 그거라면 사람에 따라 다릅니다. 뭔가 계획이 있습니까?
김 : 실은 한국으로 귀성하려고 생각하고 있습니다. 가능하면 한국의 추석에 맞추어서 여름휴가를 받고 싶다고 생각하고 있습니다.
시마즈 : 그건 좋군요. 꼭 상사에게 상담해 봐 주세요.

 본문 상세 설명

金 : すみません、お尋ねしたいことがあるのですが、伺ってもよろしいでしょうか。

「伺う」는 비즈니스 회회에서 아주 많이 사용하는 표현입니다. 다양한 장면에서 사용되므로 반드시 암기해 주세요. 「伺う」는 「聞く-묻다/訪ねる-방문하다」의 겸양어로서 「여쭙다」 「찾아 뵙다」라는 의미로 사용됩니다. 예문을 만들어보면,

「先生、明日伺ってもよろしいでしょうか:선생님, 내일 찾아 뵈어도 괜찮겠습니까?」
「部長、ちょっとお伺いしたいことがありますが:부장님, 잠시 여쭙고 싶은 것이 있습니다만」 입니다. 「겸양표현」이라고 하면, 자신을 낮추어서 상대방을 올리는 것을 의미합니다. 「존경과 겸양표현」은 조금은 까다로울 수 있지만, 하나씩 공부해 나가다 보면, 아주 쉽게 느낄 수가 있습니다

金 : この会社では、夏休みはどのようになっているのでしょうか。
어려운 표현이 없는 문장입니다. 그럼 일본의 휴일에 대해서 알아보겠습니다. 「定休日:정기휴일」 「休日:휴일」 「祝日:경축일」 「振替休日:대체휴일」 「夏休み:여름휴가, 여름방학」 「冬休み:겨울휴가, 겨울방학」 입니다.

島津 : 夏休みは５日間で、有休扱いになります。そして、夏の期間であれば、各自が日程を自由に決めることができます。

unit. 7 質問 (질문)

「명사+であれば」는 「～라면」이라는 의미입니다. 한 개의 예문을 보겠습니다.
「情熱的で素直な女性であれば外見は気にしません: 정열적이고 솔직한 여성이라면 외견은 신경 쓰지 않습니다」입니다.

金 ： それは知っています。私が知りたいのは、いつからいつまでの間で、夏休みをとれるかです。

「知る」에 대해서 알아보겠습니다. 「知る」는 긍정문에서는 「知っています」라고 표현하고 「知ります」라고는 하지 않습니다. 부정문에서는 「知りません」이라고 하고 「知っていません」이라고는 하지 않습니다.

島津 ： それでしたら人によって違います。何かご計画があるのですか。

「～によって」는 「～에 따라, ～에 의해」라는 의미입니다. 두 개의 예문을 보겠습니다.
「今回の発見によって、医学は大きく発展するだろう:이번의 발견에 의해서 의학은 크게 발전할 것이다」
「今回の台風によって、多くの家が被害にあった:이번의 태풍에 의해서 많은 집이 피해를 당했다」입니다.

金 ： 実は韓国に帰省しようと考えています。出来れば、韓国のお盆に合わせて夏休みをとりたいと考えています。

「동사의지형+と考える」는 「～하려고 생각하다」입니다. 「본인의 의지」를 나타내는 문장인데, 생활회화나 비즈니스 회화에서 많이 사용되는 표현입니다. 두 개의 예문을 볼게요.
「明日でも海外旅行に行こうと考えています:내일이라도 해외여행 가려고 생각하고 있습니다」
「取引先に訪ねようと考えました:거래처에 방문하려고 생각했습니다」입니다.

島津 ： それは良いですね。ぜひ上司に相談してみてください。

「ぜひ」는 「꼭, 반드시」라는 의미이며, 「본인의 희망」을 나타낼 때 사용합니다.
「おもしろいムービーですので、ぜひご覧ください:재미있는 영화이니 꼭 봐주세요」입니다.

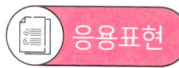 응용표현

1. 火の扱いに注意してください。
   → 불의 취급에 주의해 주세요.

2. 配送前であればキャンセルは可能です。
   → 배송 전이라면 취소는 가능합니다.

3. ビジネスの場面で日程調整を行う場面があるでしょう。
   → 비즈니스 장면에서 일정조정을 행하는 장면이 있죠.

4. 数学的に考えるとは何か。
   → 수학적으로 생각한다는 것은 무엇인가?

5. 夏休みに旅行しようと思っています。
   → 여름방학에 여행하려고 생각하고 있습니다.

어휘 표현

☐ 火 불 ☐ 扱い 취급 ☐ 注意 주의 ☐ 配送前 배송 전 ☐ 可能 가능 ☐ 場面 장면
☐ 日程 일정 ☐ 調整 조정 ☐ 行う 행하다 ☐ 数学的 수학적 ☐ 考える 생각하다
☐ 夏休み 여름휴가 ☐ 旅行 여행

unit. 7 質問 (질문)

어휘연습

어휘	읽기	의미
有休		
期間		
各自		
帰省		
情熱的		
発展		
旅行		

작문연습

1. 부장님, 오후에 사무실로 찾아 뵈어도 괜찮겠습니까?

2. 여름방학의 계획 중에 해외여행은 있습니까?

3. 사람에 따라 생각이 다르기 때문에 뭐라고도 할 수 없습니다.

4. 실은 궁금한 것이 있어서 도서관에 가는 것입니다.

문제풀이

어휘	읽기	의미
有休	ゆうきゅう	유급
期間	きかん	기간
各自	かくじ	각자
帰省	きせい	귀성
情熱的	じょうねつてき	정열적
発展	はってん	발전
旅行	りょこう	여행

1. 部長、午後事務所に伺ってもよろしいでしょうか。

2. 夏休みの計画の中で、海外旅行はありますか。

3. 人によって考え方が違いますので何とも言えません。

4. 実は分からないことがあって図書館に行くのです。

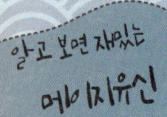
알고 보면 재밌는 메이지유신

河田小龍 : 카와다 쇼류

河田小龍(카와다 쇼류)는 吉田東洋(요시다 토요)의 명을 받아, 미국에서 귀국한 존 만지로의 취조에 임했다. 만지로는 10년 간의 미국생활 동안에 완전히 일본어를 잊어, 도사의 관리와의 의사소통도 뜻대로 되지 않은 상황이었다. 東洋는 小龍의 그림의 재능, 학문의 재능을 높게 평가했다. 나가사키에 유학하여, 네덜란드어의 지식도 있는 小龍(쇼류)가 만지로와 의사소통을 하는데 적임이라고 생각했을 것이다. 화가인 小龍는, 존 만지로로부터 얻은 정보를 바탕으로, 지도랑 삽화를 넣은 「漂巽紀略(표손기략)」 5권을 만들었다. 이것은 번주에게 헌상되었고, 많은 사람들의 높은 관심을 부르게 된다.

▲ 키와다 쇼류 초상

사카모토 료마도 小龍(쇼류)의 밑에서 큰 깨달음을 받았다. 외국의 문명이 일본보다 훨씬 진전되어 있는 것을 알고, 놀람과 위기감을 느낀 小龍(쇼류)는 료마에게, 해운을 번성하게 하고, 서양과 교역을 통해서 서양문명을 따라가는 것이 중요하다는 것을 가르쳤다. 이 일이 그 후의 료마의 활약의 원점이 되었던 것이다.

▲ 키와다 쇼류 작품

memo

unit. 8　拒絶 (거절)

본문회화

A : 今度サークル仲間みんなでスカイダイビングをしに行くんだけど、一緒に行きませんか。

B : スカイダイビングですか。

A : そうです。なかなか面白いですよ。

B : 私は高所恐怖症なので、スカイダイビングは縁がないと思います。

A : みんな最初はそう言うんだよね。でもやってみたら、世界が変わるから、思い切ってやってみましょうよ。

B : 空から地上を見たらきれいでしょうけど、私はご遠慮したいです。

A : そんなこと言わないでください。サークルのみんなもトライするって張り切っていますよ。

B : みんなとは一緒に旅行したいけど、今回は難しいです。

A : なかなか考えを変えてくれないですね。

B : はい。今回は絶対に参加しないです。別の企画の時に誘ってください。

어휘 표현

- □ 拒絶 (きょぜつ) 거절
- □ 今度 (こんど) 이번
- □ 仲間 (なかま) 동료
- □ 一緒 (いっしょ) 함께
- □ 面白い (おもしろい) 재미있다
- □ 高所恐怖症 (こうしょきょうふしょう) 고소공포증
- □ 縁 (えん) 연
- □ 最初 (さいしょ) 처음
- □ 世界 (せかい) 세계
- □ 変わる (かわる) 바뀌다
- □ 思い切って (おもいきって) 과감히
- □ 空 (そら) 하늘
- □ 地上 (ちじょう) 지상
- □ 遠慮 (えんりょ) 사양
- □ 張り切る (はりきる) 의기양양하다
- □ 旅行 (りょこう) 여행
- □ 今回 (こんかい) 이번
- □ 難しい (むずかしい) 어렵다
- □ 変える (かえる) 바꾸다
- □ 絶対に (ぜったいに) 절대로
- □ 参加 (さんか) 참가
- □ 別 (べつ) 다른
- □ 企画 (きかく) 기획
- □ 誘う (さそう) 권유하다

 본문 해석

A : 이번에 서클 동료 다같이 스카이다이빙을 하러 가는데 함께 안 가겠습니까?
B : 스카이다이빙입니까?
A : 그렇습니다. 상당히 재미있습니다.
B : 저는 고소공포증이어서 스카이다이빙은 연이 없다고 생각합니다.
A : 모두 처음에는 그렇게 말하더군요. 하지만 해 보면 세상이 바뀌니 과감히 해 봐요.
B : 하늘에서 지상을 보면 예쁘겠지만 저는 사양하고 싶습니다.
A : 그런 말 하지 마세요. 서클 모두도 시도해본다고 의기양양해 하고 있어요.
B : 모두와 함께 여행 가고 싶습니다만, 이번은 힘들겠습니다.
A : 좀처럼 생각을 바꾸어 주지 않군요.
B : 예. 이번에는 절대 참가하지 않겠습니다. 다른 기획 때에 불러 주세요.

 본문 상세 설명

A : 今度サークル仲間みんなでスカイダイビングをしに行くんだけど、一緒に行きませんか。

「今度」는 「이번, 다음 번」이라는 의미인데, 「다가오는 미래」를 나타내는 단어입니다. 거기에 반해, 「今回」도 「이번」으로 해석하지만, 「이미 일어난 일」을 나타내는 과거지사의 단어입니다. 예문을 통해서 정확한 차이점을 알아보겠습니다.
「今度一緒に映画でも見ませんか:다음 번에 함께 영화라도 보지 않겠습니까?」
「日本は今回で3回目です:일본은 이번으로 3번 째입니다」 입니다.

A : そうです。なかなか面白いですよ。

「なかなか」는 긍정문에 사용할 때는 「매우」라는 의미이지만 「부정문」에 사용할 때는 「좀처럼」이라는 의미입니다. 예문을 통해서 알아볼게요.
「山田さんはなかなかいい人でした:야마다 씨는 상당히 좋은 사람이었습니다」
「電車がなかなか来ませんね:전철이 좀처럼 오지 않군요」 입니다.

B : 私は高所恐怖症なので、スカイダイビングは縁がないと思います。

「なので」와 「だから」는 조금의 뉘앙스 차이는 있지만 같은 의미입니다. 「명사와 な형용사」에 접속이 됩니다. 「なので」쪽이 조금 더 정중한 표현이 됩니다. 「彼は日本語の先生なので漢字にくわしいです:그는 일본어 선생님이기 때문에 한자를 잘 압니다」 「今日は雨だから、写真が上手く撮れない:오늘은 비가 내리기 때문에 사진을 잘 찍을 수 없다」 입니다.

拒絶 (거절)

unit. 8

A ： みんな最初はそう言うんだよね。でもやってみたら、世界が変わるから、思い切ってやってみましょうよ。

「最初(さいしょ)」는 「최초」라는 한자를 사용하지만, 일본어에서는 「처음」이라는 의미로 많이 사용됩니다. 「子供は最初に滑り台に乗った:아이는 처음에 미끄럼틀을 탔다」 「最初から間違っています:처음부터 틀렸습니다」 입니다.

B ： 空から地上を見たらきれいでしょうけど、私はご遠慮したいです。

「遠慮(えんりょ)」는 「사양」이라는 의미인데, 일상회화에서 상대방에게 거절을 할 때 많이 사용하는 단어이니 반드시 알아두세요. 「それでは遠慮なく、奥(おく)さんのお手料理(てりょうり)をいただきます:그럼 사양 않고, 부인이 손수 만드신 요리를 먹겠습니다」 입니다.

A ： そんなこと言わないでください。サークルのみんなもトライするって張り切っていますよ。

「って」의 표현도 상당히 중요해요. 이 문장에서는 「と」라는 의미인데, 「~라고」라는 뜻이예요. 그 외에도 다양한 의미가 있지만, 이번 과에서는 「~라고」라는 의미만 정확하게 알아둡시다. 그러면, 다른 예문을 볼까요. 「金(かね)を貸(か)してくれって頼(たの)まれた:돈을 빌려줘 라고 부탁 받았다」 「読書(どくしょ)しろって言われた:독서해라고 들었다」 입니다.

B ： みんなとは一緒に旅行したいけど、今回は難しいです。

「行(행)」은 음독이 「こう」와 「ぎょう」두 가지가 있는데, 다음의 단어를 제외하고 전부 「こう」로 읽습니다. 「行事(ぎょうじ):행사」 「行儀(ぎょうぎ):예의」 「行列(ぎょうれつ):행렬」 「行政(ぎょうせい):행정」 「修行(しゅぎょう):수행」 「興行(こうぎょう):흥행」

A ： なかなか考えを変えてくれないですね。

「なかなか」에 대해서는 충분히 학습을 하였습니다. 「話(はな)すのはできますが、読解(どっかい)はなかなかできません:대화는 가능하지만, 독해는 좀 처럼 안 됩니다」 입니다.

B ： はい。今回は絶対に参加しないです。別の企画の時に誘ってください。

「誘(さそ)う」는 「권유하다, 불러내라, 유혹하다」는 의미입니다. 「誘ってください」라고 하면, 어떤 자리나 모임에 「불러 주세요」라는 의미로 사용됩니다. 「好きな彼女を映画(えいが)に誘った:좋아하는 그녀를 영화를 보러 가자고 불러냈다」 「初(はつ)デートに誘うまでのプロセスをお教(おし)えします:첫 데이트에 초대할 때까지의 과정을 가르쳐 드리겠습니다」 입니다.

 응용표현

1. 素敵な仲間ができた。
   → 멋진 동료가 생겼다

2. 縁がない人とは無理につながろうとしてもなかなかうまくいかない。
   → 인연이 없는 사람과는 무리하게 이어지려고 해도 좀처럼 잘 되지 않는다.

3. 若い時は何でも思い切ってやってみよう。
   → 젊을 때는 뭐든지 과감히 해 보자.

4. お取引をご遠慮させていただきます。
   → 거래를 사양하겠습니다.

5. 寒さに負けずに張り切っていきました。
   → 추위에 지지 않고 의기양양하게 갔습니다.

어휘 표현

□ 素敵だ 멋지다　□ 仲間 동료　□ 縁 인연　□ 無理に 무리하게　□ つながる 연결되다
□ なかなか 좀처럼　□ 若い 젊다　□ 思い切って 과감히　□ 取引 거래　□ 遠慮 사양
□ 寒さ 추위　□ 負ける 패하다　□ ～ずに ～하지 않고　□ 張り切る 의기양양하다

unit. 8 拒絶 (거절)

어휘연습

어휘	읽기	의미
高所		
恐怖症		
地上		
滑り台		
手料理		
読書		
興行		

 작문연습

1. 이번 휴가에 산에 가는데 함께 어떻습니까?

2. 비행기를 타는 것이 두렵기 때문에 해외여행과는 연이 없습니다.

3. 그녀를 좋아한다면 과감히 고백해 보세요.

4. 그녀가 좀처럼 시간을 내 주지 않아서 고민하고 있습니다.

문제풀이

어휘	읽기	의미
高所	こうしょ	고소
恐怖症	きょうふしょう	공포증
地上	ちじょう	지상
滑り台	すべりだい	미끄럼틀
手料理	てりょうり	손수 만든 요리
読書	どくしょ	독서
興行	こうぎょう	흥행

1. 今度の休みに山に行きますが、一緒にどうですか。

2. 飛行機に乗るのが怖いので海外旅行とは縁がないです。

3. 彼女が好きなら思い切って告白してみてください。

4. 彼女がなかなか時間をさいてくれないから悩んでいます。

板垣退助(이타가키 타이스케)

이타가키 타이스케는, 도사번의 상급무사인 乾(이누이) 가에 태어나, 吉田東洋(요시다 토요)에게 배우고, 번주·山內容堂(야마우치 요도)의 측근이 되었다. 後藤象二郎(고토 쇼지로)와는 소꿉친구이고, 어릴 때는 두 사람 다 마을의 악동으로 통했던 것 같다.

그 후, 退助(타이스케)는 존왕양이운동에 눈을 떠, 막부를 타도하는데 뜻을 품게 되었다. 山內容堂(야마우치 요도)의 공무합체노선과는 다른 길이었지만, 容堂(요도)는 하급무사출신인 武市半平太(타케치 한페이타) 등에 대한 엄격한 태도와는 180도 다르게, 退助(타이스케)에게는 시종 관용적인 태도를 나타냈다.

▲ 이타가키 타이스케 초상

退助(타이스케)는 에도에서 군사를 배우고, 도사번의 군제를 개혁. 한편 사카모토 료마→고토 쇼지로→야마우치 요도→도쿠가와 요시노부에 걸친 대정봉환의 안이, 慶応-케이오3년(1867년) 10월14일에 실현된 뒤, 삿쵸의 비밀모의에 의해 왕정복고의 대호령이 발휘되어, 삿쵸신정부·구 막부군과의 사이에 戊辰戰爭(보신전쟁)이 시작되었다. 山內容堂(야마우치 요도)는 당초 도사

▲ 이타가키 타이스케 탄생지

번사에게 싸움에 참가하는 것을 금하는 명령을 내었지만, 退助(타이스케)는 군을 이끌고 신정부군에 참가. 甲府(코후)에서는 新選組(신센구미)를 격파하고, 또 白河(시라카와), 会津(아이즈) 등에서도 전투를 지휘했다.

메이지정부가 발족하고, 退助(타이스케)는 요직을 역임했지만, 정한론 논쟁에 패해 하야해서 자유민권운동을 일으켰다. 岐阜(기후)에서의 유세 중에, 폭한 相原尚褧(아이하라 나오부미)에게 습격을 받았을 때, 피를 흘리면서 「吾死するとも自由は死せん:내가 죽더라도 자유는 죽지 않는다」 라고 말한 것이 후세에까지 전해지고 있다.

▲ 이타가키 타이스케 동상

▲ 무덤이 있는 시나가와신사

◀ 이타가키 타이스케 무덤

unit. 9 祝賀 - お祝い (축하)

본문회화

A : この度は創業おめでとうございます。

B : ありがとうございます。

A : とても優秀な方なので、いつかは独立されると思っていました。

B : 本当は会社員の方が楽で良いのですが、時には人生に挑戦することも必要かと思いました。

A : そうだったのですね。応援しています。

B : ありがとうございます。まだまだ未熟なので、いろいろとご指導のほど、よろしくお願いします。

A : こちらこそ。機会があったら一緒にビジネスをしましょう。

B : 本当ですね。そうなれるように頑張ります。

어휘 표현

- □ 祝賀 축하
- □ お祝い 축하
- □ この度 이번
- □ 創業 창업
- □ 優秀 우수
- □ 方 분
- □ 独立 독립
- □ 会社員 회사원
- □ 方 쪽
- □ 楽だ 편하다
- □ 時には 때로는
- □ 人生 인생
- □ 挑戦 도전
- □ 必要 필요
- □ 応援 응원
- □ 未熟 미숙
- □ 指導 지도
- □ 機会 기회
- □ 頑張る 열심히 하다

 **본문 해석**

A : 이번의 창업 축하합니다.
B : 감사합니다.
A : 매우 우수한 분이어서 언젠가는 독립하실 거라고 생각하고 있었습니다.
B : 사실은 회사원 쪽이 편하고 좋습니다만, 때로는 인생에 도전하는 것도 필요하다고 생각했습니다.
A : 그러했군요. 응원하겠습니다.
B : 감사합니다. 아직 미숙하니 여러 가지 지도 잘 부탁합니다.
A : 저야 말로. 기회가 있으면 함께 비즈니스를 합시다.
B : 정말입니다. 그렇게 될 수 있도록 열심히 하겠습니다.

본문 상세 설명

A : この度は創業おめでとうございます。
「この度」는 「이번」이라는 의미인데,「동사기본형+たびに」는「~할 때마다」라는 뜻입니다. 두 개의 예문을 보겠습니다.
「人は失恋するたびに成長していく:사람은 실연을 할 때마다 성장해 간다」
「読むたびに、この小説が好きになる:읽을 때마다 이 소설이 좋아진다」입니다.

A : とても優秀な方なので、いつかは独立されると思っていました。
「수동형」은「존경」의 의미도 가지고 있습니다. 이 문장의「独立される」는 존경의 의미로 사용된 표현입니다. 한 개의 예문을 보겠습니다.
「先生はこの本を読まれたことがありますか:선생님은 이 책을 읽은 적이 있습니까?」입니다.

B : 本当は会社員の方が楽で良いのですが、時には人生に挑戦することも必要かと思いました。
「時には」는「때로는」이라는 의미를 가진 부사입니다. 두 개의 예문을 보겠습니다.
「時には友だちと議論したりする:때로는 친구와 토론하기도 한다」
「時には彼が払う時もある:때로는 그가 지불할 때도 있다」입니다.

unit. 9 祝賀-お祝い (축하)

A : そうだったのですね。応援しています。

어려운 문장이 없으므로 본문에 있는 한자로 어휘공부를 하도록 하겠습니다.「応接:응접」
「応用:응용」「適応:적응」「支援:지원」「援助:원조」「救援:구원」입니다.

B : ありがとうございます。まだまだ未熟なので、いろいろとご指導のほど、
よろしくお願いします。

「未熟」는「미숙」이라는 단어이고, 그 외의 문장은 어려운 표현이 없으므로 어휘공부를 하도록 하겠습니다.「未然:미연」「未来:미래」「未婚:미혼」「成熟:성숙」「熟練:숙련」
「完熟:완숙」입니다.

A : こちらこそ。機会があったら一緒にビジネスをしましょう。

「こちらこそ」는「저야 말로, 이쪽이야 말로」라는 의미입니다.「〜こそ」는「〜야 말로」라는 의미인데, 두 개의 예문을 보도록 하겠습니다.
「来年の冬こそ、スキーに行こう:내년의 겨울이야 말로 스키 타러 가자!」
「健康こそが、私の一番の財産だ:건강이야 말로 나의 최고의 재산이다」입니다.

B : 本当ですね。そうなれるように頑張ります。

「〜ように」는 문장에 따라「〜처럼, 〜같이」라는 뜻도 있고,「〜하도록」이라는 의미도 있습니다. 이 문장에 나와 있는「〜하도록」이라는 의미를 가진 두 개의 예문을 보겠습니다.
「甘い物を食べないようにしています:단 것을 먹지 않도록 하고 있습니다」
「寮のルールを守るようにしてください:기숙사의 룰을 지키도록 해 주세요」입니다.

 응용표현

1. いつかはきっと日本に行きます。
   → 언젠가는 틀림없이 일본에 가겠습니다.

2. 人間は時には間違った選択をしながら生きている。
   → 인간은 때로는 잘못된 선택을 하면서 살고 있다.

3. 彼は世界記録に挑戦した。
   → 그는 세계기록에 도전했다.

4. 無条件で応援したくなる人が一人や二人はいると思います。
   → 무조건적으로 응원하고 싶은 사람이 한 명이랑 두 명은 있다고 생각합니다.

5. 私の英語実力はまだまだですよ。
   → 나의 영어실력은 아직입니다.

어휘 표현

☐ いつかは 언젠가는　☐ きっと 틀림없이　☐ 時には 때로는　☐ 間違う 틀리다
☐ 選択 선택　☐ 生きる 살다　☐ 世界 세계　☐ 記録 기록　☐ 挑戦 도전
☐ 無条件 무조건　☐ 応援 응원　☐ 英語 영어　☐ 実力 실력

unit. 9 祝賀-お祝い (축하)

어휘연습

어휘	읽기	의미
創業		
独立		
人生		
挑戦		
応援		
未熟		
指導		

작문연습

1. 우수한 성적으로 입사할 수 있었던 것은 부모님 덕분입니다.

2. 때로는 혼자서 여행하는 것도 즐거움이다.

3. 아직 미숙한 점이 많으니, 앞으로도 많은 지도 부탁합니다.

4. 기회가 있다면 이 책을 쓴 사람을 만나서 다양한 것을 묻고 싶다.

 문제풀이

어휘	읽기	의미
創業	そうぎょう	창업
独立	どくりつ	독립
人生	じんせい	인생
挑戦	ちょうせん	도전
応援	おうえん	응원
未熟	みじゅく	미숙
指導	しどう	지도

1. 優秀な成績で入社できたのは両親のおかげです。

2. 時には一人で旅行するのも楽しみだ。

3. まだ未熟なところが多いので、これからもたくさんのご指導、お願いします。

4. 機会があったらこの本を書いた人に会ってさまざまなことを聞きたい。

武市半平太(타케치 한페이따)

武市半平太(타케치 한페이따)는, 도사의 하급무사로 구성된 도사근왕당을 이끌고, 도사번의 번론을 존왕양이로 통일하려고 했지만, 文久-분큐3년(1863년)에 초슈번이 교토정계에서 실각하고, 양이파의 세력이 없어지자, 전 도사번주인 야마우치 요도는 도사근왕당의 숙청에 착수했다.

▲ 타케치 한페이따 초상

武市半平太(타케치 한페이따)는 文久-분큐3년 9월에 南会所(난카이쇼)의 감옥에 갇혔지만, 교도관 중에서도 武市半平太(타케치 한페이따)의 인물의 됨됨이를 좋아하는 사람이 있었기 때문에, 외부와의 문서의 교환이나 사식의 편의가 제공되었다. 서화에도 재능이 있었던 武市半平太(타케치 한페이따)는 옥중에서 초상화도 그릴 수가 있었다. 이 자화상은 현존하고 있다.

武市半平太(타케치 한페이따)는, 文久-분큐 2년(1862년) 4월, 개국파였던 도사번의 번정·吉田東洋(요시다 토요)를 근왕당 동지에게 명령하여 암살시켰다고 한다. 이 암살 건에 대해서 는 武市半平太(타케치 한페이따) 자신은 부인을 계속했지만, 붙잡힌 岡田以蔵(오카다 이조)가 고문을 받고 武市半平太(타케치 한페이따)가 사건에 연루되었다고 자백을 해 버렸다. 그러나, 武市半平太(타케치 한페이따)는 그래도 東洋(토요)를 암살한 것을 인정하지 않았다. 결국, 「주군에 대한 불경」이라는 죄상을 가지고, 容堂(요도)는 武市半平太(타케치 한페이따)를 단죄했다. 武市半平太(타케치 한페이따)는 慶応-케이오 원년(1865년) 윤 5 월11일에 할복. 놀랍게도 배를 세 글자로 잘라, 불굴의 신념을 마지막까지 보여주었다. 향년 37세.

▲ 타케치 한페이따 저택

▲ 교토 거주지

▲ 타케치 한페이따 순절지

▲ 타케치 한페이따 무덤

알고 보면 재밌는 메이지유신 | 459

unit. 10 禁止 (금지)

본문회화

A : 海がとてもきれいですね。

B : そうです。このあたりは東京から近いにもかかわらず、海の透明度がとても高いです。

A : これだけきれいだったら、いろんな魚が住んでいるでしょうね。

B : そうですね。見るだけだったらよいのですが、観光目的のダイバーが、ウニやサザエなどの海産物を捕獲することは禁じられています。

A : そうなんですか。ということは、このあたりの海の資源は、とても豊富なんですね。

B : そうです。だから、地元のダイバーたちは、生計のだけにダイビングをしています。

A : それで禁止にしているのですね。

B : はい。しかも海産物は、このあたりの名産品になっています。

A : 獲れたての海産物はおいしいですよね。

B : よかったら、このあたりの食堂で、地元名産の海産料理を一緒に食べて行きませんか。

어휘 표현

□ 禁止 금지 □ このあたり 이 주변 □ 近い 가깝다 □ 〜にもかかわらず 〜임에도 불구하고 □ 海 바다 □ 透明度 투명도 □ これだけ 이 만큼 □ 魚 물고기 □ 住む 살다 □ 観光 관광 □ 目的 목적 □ ウニ 성게 □ サザエ 소라 □ 海産物 해산물 □ 捕獲 포획 □ 禁じる 금지하다 □ 資源 자원 □ 豊富 풍부 □ 地元 그 지역 □ 生計 생계 □ しかも 게다가 □ 名産品 명산품 □ 獲れたて 갓〜잡음 □ 食堂 식당 □ 海産料理 해산물요리

본문 해석

A : 바다가 매우 깨끗하군요.
B : 그렇습니다. 이 주변은 도쿄에서 가까움에도 불구하고 바다의 투명도가 매우 높습니다.
A : 이 만큼 깨끗하다면 여러 물고기가 살고 있겠죠.
B : 맞아요. 보는 것만이라면 괜찮습니다만, 관광목적의 다이버가 성게나 소라 등의 해산물을 포획하는 것은 금지되어 있습니다.
A : 그렇습니까? 라는 것은, 이 주변의 바다의 자원은 매우 풍부한 거군요.
B : 그렇습니다. 그래서 이 지역의 다이버들은, 생계를 위한 다이빙을 하고 있습니다.
A : 그래서 금지되어 있군요.
B : 예. 게다가 해산물은 이 주변의 명산품이 되었습니다.
A : 막 잡은 해산물은 맛있죠?
B : 괜찮다면, 이 주변의 식당에서 이 지역 명산의 해산요리를 함께 먹고 가지 않겠습니까?

본문 상세 설명

A : 海がとてもきれいですね。

「とても」는 「매우, 꽤, 상당히」라는 의미로서 「だいぶ・かなり・相当」와 같은 의미입니다. 「病気がだいぶ進んだ:병이 상당히 진행되었다」 「山田さんは前よりかなり男らしくなった:야마다 씨는 전보다 상당히 남자다워졌다」

B : そうです。このあたりは東京から近いにもかかわらず、海の透明度がとても高いです。

「〜にもかかわらず」는 「〜임에도 불구하고」라는 의미입니다.
「努力したにもかかわらず、うまくいかなかった:노력했음에도 불구하고 잘 되지 않았다」 「イベントは雨にもかかわらず、多くの人が集まった:이벤트는 비가 내림에도 불구하고 많은 사람이 모였다」 입니다.

A : これだけきれいだったら、いろんな魚が住んでいるでしょうね。

「だけ」는 「뿐, 만」이라는 의미도 있지만 「〜만큼」이라는 의미도 있습니다. 「〜만큼」이라는 의미로 사용될 때는 「だけあって」와 같은 뜻입니다. 그럼, 두 개의 예문을 볼까요.
「この場所は有名なだけ、たくさんの観光客がいる:이 장소는 유명한 만큼, 많은 관광객이 있다」 「このアパートは駅に近いだけあって、やっぱり家賃も高い:이 아파트는 역에 가까운 만큼, 역시 집세도 비싸다」 입니다.

B : そうですね。見るだけだったらよいのですが、観光目的のダイバーが、ウニやサザエなどの海産物を捕獲することは禁じられています。

「禁じられる:금지되다」는 「禁じる:금지하다」의 수동형이고, 「禁止される」와 같은

unit. 10 禁止 (금지)

의미입니다. 「ここでの喫煙は固く禁じられています:여기서의 흡연은 단호히 금지되어 있습니다」 「ビニール袋を禁止する法律が導入された:비닐봉지를 금지하는 법률이 도입되었다」 입니다.

A : そうなんですか。ということは、このあたりの海の資源は、とても豊富なんですね。

「このあたり」은 「이 주변」이라는 의미인데,「この辺」과 같은 의미입니다. 「この辺は外出自粛はないです:이 주변은 외출 자숙은 없습니다」 「このあたりは飲み屋が多いです:이 주변은 술집이 많습니다」 입니다.

B : うです。だから、地元のダイバーたちは、生計のためにダイビングをしています。

「〜のため」는 「〜을 위해서」라는 의미로 사용됩니다. 두개의 예문을 보겠습니다.
「彼女のためなら何でもします:그녀를 위해서라면 뭐든지 하겠습니다」 「健康のため、毎日運動をしています:건강을 위해서 매일 운동을 하고 있습니다」 입니다.

A : それで禁止にしているのですね。

「それで」는 「그래서」라는 의미를 가진 부사입니다. 「それで当分の間、お酒を控えようとしています:그래서 당분간 술을 삼가려고 하고 있습니다」

B : はい。しかも海産物は、このあたりの名産品になっています。

「しかも」는 「게다가」라는 첨가의 의미를 가진 부사입니다. 같은 표현으로 「それに・おまけに」가 있습니다. 「彼は頭がいい。しかも努力もする:그는 머리가 좋다. 게다가 노력도 한다」 「彼女は英語ができる。それにドイツ語もできる:그는 영어를 잘한다. 게다가 독일어도 잘한다」 입니다.

A : 獲れたての海産物はおいしいですよね。

「동사ます형+たて」는 「막〜함」이라는 의미입니다. 「その天ぷらは揚げたてですから、おいしいですよ:그 튀김은 막 튀겼기 때문에 맛있습니다」 「そこはペンキを塗りたてなので、注意してくださいね:그곳은 막 페인트를 칠했기 때문에 주의해 주세요」 입니다.

B : よかったら、このあたりの食堂で、地元名産の海産料理を一緒に食べて行きませんか。

「地元」는 「그 지역」「해당 지역」이라는 의미입니다. 한 개의 예문을 보겠습니다.
「ダムの建設に関しては地元の意見を聞くことにした:댐의 건설에 관해서는 그 지역의 의견을 듣기로 했습니다」 입니다.

1. 大型の台風が近くにきているにもかかわらず、会社は休みにならなかった。
   → 대형 태풍이 근처에 다가오고 있음에도 불구하고, 회사는 쉬지 않았다.

2. これだけたくさんの人が撮影したものを見たことがありません。
   → 이 만큼 많은 사람이 촬영했던 것을 본 적이 없습니다.

3. 未成年の飲酒は法律で禁じられています。
   → 미성년의 음주는 법률로 금지되어 있습니다.

4. この魚は安くてしかも栄養がある。
   → 이 생선은 싸고 게다가 영양이 있다.

5. 毎日焼きたてのパンをお届けします。
   → 매일 막 구운 빵을 배달하겠습니다.

□ 大型 대형　□ 台風 태풍　□ 近く 근처　□ ～にもかかわらず ～임에도 불구하고
□ これだけ 이 만큼　□ 撮影 촬영　□ 未成年 미성년　□ 飲酒 음주　□ 法律 법률
□ 禁じる 금지하다　□ 魚 생선　□ しかも 게다가　□ 栄養 영양　□ 焼く 굽다
□ 동사ます형+たて 막~함　□ 届ける 배달하다

unit. 10 禁止 (금지)

어휘연습

어휘	읽기	의미
透明度		
海産物		
捕獲		
資源		
豊富		
名産品		
努力		

작문연습

1. 이 가게는 맛있음에도 불구하고 손님이 적다.

2. 여기서의 사진촬영은 금지되어 있습니다.

3. 그는 매우 머리가 좋다. 게다가 노력도 한다.

4. 막 구운 빵은 부드러워서 먹기 편하다.

 문제풀이

어휘	읽기	의미
透明度	とうめいど	투명도
海産物	かいさんぶつ	해산물
捕獲	ほかく	포획
資源	しげん	자원
豊富	ほうふ	풍부
名産品	めいさんひん	명산품
努力	どりょく	노력

1. この店はおいしいにもかかわらずお客さんが少ない。

2. ここでの写真撮影は禁じられています。

3. 彼はとても頭がいい。しかも努力もする。

4. 焼きたてのパンはやわらかく食べやすい。

吉田東洋(요시다 토요)

吉田東洋(요시다 토요)는, 도사번 무사의 집에 태어나, 학문이 뛰어나고 개혁정신이 풍부한 인물이었다. 船奉行(후나부교), 郡奉行(코오리부교)를 역임하고, 민정에 힘을 쏟았다. 또, 鶴田塾(쯔루다 학교)를 열어, 後藤象二郎(고토 쇼지로)・板垣退助(이타가키 타이스케)・岩崎弥太郎(이와사키 야타로)・福岡孝弟(후쿠오카 타카치카)등을 교육했다. 당시의 번주・山内容堂(야마우치 요도)의 신임이 두터워, 참정에 등용되어 도사번의 번정개혁에 몰두했지만, 번론을 존왕양이로 통일하는 것을 목적으로 한 武市半平太(타케치 한페이따)에 의해서 암살의 대상이 되어, 文久-분큐2년(1862년) 4월8일, 도사근왕당의 那須信吾(나스 신고)・大石団蔵(오시이 단조・安岡嘉助(야스오카 카스케)의 손에 의해서 암살당했다. 後藤象二郎(고토 쇼지로)는 의붓조카이다.

▲ 요시다 토요 초상

▲ 요시다 토요 무덤

memo

unit. 11 許可 (허가)

본문회화

A : この商品ですが、とても気に入りました。

B : そうですか。気に入っていただけて嬉しいです。

A : すぐに購入したいのですが、カードで支払ってもよろしいですか。

B : 残念ながら、カード支払いは取り扱っておりません。

A : それでしたら、キャッシュで支払おうと思いますので、少しの時間だけ、この商品をキープしていただけませんか。

B : どのくらいのお時間ですか。

A : 今から銀行で現金を工面して来ますので、1時間くらいです。

B : かしこまりました。それでは今日中の支払いということで、キープしておきます。

A : ありがとうございます。

お客様へ緊急のお願い
現在、当店でのお支払い方法は
現金のみ
となっております。

어휘 표현

- 許可(きょか) 허가
- 商品(しょうひん) 상품
- 気に入る(きにいる) 마음에 들다
- 嬉しい(うれしい) 기쁘다
- 購入(こうにゅう) 구입
- 支払う(しはらう) 지불하다
- 残念ながら(ざんねんながら) 유감이지만
- 取り扱う(とりあつかう) 취급하다
- 銀行(ぎんこう) 은행
- 現金(げんきん) 현금
- 工面(くめん) 돈 마련
- 今日中(きょうじゅう) 오늘 중

본문 해석

A : 이 상품입니다만, 매우 마음에 들었습니다.
B : 그렇습니까? 마음에 들어주셔서 기쁩니다.
A : 바로 구입하고 싶습니다만, 카드로 지불해도 좋습니까?
B : 유감이지만, 카드 지불은 취급하고 있지 않습니다.
A : 그렇다면, 현금으로 지불하려고 하니, 잠시동안만 이 상품을 키프해 주실 수 없겠습니까?
B : 어느 정도의 시간입니까?
A : 지금 은행에서 현금을 마련해 올 테니 1시간 정도입니다.
B : 알겠습니다. 그럼 오늘 중의 지불이라는 것으로, 키프해 두겠습니다.
A : 감사합니다.

본문 상세 설명

A : この商品ですが、とても気に入りました。
「気に入る」는「마음에 들다」는 의미입니다. 그리고「気」가 들어가는 관용구는 많이 있으나, 그 중에 반드시 암기해야 할 표현들을 알아봅시다.
「気が進まない:마음이 내키지 않다」「気が気でない:제정신이 아니다」「気にする:신경 쓰다」「気に障る:비위에 거슬리다」 등입니다.

B : そうですか。気に入っていただけて嬉しいです。
「嬉しい」와「楽しい」에 대해서 비교해 봅시다. 「嬉しい」는 「순간적인 것, 바로 그 때」를 의미하지만, 「楽しい」는 「지속적인 것, 어떤 기간」을 표현할 때 사용합니다. 예문을 통해서 알아보아요.
「試験に受かって嬉しい:시험에 합격해서 기쁘다」에서「嬉しい」를 사용한 것은 시험에 합격한 그 순간을 나타내기 때문입니다.
「先週の旅行は楽しかった:지난 주의 여행은 즐거웠다」에서「楽しい」를 사용한 것은 여행기간을 나타내기 때문입니다. 정확하게 비교해서 암기해 두세요.

A : すぐに購入したいのですが、カードで支払ってもよろしいですか。
「すぐに」는「바로, 즉시」라는 의미이며「すぐ」「ただちに」와 같은 의미입니다.
「この仕事が終わったらすぐ行きます:이 일이 끝나면 바로 가겠습니다」
「ただちにご連絡いたします:바로 연락하겠습니다」입니다.

B : 残念ながら、カード支払いは取り扱っておりません。

unit. 11 許可 (허가)

「残念ながら」는 「유감이지만」 라는 의미인데, 「ながら」 가 들어가는 관용어구를 공부해 보겠습니다.
「昔ながら:옛날부터」 「涙ながら:울면서」 「生まれながら:선천적으로」 입니다.

A : それでしたら、キャッシュで支払おうと思いますので、少しの時間だけ、この商品をキープしていただけませんか。

「キャッシュ」 는 「현금」 이라는 의미인데, 「現金」 과 같은 의미입니다. 그럼 「돈」 과 관련된 어휘를 공부해 보겠습니다. 「積立金:적립금」 「おつり:거스름돈」 「小銭:동전」 「札:지폐」 입니다.

B : どのくらいのお時間ですか。

어려운 단어가 있는 표현은 없으니 어휘공부를 해 보겠습니다. 「時期:시기」 「日時:일시」 「定時:정시」 「間隔:간격」 「期間:기간」 「空間:공간」 입니다.

A : 今から銀行で現金を工面して来ますので、1時間くらいです。

「工面」 은 「돈 마련」 이라는 의미로 까다로운 어휘입니다. 반드시 암기해 주기 바랍니다. 「生活費を工面するのに苦労した:생활비를 마련하는데 고생했다」 입니다.

B : かしこまりました。それでは今日中の支払いということで、キープしておきます。

「中(중)」 의 음독에 대해서 알아보겠습니다. 「中(중)」 의 음독은 「ちゅう」 와 「じゅう」 두 가지가 있는데, 「ちゅう」 로 읽는 경우는, 1. 그 시간 중 2. 어떤 것의 안 3. 무언가를 하는 동안이고, 「じゅう」 로 읽는 경우는, 1. 그 시기나 시간 전체 2. 그 지역 전체일 경우입니다. 예문을 통해서 알아볼게요.

ちゅう
1. 그 시간 중을 나타내는 경우 午前中(오전 중)
2. 어떤 것의 안을 나타내는 경우 空気中(공기 중) 大気中(대기 중)

じゅう
3. 무언가를 하는 동안을 나타내는 경우 授業中(수업 중) 仕事中(업무 중) 입니다.
1. 그 시기나 시간 전체를 나타내는 경우 一日中(하루 종일) 一年中(1년 내도록)
2. 그 지역 전체일 경우 日本中(일본 전체) 世界中(세계 모든) 입니다.

 응용표현

1. 商品を調べたがとても気に入りました。
   → 상품을 살펴보았는데 매우 마음에 들었습니다.

2. 残念ながら、今日は日曜で休業です。
   → 유감이지만 오늘은 일요일이어서 휴업입니다.

3. 弊社では日本の電気製品も取り扱っております。
   → 저희 회사에서는 일본의 전기제품도 취급하고 있습니다.

4. 手術代35万円を家族みんなで工面した。
   → 수술비 35만엔을 가족이 다 같이 마련했다.

5. 杉本さんは先月受けた試験に合格したということだ。
   → 스기모토 씨는 지난달 친 시험에 합격했다고 한다.

어휘 표현

- ☐ 商品 상품
- ☐ 調べる 살피다
- ☐ 気に入る 마음에 들다
- ☐ 残念ながら 유감이지만
- ☐ 休業 휴업
- ☐ 弊社 저희 회사
- ☐ 電気製品 전기제품
- ☐ 取り扱う 취급하다
- ☐ 手術代 수술비
- ☐ 家族 가족
- ☐ 先月 지난달
- ☐ 試験 시험
- ☐ 合格 합격
- ☐ 工面 돈 마련

unit. 11 許可 (허가)

어휘연습

어휘	읽기	의미
取り扱う		
現金		
工面		
積立金		
札		
定時		
間隔		

작문연습

1. 마음에 드는 물건이 없어서 다른 가게에 갔다.

2. 유감이지만, 기대했던 성과는 나오지 않았다.

3. 지불은 현금입니까? 그렇지 않으면 카드입니까?

4. 월말까지 돈을 마련할 수 없으면 집을 잃어버린다.

문제풀이

어휘	읽기	의미
取り扱う	とりあつかう	취급하다
現金	げんきん	현금
工面	くめん	돈 마련
積立金	つみたてきん	적립금
札	さつ	지폐
定時	ていじ	정시
間隔	かんかく	간격

1. 気に入る物がなくて他の店に行った。

2. 残念ながら、期待した成果は出なかった。

3. 支払いはキャッシュですか、それともカードですか。

4. 月末までにお金を工面できなければ、家を失ってしまう。

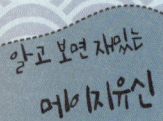

松平家(마쯔다이라 가)
まつだいら け

아이즈번의 초대 번주는, 3대 쇼군・德川家光(도쿠가와 이에미쯔)의 배 다른 동생인 保科正之(호시나 마사유키), 그 아들・正容(まさかた:마사카타) 때에 保科에서 松平라는 성으로 바꾸었다. 그 후 松平家 당주는, 양자를 몇 번이나 받아들였기 때문에 9대번주인 松平容保는 직계가 아니다. 容保의 혈연의 선조는 水戶藩(미토번)의 초대당주・德川賴房(도쿠가와 요리후사)이다.

▲ 도쿠가와 요리후사 초상

戊辰戰爭에서 薩長土肥(삿초도히-사쯔마・초슈・도사・히젠)을 중심으로 한 신정부군의 공격을 받고, 비극적인 최후를 맞이한 아이즈번이었지만, 그 운명의 발단은 文久-분큐2년(1862 년) 윤8월에, 容保가 교토수호직을 맡은 것에 있었다.

교토수호직은, 양이파의 과격 浪士(로시-쇼군 호위무사들)이 제멋대로 교토시내의 치안을 지키기 위해서 설치된 관직이다. 당초, 번 가로를 비롯하여 容保자신이, 재정면의 이유로 취임을 고사했지만, 정사총재직의 松平春嶽(마쯔

▲ 아이즈 와카마쯔 성

다이라 슈가쿠)가, 「아이즈번은 쇼군가를 수호해야만 하는 존재이다」라는 아이즈 松平家의 가훈(초대 번주・保科正之가 정한 「아이즈 가훈 15개조 안」)을 꺼내, 강제로 승낙시켰다고 한다.

수호직이 된 容保는, 배하에 편입시켰던 신센구미 등을 사용해서 치안유지에 임하고, 존왕양이파를 탄압하고 막부를 보좌하는 지위가 되었다.

이렇게 해서 마지막까지 德川幕府(도쿠가와 막부)와 운명을 같이 하게 된 아이즈번은 실질적으로 막부가 소멸한 뒤에도 구 막부세력의 디딤돌이 되어, 신정부군으로 부터의 적의를 한 몸에 받아, 절망적인 싸움을 강요당하게 되었다. 容保는 明治-메이지26년(1893년)까지 살았지만, 아이즈전쟁(보신전쟁)에 대해서는 거의 말하지 않았다고 한다.

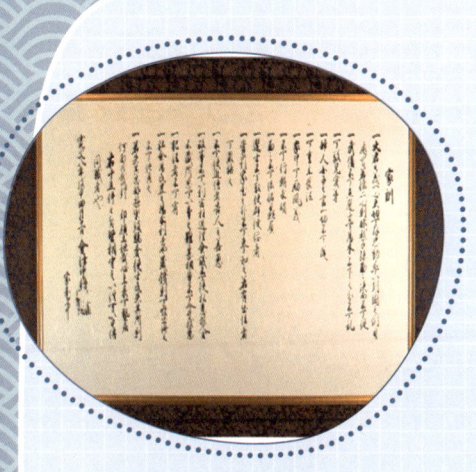

▲ 아이즈 가훈 15개조 안

▲ 호시나 마사유키

알고 보면 재밌는 메이지유신 | 475

unit. 12 出会い (만남)

본문회화

金　　：はじめまして。朴さんの紹介で伺いました金と申します。

島津　：はじめまして。島津です。金さんのことは朴さんから伺っております。

金　　：よろしくお願いします。

島津　：こちらこそよろしくお願いします。朴さんのお話しでは、金さんが弊社の製品に関心があるとのことでした。

金　　：そうです。ぜひ取引させていただきたいと考えております。

島津　：かしこまりました。それでは資料をいくつかお渡しします。

金　　：はい。

島津　：さらにいくつかの製品をお見せします。

金　　：ありがとうございます。

어휘 표현

□ 出会い 만남　□ 紹介 소개　□ 伺う 「聞く-묻다/訪ねる-방문하다」의 겸양어
□ 弊社 저희 회사　□ 製品 제품　□ 関心 관심　□ 取引 거래　□ 資料 자료
□ 渡す 건네다　□ さらに 더 한층

본문 해석

김	:	처음 뵙겠습니다. 박 상의 소개로 찾아 뵌 김이라고 합니다.
시마즈	:	처음 뵙겠습니다. 시마즈입니다. 김 상에 대해서는 박 상으로부터 들었습니다.
김	:	잘 부탁합니다.
시마즈	:	저야 말로 잘 부탁합니다. 박 상의 이야기로는, 김 상이 저희 회사의 제품에 관심이 있다고 들었습니다.
김	:	그렇습니다. 꼭 거래하고 싶다고 생각하고 있습니다.
시마즈	:	알겠습니다. 그럼 자료를 몇 갠가 건네겠습니다.
김	:	예.
시마즈	:	더 나아가 몇 갠가의 제품을 보여드리겠습니다.
김	:	감사합니다.

본문 상세 설명

金 : はじめまして。朴さんの紹介で伺いました金と申します。

「伺う」는 7과에서 충분히 배웠기에 설명은 생략하도록 하겠습니다. 그런데 「お伺いしたい」라는 표현에 대해서 알아보아요. 자신을 낮추는 겸양표현의 공식 중에, 「お+동사ます형+する」라는 것이 있어요. 대표적인 예가 「おねがいします」입니다. 「ねがう」라는 동사의 ます형 「ねがい」에 「お+동사ます형+する」라는 공식이 적용된 것이죠. 즉, 내가 다른 사람에게 뭔가를 부탁할 때는 겸손하게 표현해야 하므로 「おねがいします」라고 합니다. 다른 예문을 볼까요. 「おかえりします:돌아겠습니다」「おまちします:기다리겠습니다」 등입니다. 내가 귀가를 하는 것이고, 내가 기다리는 것이기 때문에 겸양표현을 사용합니다.

島津 : はじめまして。島津です。金さんのことは朴さんから伺っております。

「金さんのことは朴さんから伺っております」에서 「のこと」에 대해서 알아보아요. 이 표현은 「〜에 관한 것」이라는 의미인데, 일본드라마나 애니메이션을 보면, 「私はあなたのことが好きです:나는 당신을 좋아합니다」라는 표현이 나옵니다. 그냥, 「私はあなたが好きです」라고 해도 되는데, 왜 「あなたのこと」라고 말하냐면, 「のこと」를 넣으면 「당신과 관련된 모든 것」이라는 의미가 됩니다. 그냥, 「私はあなたが好きです」라고 말을 하면, 「당신이 나에게 보여준 모습만 좋아한다」는 의미가 됩니다. 그러나 「あなたのことが好きです」라고 하면, 「당신이 나에게 보여주지 않은 모습」 즉, 「당신이 나에게 말하지 않은 모습」 까지 좋아한다는 의미가 되어 「나는 당신과 관련된 모든 것을 좋아한다」는 의미가

unit. 12 出会い (만남)

됩니다. 그래서, 혹시 일본인에게 프로포즈를 할 경우가 생기면, 반드시 「私はあなたのことが 好きです」 라고 말하는 것이 바람직합니다.

島津 ： こちらこそよろしくお願いします。朴さんのお話しでは、金さんが弊社 の製品に関心があるとのことでした。

「とのこと」 는 「～라고 하는 것」 또는 「전문」을 표현할 때 사용합니다. 「～ということ」 와 같은 뜻입니다. 두 개의 예문을 보겠습니다.
「天気予報では、明日は雨とのことです:일기예보에서는 내일은 비가 내린다고 합니다」
「田中さん、営業課の斎藤さんは今日はお休みとのことです:다나까 씨, 영업과의 사이토 씨는 오늘은 쉰다고 합니다」 입니다.

金 ： そうです。ぜひ取引させていただきたいと考えております。

「おる」 는 「いる-있다」 의 겸양표현으로 비즈니스회화에서 많이 사용하는 표현입니다. 자신의 행동이나 자신과 관련된 사람의 행동에 대해서 나타내므로 겸양표현이 되는 것입니다.
「山田は他の電話に出ております:야마다는 다른 전화를 받고 있습니다」
「今でも学生時代のたくさんの思い出が残っております:지금도 학생시절의 많은 추억이 남아 있습니다」 입니다.

島津 ： かしこまりました。それでは資料をいくつかお渡しします。

어려운 문장이 없으니 본문에 있는 한자로 어휘공부를 하겠습니다. 「融資:융자」 「資源:자원」 「資格:자격」 「材料:재료」 「原料:원료」 「料理:요리」 입니다.

島津 ： さらにいくつかの製品をお見せします。

「さらに」 는 「더 나아가」 「더욱 더」 「더 한층」 이라는 의미를 가진 부사입니다. 두 개의 예문을 보도록 하겠습니다.
「台風が近づくにつれ、風はさらに強くなった:태풍이 다가옴에 따라 바람은 더 한층 강해졌다」 「あなたの推理は正しいと思うが、さらにこういう見方も可能だ:당신의 추리는 바르다고 생각하지만, 더 나아가 이런 견해도 가능하다」 입니다.

 응용표현

1. 美容に関心がある方におすすめする健康食品です。
    → 미용에 관심이 있는 분에게 권유하는 건강식품입니다.

2. 電車が止まっているので、杉本さんが少し遅れるとのことです。
    → 전철이 멈춰 있어서 스기모토 씨가 조금 늦는다고 합니다.

3. いくつかの理由で行かないことにした。
    → 몇 갠가의 이유로 안 가기로 했다.

4. 今日届いたお荷物をお渡しします。
    → 오늘 배달된 짐을 건네 드리겠습니다.

5. すこし塩を足すと、さらにおいしくなる。
    → 조금 소금을 더하면 훨씬 더 맛있게 된다.

어휘 표현

- 美容(びよう) 미용
- 関心(かんしん) 관심
- すすめる 추천하다, 권유하다
- 健康(けんこう) 건강
- 食品(しょくひん) 식품
- 電車(でんしゃ) 전철
- 止(と)まる 멈추다
- 遅(おく)れる 늦다
- ～とのこと ～라고 하는 것
- 理由(りゆう) 이유
- 届(とど)く 배달되다
- 荷物(にもつ) 짐
- 渡(わた)す 건네다
- 塩(しお) 소금
- 足(た)す 더하다
- さらに 더 한층

unit. 12 出会い (만남)

어휘연습

어휘	읽기	의미
予報		
融資		
資格		
材料		
原料		
台風		
推理		

작문연습

1. 신입사원에 대한 이야기는 부장님으로부터 들었습니다.

2. 저희 회사의 제품은 주로 일본으로 수출합니다.

3. 중국제품은 불량품이 많아서 전혀 관심이 없다.

4. 그는 머리도 좋고 더 나아가 인품도 좋다.

 문제풀이

어휘	읽기	의미
予報	よほう	예보
融資	ゆうし	융자
資格	しかく	자격
材料	ざいりょう	재료
原料	げんりょう	원료
台風	たいふう	태풍
推理	すいり	추리

1. 新入社員についての話は部長から伺っております。

2. 弊社の製品は主に日本に輸出します。

3. 中国の製品は不良品が多くて全然関心がない。

4. 彼は頭もよくて、さらに人柄もいい。

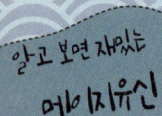

鶴ヶ城 (쯔루가 성)

鶴ヶ城(쯔루가성)은, 戦国大名(전국다이묘)・蒲生氏郷(가모 우지사토)가 근대 성곽으로서 쌓아 올린 아이즈의 상징. 보신전쟁(아이즈전쟁)에서는, 한달의 농성전 뒤, 신막부군에 항복하고 성문을 열었다.

鶴ヶ城(쯔루가성)은, 若松城(와카마쯔성), 会津若松城(아이즈 와카마쯔성)이라고도 부른다. 원래는 남북조시대에 이 지방을 지배했던 蘆名(아시나)씨가 세운 黒川館(쿠로카와관) 黒川城(쿠로카와성)이 기원. 전국시대의 후기, 蘆名(아시나)씨와 항쟁을 계속했던 伊達政宗(다테 마사무네)는 天正-텐쇼17년(1589년) 摺上原の戦い(스리아게하라의 전투)에서 蘆名義広(아시나 요시히로)를 깨고, 아이즈를 손에 넣었다. 그러나 豊臣秀吉(토요토미 히데요시)가 낸「惣無事令-소부지레이(大名同士の私闘の禁止:다이묘끼리의 사적인 전투 금지)」를 무시한 것이어서, 秀吉는 이것을 나무라여, 결국 아이즈의 땅은, 天正-탠쇼18년(1590년)의 奥州(오슈) 처벌에 의해서 蒲生氏郷(가모 우지사토)에게 주어지게 되었다.

아이즈의 주인이 된 蒲生氏郷는, 黒川(쿠로카와)의 지명을 자신의 고향의 신사에 연유하여「若松(와카마쯔)」라고 개명하여, 城下町(조까마치)를 정비하는 것과 함께 黒川城(쿠로카와성)의 대개축을 행해, 7층의 天守(천수)를 가진 근대적인 성곽으로 새롭게 만들어 내었다.(「鶴ヶ城」의 이름은 氏郷의 아명「鶴千代(쯔루치요)」에서 만들어졌다)

▲ 아이즈 와카마쯔 성

　蒲生氏郷의 사망 뒤는, 적자인 蒲生秀行(가모 히데유키)가 이었지만, 집안에 소동이 일어나, 파면시키고, 대신에 越後(에치고-지명)로부터 上杉景勝(우에스기 카게카쯔)가 등용되었다. 그러나 関ヶ原(세키가하라)의 전투에서 서군의 편이 되었기 때문에, 上杉景勝(우에스기 카게카쯔)는 米沢(요네자와)까지 쫓겨, 아이즈는 재차 蒲生家(가모가)의 것이 되었다. 그 후, 賤ヶ岳の七本槍(시즈가타케에서 용맹을 떨친 7명)으로 유명한 加藤嘉明(가토 요시아키라)가 들어오고, 최종적으로, 아이즈지방과 鶴ヶ城의 주인으로는, 徳川家光(도쿠가와 이에미쯔)의 남동생(배다른 동생)인 保科正之(호시나 마사유키:나중에 松平-마쯔다이라로 개명)이 임명되어, 이후 막부 말기까지 松平家의 치세가 계속되게 되었다.

　막부 말기, 에도를 손에 넣은 신정부군은, 더 나아가 구 막부세력의 중심인 아이즈번을 공격하기 위해 북상, 慶応-케이오4년(1868년) 8월21일에 母成(보나리)고개를 돌파하여, 다 다음 날에 아이즈 城下(성하)로 쇄도했다. 아이즈번은 번주・松平容保를 중심으로 鶴ヶ城에 집결하여, 끝까지 항쟁하는 기개를 보였지만, 동맹인 奥羽越列藩(오우에쯔렛빤)이 잇달아 적의 손에 떨어져, 鶴ヶ城도 한달 뒤인 9월22일, 마침내 신정부군에게 항복했다.

　그 후, 鶴ヶ城은 明治7년(1874년)에 해체되었다. 본성에 있었던 「御三階(고산가이)」의 고루는 이미 阿弥陀寺(아미다지)에 이축되었기 때문에, 당시의 모습을 느낄 수가 있다. 현재의 천수각은 昭和40년(1965년)에 철근 콘크리트제로 복고된 것이다.

unit. 13 別れ (이별)

본문회화

A : 本日をもって退社なので、最期にご挨拶をさせていただきます。

B : 本当に今までご苦労様でした。

A : こちらこそ本当にお世話になりました。

B : これからの予定はどうなっているんですか。

A : 韓国の会社から声をかけていただいているので、そちらで働くことになっています。

B : もっと長く日本にいてほしかったですが、ご家族の都合なので仕方がないですね。

A : 私も日本でもっと頑張りたかったので、少し残念です。しかし韓国では、日本に関する仕事をすることになりそうなので、韓国でも頑張ります。

B : いつも応援しています。

어휘 표현

- □ 別れ 이별, 헤어짐
- □ 本日 오늘
- □ 〜をもって 〜으로
- □ 退社 퇴사
- □ 最期 마지막 인사
- □ ご苦労様 수고함
- □ 予定 예정
- □ 声をかける 말을 걸다
- □ 働く 일하다
- □ もっと 더욱
- □ 家族 가족
- □ 都合 사정, 형편
- □ 仕方がない 어쩔 수가 없다
- □ 残念 유감
- □ 応援 응원

본문 해석

A : 오늘로 퇴사하기에 마지막으로 인사하겠습니다.
B : 정말로 지금까지 수고하셨습니다.
A : 저야 말로 정말로 신세를 졌습니다.
B : 앞으로의 예정은 어떻습니까?
A : 한국의 회사에서 제안을 받았기에 그쪽에서 일하게 되었습니다.
B : 더욱 길게 일본에 있기를 바랐습니다만, 가족의 사정이 있기에 어쩔 수가 없군요.
A : 저도 일본에서 더욱 열심히 하고 싶었기 때문에 조금 유감입니다. 그러나 한국에서는 일본에 관한 일을 하게 될 것 같으니 한국에서도 열심히 하겠습니다.
B : 항상 응원하고 있겠습니다.

본문 상세 설명

A : 本日をもって退社なので、最期にご挨拶をさせていただきます。
「〜をもって」는「〜로」「〜으로」라는 의미를 가진 표현입니다.
「本日の営業は１９時をもって終了いたします:오늘의 영업은 19시로 종료하겠습니다」「期末レポートをもって、成績を決めます:기말리포트로 성적을 결정하겠습니다」입니다.

B : 本当に今までご苦労様でした。
어려운 문장이 없으니 본문에 있는 한자로 어휘공부를 하겠습니다.「苦難:고난」「苦情:불평, 불만」「苦役:고역」「労働:노동」「労使:노사」「過労:과로」입니다.

A : こちらこそ本当にお世話になりました。
「お世話になる」는「신세를 지다」는 의미입니다. 한 개의 표현을 더 공부해 보겠습니다. 바로「お世話をする」라는 문장인데요.「시중을 들다, 보살피다」는 의미입니다.
「サチコと彼女の妹は交代で病気の母のお世話をした:사찌꼬와 그녀의 여동생은 교대로 병든 어머니를 보살폈다」입니다.

B : これからの予定はどうなっているんですか。
「予定」와「つもり」의 차이점에 대해서 알아봅시다. 간단하게 설명하면,「つもり」는 자신의 의사가 들어가 있지만,「予定」는 자신의 의사가 아니고 이미 정해진 스케줄입니다. 예문을 통해서 보겠습니다.
「私はそこに行くつもりだ:나는 거기에 갈 생각이다」→ 놀러 간다는 의미

unit. 13 別れ (이별)

「私はそこに行く予定だ:나는 거기에 갈 예정이다」 → 업무나 일 등
입니다. 한 번 더 볼까요.
「大学では日本文学を勉強するつもりです:대학에서는 일본문학을 공부할 생각입니다」
→ 자신의 의사가 들어가 있습니다.
「3月１０日から、出張で一週間タイに行く予定です:3월 10일부터 출장으로 일주일
태국에 갈 예정입니다」 → 이미 정해진 스케줄입니다. 이렇게 비교하니 이해되죠?

A : 韓国の会社から声をかけていただいているので、そちらで働くことになっ
ています。

「〜ことになる」는「〜하게 되다」라는 의미로 4과에서 공부를 한 내용입니다. 복습하는
차원에서 한 개의 예문을 보겠습니다.
「来月から長期で中国へ出張することになった:다음달부터 장기로 충국으로 출장가게
되었다」 입니다.

B : もっと長く日本にいてほしかったですが、ご家族の都合なので仕方がない
ですね。

「都合」는「사정, 형편, 시간」이라는 의미로서 다양하게 사용할 수 있는 어휘입니다. 그리고
「都合がつく」는「시간이 되다, 형편이 되다」는 의미로서 비즈니스 회화에서 많이 사용되
는 표현입니다. 가급적이면 많은 예문을 통해서 정확한 쓰임을 하는 것이 좋습니다. 두 개의 예문
을 통해서 표현방법을 알아보겠습니다.
「お客様のご都合がよろしい時にご来店ください:손님이 시간적인 여유가 있을 때에 내
점해 주세요」
「都合がつく日程を教えてください:형편이 되는 일정을 가르쳐 주세요」 입니다.

A : 私も日本でもっと頑張りたかったので、少し残念です。しかし韓国では、
日本に関する仕事をすることになりそうなので、韓国でも頑張ります。

「もっと」는「더욱」「더욱 더」라는 의미의 부사입니다. 한 개의 예문을 보겠습니다.
「仕事をもっとまじめにしてほしい:일을 더욱 성실하게 해 주기를 바란다」 입니다.

B : いつも応援しています。
상대방이 새로운 근무지인 한국에서도 더욱 열심히 하겠다는 말에 격려를 하는 표현입니다.

 응용표현

1. 美容に関心がある方におすすめする健康食品です。
   → 미용에 관심이 있는 분에게 권유하는 건강식품입니다.

2. 今までずっとその状態が続いていた。
   → 지금까지 계속 이 상태가 계속되고 있었다.

3. そのような時に声をかけてくれる者こそ真の友人だ。
   → 그러한 때에 말을 걸어주는 사람이야 말로 진정한 친구이다.

4. 都合のいい日を教えてくださいね。
   → 시간이 괜찮은 날을 가르쳐 주세요.

5. 今回は失敗をしてしまった。しかし、次回は必ず成功すると確信している。
   → 이번에는 실패를 해 버렸다. 그러나 다음 번에는 반드시 성공할 거라고 확신하고 있다.

어휘 표현

- 期末 기말
- ～をもって ～으로
- 成績 성적
- 決める 정하다
- ずっと 계속
- 状態 상태
- 続く 계속되다
- 声をかける 말을 걸다
- 者 사람
- ～こそ ~이야 말로
- 真 진정한
- 友人 친구
- 都合 사정, 형편
- 日 날
- 教える 가르치다
- 今回 이번
- 失敗 실패
- しかし 그러나
- 次回 다음 번
- 必ず 반드시
- 成功 성공
- 確信 확신

unit. 13 別れ (이별)

어휘연습

어휘	읽기	의미
退社		
最期		
来店		
終了		
苦難		
文学		
都合		

작문연습

1. 고등학교 친구의 부탁이기에 기꺼이 했다.

2. 사장님의 앞으로의 예정에 대해서 상세히 말해주세요.

3. 거래처로부터의 제안을 받아들이기로 했습니다.

4. 항상 혼자서 일을 했기에 이번에도 혼자서 하기로 했다.

 문제풀이

어휘	읽기	의미
退社	たいしゃ	퇴사
最期	さいご	최후, 마지막
来店	らいてん	내점
終了	しゅうりょう	종료
苦難	くなん	고난
文学	ぶんがく	문학
都合	つごう	형편, 사정

1. 高校の友だちの頼みなので喜んでやった。

2. 社長のこれからの予定について詳しく言ってください。

3. 取引先からの提案を受け入れることにしました。

4. いつも一人で仕事をしたので今度も一人でやることにした。

秋山好古(아키야마 요시후루)
<small>あきやまよしふる</small>

〈형이자 아버지였던 요시후루〉

가난한 가정에서 태어난 형제. 형·요시후루는 마쯔야마에서 손꼽히는 수재로서 알려졌지만, 집안을 돕기 위해 학교를 포기하고, 목욕탕의 물을 데우는 일을 하면서 독학으로 공부했다. 요시후루와 10살 차이로 태어난 사네유키는, 아키야마가의 5남. 막내로서 태어났지만, 생활비가 부족했던 아버지는 막내를 절에 맡긴다고 했다. 여기서 동생을 구한 것은 형·요시후루였다.

▲ 말을 탄 요시후루

「아버지, 아기를 절에 맡겨서는 안 돼. 내가 공부해서 돈을 벌 테니」

그 말대로, 정말로 사네유키의 학비랑 생활비까지 도왔다. 본인은 학비가 들지 않는다는 이유로, 교육자 양성기관인 오사카의 사범학교에 입학했다. 그러나, 교사가 된지 얼마 지나지 않아, 「수업료도 생활비도 무료, 더 나아가 용돈도 준다」는 군인을 양성하는 사관학교를 소개 받아, 군인의 길을 걷게 된다.

〈지역에서 유명한 골목대장〉

한편, 형에게 도움을 받은 동생 사네유키는 근방에서 유명한 골목대장으로 성장. 부모를 난처하게 하는 전설과 같은 장난을 많이 남겼다. 그러나 머리가 똑똑하여 어른인 경찰관에게 추적당하지 않는 영악함도 가지고 있었다. 또 그림이랑 문학 등 예술의 재능도 가지고 있었다. 당시, 현의 최고교육기관인 마쯔야마 중학교에 입학하여, 마사오카 시키와 함께 배우게 되었다. 이 중학교에서의 학비는 형이 육군을 근무하면서 충당했다. 그런 형에 대한 은혜를 느꼈던 것인지. 성적은 매우 좋았고, 늘 수석을 차지했다.

秋山真之(아키야마 사네유키)
<small>あきやまさねゆき</small>

▲ 사네유키 흉상

열강의 아시아 침략에 대항하여, 조선으로의 진출을 도모하는 일본과, 조선을 속국으로 간주하는 청나라는 날카롭게 대립하여, 일청전쟁으로 발전해 간다.

〈육지에서 싸운 형〉

프랑스에 유학하여 서구식의 기병을 배웠던 요시후루는, 일청전쟁이 첫 전쟁이었다. 당시 일본에서는 기병은 방어력이 약하기 때문에 필요하지 않다는 생각이 강해, 인정을 받기 위해서는, 어떻게 하든 승리를 해야만 했다. 요시후루는 만 2천 명의 적병과 백 수문의 포탄이 설치된 요새의 약점을 간파하고, 역전할 수 있는 공격법을 짜내어, 멋지게 승리를 거두었다.

〈바다에서 싸운 동생〉

사네유키는 순양함「筑紫(츠꾸시)」를 타고, 최전선은 아니지만, 청국으로부터의 포격을 받아, 동료 3명을 잃는 쓰라린 경험을 했다. 사네유키는, 이 때의 모습을「상대가 너무 약했다. 그래서 이길 수 있었다」라는 식으로 시키에게 말했다. 그러나, 사실 전쟁 중의 악몽이 몇 번이나 되살아나, 퇴역해서 스님이 되려고 결심할 정도였다. 이 후 미국으로 유학하여, 해군전략연구에 몰두하게 된다.

〈기자로서 전장을 밟은 시키〉

신문기자가 된 시키는, 일본의 승리가 속속히 보도되자, 마음이 들떠, 종군기자가 되어 전장을 취재하고 싶다고 열망하게 되었다. 약 한 달간 전장을 취재했지만, 귀국 도중에 토혈하여, 고베에서의 치료를 거쳐 마쯔야마로 돌아왔다.

unit. 14 確認 (확인)

본문회화

A : 明日から韓国にお戻りになるそうなので、いくつか確認したいことがあります。お時間よろしいですか。

B : はい。どんな確認でしょうか。

A : まず仕事の引継ぎですが、後任者にきちんと引継ぎいただけましたでしょうか。

B : はい。とても覚えるのが早い方で、助かりました。

A : だったら大丈夫ですね。

B : 他に何かありますか。

A : あとは何か分からないことがあった時に連絡したいので、韓国での連絡先をお教えいただけますか。

B : わかりました。後ほどメールでお送りします。

A : それでは今までお世話になりました。

B : こちらこそお世話になりました。

어휘 표현

- 確認 확인
- 戻る 되돌아오다
- 引継ぎ 인계
- 後任者 후임자
- きちんと 제대로
- 相続 상속, 인계
- 覚える 기억하다
- 早い 빠르다
- 助かる 도움이 되다
- 連絡 연락
- 連絡先 연락처
- 教える 가르치다
- 後ほど 나중에
- 送る 보내다

 본문 해석

A : 내일부터 한국에 되돌아간다고 하시니 몇 갠가 확인하고 싶은 것이 있습니다. 시간은 괜찮습니까?
B : 예. 어떤 확인입니까?
A : 우선 일의 인계입니다만, 후임자에게 똑바로 인계를 하셨습니까?
B : 예. 매우 학습력이 빠른 분이어서 도움이 되었습니다.
A : 그렇다면 문제없겠군요.
B : 그 외에 뭔가 있습니까?
A : 나머지는 뭔가 모르는 것이 있을 때에 연락을 하고 싶으니 한국에서의 연락처를 가르쳐 주실 수 있겠습니까?
B : 알겠습니다. 나중에 메일로 보내 드리겠습니다.
A : 그럼, 지금까지 신세를 졌습니다.
B : 저야 말로 신세를 졌습니다.

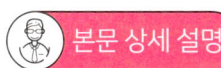 본문 상세 설명

A : 明日から韓国にお戻りになるそうなので、いくつか確認したいことがあります。お時間よろしいですか。

「お+동사ます형+になる」는 존경표현 공식입니다. 내일부터 한국에 돌아가는 사람은 상대방이기에 존경표현을 사용했습니다. 두 개의 예문을 보겠습니다.
「お客様がお待ちになっています:손님이 기다리고 있습니다」
「いつお帰りになりますか:언제 돌아가십니까?」입니다.

B : はい。どんな確認でしょうか。
「確認」은 「확인」이라는 뜻인데, 「確認する:확인하다」는 「確める:확인하다」와 같은 의미입니다. 두 개의 예문을 보겠습니다.
「書類の確認はもうしました:서류의 확인은 이미 했습니다」
「システムに問題があるか確めてください:시스템에 문제가 있는지 확인해 주세요」

A : まず仕事の引継ぎですが、後任者にきちんと引継ぎいただけましたでしょうか。
「まず」는 「우선」이라는 의미인데, 「제일 먼저」라는 뉘앙스를 가지고 있습니다.
「毎朝、まず体操をしてから朝ごはんを食べるようにしています:매일 아침 우선 체조를 하고 나서 아침밥을 먹도록 하고 있습니다」
「悪いことをしたら、まず謝らなければいけない:나쁜 짓을 하면 우선 사과하지 않으면 안 된다」입니다.

unit. 14 確認 (확인)

B : はい。とても覚えるのが早い方で、助かりました。
「助かる」는 다른 사람의 행위나 행동이 나에게 도움이 되어서 고마움을 나타낼 때에 사용하는 단어입니다. 예문을 볼게요. 「手伝ってもらって助かります:거들어 주어서 도움이 되었습니다」 입니다.

A : だったら大丈夫ですね。
「だったら」는 「그렇다면」이라는 의미를 가진 부사입니다. 한 개의 예문을 보겠습니다.
「だったら友だちにやったほうがいい:그렇다면 친구에게 주는 편이 좋다」 입니다.

B : 他に何かありますか。
어려운 문장이 아니므로 어휘공부를 하도록 하겠습니다. 「他人:타인」 「他国:타국」 「他社:타사」 입니다.

A : あとは何か分からないことがあった時に連絡したいので、韓国での連絡先をお教えいただけますか。
「お+동사ます형+いただく」는 존경표현 공식입니다. 문장의 「お教えいただけますか」는 상대방이 나에게 연락처를 가르쳐주기 때문에 존경표현을 사용한 것입니다.
「もうしばらくお待ちいただけますか:좀 더 기다려 주실 수 있겠습니까?」 입니다.

B : わかりました。後ほどメールでお送りします。
「後ほど:나중에」는 「あとで」와 같은 의미이고, 정중한 표현이 「後ほど」입니다. 반대표현은 「先ほど:조금 전」입니다. 예문을 보겠습니다.
「また後ほどお目にかかります:또 나중에 뵙겠습니다」 「担当者が席を外していますので、後ほどご連絡いたします:담당자가 자리에 없기 때문에 나중에 연락하겠습니다」 「あとで後悔するよ:나중에 후회할 거야」 입니다.

A : それでは今までお世話になりました。
회사동료와 헤어지면서 지금까지의 고마움에 대해서 표현하는 문장입니다.

B : こちらこそお世話になりました。
「お世話になる」는 일본어에서 상대방이나 거래처에 대해서 으레 하는 표현입니다. 기본적인 인사법이기 때문에 반드시 알아주세요.

 응용표현

1. 後任に担当業務を引継ぐことになった。
   → 후임에 담당업무를 인계하게 되었다.

2. 普通の日だったら、そんなことは起きないだろう。
   → 보통의 날이라면 그런 일은 일어나지 않을 것이다.

3. それは出来るだけ早い方が良い。
   → 그것은 가능한 한 빠른 편이 좋다.

4. 本当に長くて、いろんなことがあった。
   → 정말로 길고 여러 일이 있었다.

5. 後ほど店より連絡します。
   → 나중에 가게에서 연락하겠습니다.

어휘표현
- 後任(こうにん) 후임 □ 担当(たんとう) 담당 □ 業務(ぎょうむ) 업무 □ 引継ぎ(ひきつぎ) 인계 □ 普通(ふつう) 보통 □ 日(ひ) 날
- 起きる(お) 일어나다 □ 出来るだけ(でき) 가능한 한 □ 早い(はや) 빠르다 □ 本当に(ほんとう) 정말로
- 後ほど(のち) 나중에 □ 連絡(れんらく) 연락

unit. 14 確認 (확인)

어휘연습

어휘	읽기	의미
引継ぎ		
後任者		
確める		
体操		
他社		
覚える		
席を外す		

작문연습

1. 한국에는 언제 돌아가십니까?

2. 우선 그는 이 제안에 대해서 어떻게 생각하는지 들어봅시다.

3. 이 건에 대한 당신의 의견은 상당히 도움이 되었습니다.

4. 서류의 문제점에 대해서 메일로 보내 드리겠습니다.

 문제풀이

어휘	읽기	의미
引継ぎ	ひきつぎ	인수
後任者	こうにんしゃ	후임자
確める	たしかめる	확인하다
体操	たいそう	체조
他社	たしゃ	타사
覚える	おぼえる	기억하다
席を外す	せきをはずす	자리를 비우다

1. 韓国へはいつお戻りになりますか。

2. まず、彼の提案についてどう考えているのか聞いてみましょう。

3. この件に関してのあなたの意見はとても役に立ちました。

4. 書類の問題点についてメールでお送りします。

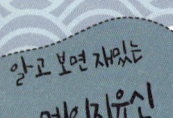

아키야마 형제의 일로전쟁

일청전쟁에서 얼마 되지 않아, 러시아는 프랑스, 독일과 힘을 합해 청국에서 얻은 요동반도를 반환해라고 일본을 압박했다. 이른바 「三国干涉-삼국간섭」을 계기로 일로전쟁이 시작된다.

〈사네유키・작전참모로의 길〉

사네유키가 해군전략의 연구에 몰두하게 되었던 것은, 일청전쟁 후, 미국으로 유학하여, 작전연구에 몰두했다. 서구의 해전사를 배우고, 귀국하고 나서도 일본의 해전, 전국시대의 전쟁 등, 육지・바다의 전쟁사를 연구했다. 사네유키에게 부과된 사명은 「러시아 전함을 한 척도 남기지 않고 침몰시켜라」였다. 이것을 실현시키기 위해서 짜낸 것이 「러시아 발틱함대 요격작전」이었다. 이 작전으로 멋지게 러시아함대는 괴멸. 「명참모」로서 그 이름이 알려지게 되었다.

▲ 형제의 생가

〈요시후루・「마지막의 역전의 용사」〉

일청전쟁 후, 육군승마학교장이 되어, 그 후, 기병대좌에 취임하고, 군 내의 기병지식을 높이기 위해 노력했다. 일로전쟁이 발발하자, 기병대지휘관으로서 참전하여, 만주의 벌판에서 세계최강이라고 일컬어지는 코사크기병을 상대로 분전. 더 나아가 黒溝台合戦(콧코다이 전쟁)에서는, 10만의 러시아군에 대해서, 불과 8천의 기병으로 대전하여, 멋지게 군을 퇴각시켰다.

▲ 드라마 「언덕위의 구름」

▲ 형제의 탄생지

▲ 언덕위의 구름 뮤지엄

▲ 요시후루 무덤

unit. 15 伝聞 (전문)

본문회화

A : まだ独身だそうですね。

B : はい、そうです。私について、いろいろとご存じのようですね。

A : みんながうわさしていたので、耳にしました。うちにも結婚前の娘がいるんだけど、知っていますか。

B : そのようですね。とても美人な方と聞いています。

A : そうかな。どこでそんな話を聞いたんですかね。

B : 私も人のうわさで聞きました。

A : 一度うちの娘に会う気はないですか。あんまり深刻に考えなくても良いですよ。

B : まだ結婚は考えていないのです。でも同世代の友人ということでしたら、一度お会いしてみたいです。

A : 了解。娘にも話をしておきますよ。

어휘 표현

- □ 伝聞 전문 □ 独身 독신 □ ご存じ 「分かる-알다」의 존경어
- □ うわさする 남의 말을 하다 □ 耳にする 듣다 □ 結婚前 결혼 전 □ 娘 딸
- □ 美人 미인 □ 一度 한번 □ 気 마음 □ 深刻 심각 □ 同世代 같은 세대
- □ 友人 친구

 본문 해석

A : 아직 독신이라고 하더군요.
B : 예, 그렇습니다. 저에 대해서 여러 가지 알고 계시는 것 같군요.
A : 모두가 말하고 있어서 들었습니다. 우리 집에도 결혼 전의 딸이 있는데, 알고 있는가요?
B : 그런 것 같더군요. 매우 미인이라고 들었습니다.
A : 그럴까? 어디서 그런 이야기를 들었습니까?
B : 저도 다른 사람의 소문으로 들었습니다.
A : 한번 저의 딸을 만날 마음은 없습니까? 그다지 심각하게 생각하지 않아도 괜찮습니다.
B : 아직 결혼은 생각하고 있지 않습니다. 하지만 같은 세대의 친구라는 것이면 한번 만나 뵙고 싶습니다.
A : 알겠습니다. 딸에게도 이야기를 해 두겠습니다.

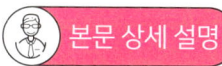 본문 상세 설명

A : まだ独身だそうですね。
어려운 어휘가 없는 문장이니 단어공부를 해 보겠습니다. 「独立:독립」「単独:단독」「独占:독점」「献身:헌신」「身体:신체」「心身:심신」입니다.

B : はい、そうです。私について、いろいろとご存じのようですね。
「ご存じ」는 「わかる-알다」의 존경표현인데, 「ご存じですか」는 「알고 계십니까?」라는 의미입니다. 예문을 보도록 하겠습니다.
「彼がいつ来るかご存じですか:그가 언제 올지 알고 계십니까?」 입니다.

A : みんながうわさしていたので、耳にしました。うちにも結婚前の娘がいるんだけど、知っていますか。
「耳にする」는 「듣다」, 「目にする」는 「보다」, 「口にする」는 「먹다」는 의미입니다. 제각각의 예문을 보겠습니다.
「その噂は耳にしました:그 소문은 들었습니다」
「変な光景を目にした:이상한 광경을 보았다」
「朝から何も口にしていない:아침부터 아무 것도 먹지 않았다」 입니다.

B : そのようですね。とても美人な方と聞いています。
「よう」는 다양하게 활용이 되는데, 「~ようだ:~같다」「~ような:~같은」「~ように:~처럼, ~같이」「~ようで:~같고」입니다. 그럼, 두 개의 예문을 보겠습니다.
「絵本の中にいるようだ:그림책 속에 있는 것 같다」

unit. 15 伝聞 (전문)

「まるで夢のようだ:마치 꿈 같다」입니다.

A : そうかな。どこでそんな話を聞いたんですかね。
어려운 문장이 아니니 어휘공부를 해 보겠습니다. 「対話:대화」「話題:화제」「逸話:일화」「見聞:견문」입니다.

B : 私も人のうわさで聞きました。
「うわさ」는 「소문」이라는 의미이고 「うわさが立つ」는 「소문이 나다」라는 뜻입니다. 그리고 「うわさをすれば影がさす:호랑이도 제 말하면 온다」라는 속담도 알아둡시다.

A : 一度うちの娘に会う気はないですか。あんまり深刻に考えなくても良いですよ。
「あんまり」는 「あまり」와 같은 단어이고 「그다지, 별로」라는 의미입니다. 그리고 「あまりにも」는 「정도가 심함을 나타내는 단어」로서 「너무」라는 의미입니다.
「今日はあまり寒くないです:오늘은 별로 춥지 않습니다」
「大統領の発言はあまりにもひどくて腹が立った:대통령의 발언은 너무 심해서 화가 났다」입니다.

B : まだ結婚は考えていないのです。でも同世代の友人ということでしたら、一度お会いしてみたいです。
「～ということ」는 「～라고 하는 것」이라는 의미입니다. 두 개의 예문을 보겠습니다.
「新しい先生は厳しいということです:새로운 선생님은 엄하다고 합니다」
「天気予報によると、台風が来るということだ:일기예보에 의하면 태풍이 온다고 한다」입니다.

A : 了解。娘にも話をしておきますよ。
「～ておく」는 「～해 두다」는 의미입니다. 직역을 해도 충분히 알 수 있는 표현이죠. 두 개의 예문을 보겠습니다.
「彼女の名前を覚えておいた:그녀의 이름을 기억해 두었다」
「忙しくなると思ってまえもって食事をしておいた:바빠질 거라고 생각해서 미리 식사를 해 두었다」입니다.

 **응용표현**

1. ご存じのように、日本は台風が多い国です。
   → 알고 계시는 것처럼 일본은 태풍이 많은 나라입니다.

2. うちにも遊びに来てください。
   → 우리집에도 놀러 와주세요.

3. うわさが事実ではないことを証明した。
   → 소문이 사실이 아니다는 것을 증명했다.

4. 新型コロナの影響が深刻になってきた。
   → 신형 코로나의 영향이 심각해졌다.

5. ここは一度は見る価値のある日本の絶景だ。
   → 이곳은 한번은 볼 가치가 있는 일본의 절경이다.

어휘 표현

- ご存じ「分かる-알다」의 존경어 □ 台風 태풍 □ 国 나라 □ 遊ぶ 놀다
- うわさ 소문 □ 事実 사실 □ 証明 증명 □ 新型 신형 □ 影響 영향 □ 深刻 심각
- 一度 한번 □ 価値 가치 □ 絶景 절경

unit. 15 伝聞 (전문)

어휘연습

어휘	읽기	의미
独身		
美人		
娘		
深刻		
世代		
話題		
発言		

작문연습

1. 여러분의 불만에 대해서는 과장을 통해서 들었습니다.

2. 스기모토 씨가 결혼한다는 소문이 났습니다.

3. 일본으로 유학 갈 마음은 있습니다.

4. 심각한 문제였지만 친구가 도와주었기 때문에 해결했습니다.

문제풀이

어휘	읽기	의미
独身	どくしん	독신
美人	びじん	미인
娘	むすめ	딸
深刻	しんこく	심각
世代	せだい	세대
話題	わだい	화제
発言	はつげん	발언

1. みなさんの不満（ふまん）については課長（かちょう）を通（つう）じて耳（みみ）にしました。

2. 杉本（すぎもと）さんが結婚（けっこん）するといううわさが立（た）ちました。

3. 日本（にほん）へ留学（りゅうがく）に行（い）く気（き）はあります。

4. 深刻（しんこく）な問題（もんだい）だったが友（とも）だちが手伝（てつだ）ってくれたので解決（かいけつ）しました。

明治六年の政変(메이지6년의 정변)

메이지 6년의 정변은 근대일본의 형태를 모색하고, 외유시찰한 岩倉具視(이와쿠라 토모미), 大久保利道(오쿠보 도시미치), 木戶孝允(키도 다카요시), 伊藤博文(이토 히로부미) 등의 해외도항파와 일본국내에서 정치를 한 西郷隆盛(사이고 타카모리), 板垣退助(이타가키 다이스케) 등이, 조선의 정벌과 대응을 둘러싸고 대립한 사건이다.

▲ 정한론 회의도

그 후, 정부 내에서 분열, 무력을 행사해서라도 복속시키자고 하는 정한론주의파가 패해, 사이고 타카모리를 비롯하여 그를 지지한 참의의 반과 군인, 관료가 사직하여 일대 정변이 일어난다.

메이지 6년의 정변이 일어난 경위

德川(도쿠가와) 정권 때, 일본과 조선은 그 나름대로 우호적인 관계를 유지했다. 왕정복고에 의해 새롭게 메이지정권이 된 일본은 조선에 대해서 그 취지를 전할 사절을 파견하게 된다. 그러나 몇 번이나 파견을 하고 편지를 전해도, 내용에 미비한 점이 있다고 하여 접수를 거부당했다. 거기에는 조선측의 이유와 배경이 있었다. 당시의 조선에서는 흥선대원군이 정권을 장악하고「소중화사상(小中華思想)」에 바탕을 둔 유교의 부흥과, 양이의 정책을 취하기 시작했다. 이러한 이유로 배제해야 하는 서양문명을 배우는 일본을 경멸하고, 관계를 단절해야 한다는 의견이 나오게 된 것이다.

정한론이 고조되고 西鄕隆盛(사이고 타카모리)가 전권대사로서 일어서다

전권대사라고 하는 것은 국가를 대표하는 외교사절 가운데, 제1계급에 속하는 외무공무원을 말한다. 결국, 인내 있게 계속 교섭을 했던 메이지정부에 대해 조선측의 무례가 계속되자 메이지정부도 참지못해, 무력행사도 불사한다는「정한론」이 고조되어, 板垣退助(이타가키 다이스케)를 비롯한 참의 등도 찬동을 한다. 단, 사이고 타카모리만은, 예의를 가지고 조선을 설득해야만 한다고 주장하며, 전권대사로서 꼭 자신을 파견해 달라고 청원했다.

구미시찰단의 귀국을 기다리도록 메이지 천황에게 재촉받다

板垣退助(이타가키 다이스케) 등 정한론자들도 사이고 타카모리에게 찬동하고 전권대사의 역할을 기꺼이 양보한다. 이렇게 해서 각의는, 사이고 타카모리의 파한대사를 결정하고, 메이지천황에게 상소하여 재가를 받았다. 하지만 이와쿠라 사절단이 귀국하여, 내치를 중시해야 한다는 오쿠보 도시미찌 등의 반대로 정한론자들은 메이지정부에서 물러나게 된다.

▲ 이와쿠라 사절단

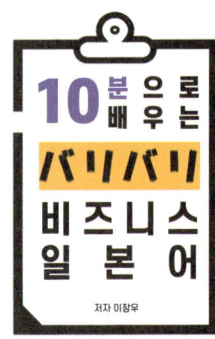

초판인쇄_2021년 01월 17일
초판발행_2021년 01월 17일
저자_이장우
펴낸이_이장우
펴낸곳_도서출판 예빈우
표지디자인_손홍림
등 록 일 자_2014년 1월 17일
등록번호_제 398－2014－000001호
주소_경기도 구리시동구릉로129번길24, 103동 801호 (인창동 성원아파트)
전화_070-8621-0070
홈페이지_www.yebinwoo.com (도서출판예빈우)
　　　　　www.leejangwoo.com (이장우닷컴)
이메일_jpt900@hanmail.net

ISBN 979-11-86337-50-9(13730)

Copyright © 2021 이장우
＊ 이 교재의 내용을 사전 허가없이 전재하거나 복제할 경우 법적인 제재를 받게 됨을 알려 드립니다.
＊ 잘못된 책은 구입하신 서점이나 본사에서 교환해 드립니다.
＊ 정가는 표지에 표시되어 있습니다.